立教留痕

小学名校长工作室建设实践

李维兵　朱发华　主编

团结出版社

图书在版编目（CIP）数据

立教留痕 / 李维兵，朱发华主编 . -- 北京：团结
出版社，2021.6（2024.2 重印）
ISBN 978-7-5126-8932-9

Ⅰ．①立⋯ Ⅱ．①李⋯ ②朱⋯ Ⅲ．①教育－文集
Ⅳ．① G4-53

中国版本图书馆 CIP 数据核字（2021）第 108133 号

出　　版　团结出版社
　　　　　　（北京市东城区东皇城根南街84号　邮编：100006）
电　　话　（010）65228880　65244790
网　　址　http://www.tjpress.com
E－mail　65244790@163.com
经　　销　全国新华书店
印　　装　三河市嵩川印刷有限公司

开　　本　145mm×210mm　　1/32
印　　张　10
字　　数　233千字
版　　次　2021年6月第1版
印　　次　2024年2月第2次印刷

书　　号　978-7-5126-8932-9
定　　价　69.80元

编委会

主　编：李维兵　　朱发华

副主编：李　霞　　吴楷斌　　罗　鹏　　胡春林

　　　　魏　华　　陈　敏　　舒　杨　　陈礼超

　　　　周中尧　　王　敏　　土比拉子　陈光元

　　　　曾龙先　　余晓梅　　代麒麟　　刘列平

　　　　程汶欢

李维兵名校长工作室校长成员名单

隆昌市大南街小学	李 霞
宜宾市叙州区柏溪小学	吴楷斌
乐山市嘉州学校	罗 鹏
凉山州会理县城关实验小学	胡春林
泸州市实验小学城西学校	朱发华
泸州市梓橦路小学	魏 华
泸州市大北街小学	陈 敏
泸州市长江小学	舒 杨
泸州市江阳区石岭学校	陈礼超
泸州市江阳区石寨学校	周中尧
凉山州西昌市第五小学	王 敏
凉山州昭觉县工农兵小学	土比拉子
内江市第十小学	陈光元
攀枝花市米易县第一小学	曾龙先
攀枝花市花城外国语学校	余晓梅
宜宾市南溪区前进小学	代麒麟
泸师附小教育集团泸州国家高新区小学	刘列平

前　言

　　为贯彻落实中共中央国务院、四川省委省政府关于全面深化新时代教师队伍建设改革的意见精神，教育部、四川省教育厅分别于 2018 年 5 月和 11 月，组建了教育部中小学名师名校长领航工程工作室（简称"双名"工程）和四川省名师名校长鼎兴工作室。李维兵同志分别入选教育部中小学名校长工作室主持人、四川省名校长鼎兴工作室领衔人，并组建了李维兵校长鼎兴工作室。

　　三年来，李维兵校长工作室在教育部、国培办、培养基地、四川省教育厅、四川省项目办和地方教育和体育局等部门指引下，在各级领导、专家的关心下，在各成员学校的支持下，克服疫情等困难积极开展活动，认真开展专题学习、专家讲座、管理探讨、入校指导、课题研究、课堂教研等活动，聚焦教育管理、五育并举、课程建设、课堂教学、评价改革、艺体推进、家校共育等专题，促进工作室成员校长教育理论素养、管理素养和教育科研能力的进一步提升，做好示范引领，收获了较好的成果。

一、活动概述

　　校长工作室的任务和目标是要努力建成校长互帮互学的学习型组织，校长治校经验交流的平台，校长合作研究的载体，校长教育思想和办学实践展示的窗口，基础教育改革的实验基地，校际深度合作的纽带，优秀校长的孵化器和成长的摇篮。

在李维兵校长工作室成立伊始，工作室主持人带领工作室成员校长，共同讨论制定了《李维兵校长工作室章程》《李维兵校长工作室实施方案》等制度文件，印制了《李维兵校长工作室成长手册》等学习资料，为工作室活动开展做好准备。

李维兵校长工作室有成员学校17所，涉及四川省凉山州、攀枝花市、内江市、宜宾市、乐山市和泸州市共6个市州。因地域分布较广，路途遥远，工作室活动开展采用"全员活动"与"片区活动"的方式，共编印工作室简报近40期。

三年来，校长工作室举办了"挂牌系列活动""办学理念梳理""高品质学校建设""大凉山支教""整本书阅读""数学文化""教师素养提升""专家进室"等近20次"全员活动"，惠及校长、教师数千人。泸州、宜宾、乐山、内江和攀凉片区共5个片区成员学校独立或联合开展了"五育融合""家校共育""劳动教育""留守儿童教育""校园文化建设""书香校园""乡村教育振兴""中华优秀文化传承""课后服务"等40余次"片区活动"，参与校长、教师达10000余人次。

尤其是2020年受新冠肺炎疫情影响，各成员学校按照各级教育行政部门"停课不停教、停课不停学"的总要求，一边坚持疫情防护，一边坚持教育教学，按工作室年度工作计划，采取"线上活动"与"线下活动"的工作方式，开展了10余次活动，惠及校长、教师4000余人次。

经过三年的领航培养、深度学习、实践探索，在工作室任务和目标实现中取得了较好的效果，有力地促进了室内校长的快速成长，较好地引领了区域基础教育的更好发展。

一是提升了专业理论和管理水平。依据《义务教育学校校长专业标准》提出的校长应该具备以德为先、育人为本、引领发展、能力为重、终身学习五个理念，规划学校发展、营造育人文化、领导课程教学、引领教师成长、优化内部管理、调适外部环境六项专业职责。这些要求都需要我们通过学习实践来实现与提升，工作室每位成员校长认真学习国内外先进的学校管理经验和学校管理等方面的专业理论，更新知识结构，拓宽知识面，用先进的理论来指导实践，使自己的知识水平和工作能力始终跟上时代前进的步伐。

二是进一步完善了学校办学理念。校长是否具有正确的教育理念，是学校办学的灵魂，直接影响着学校的办学行为与实践，决定着学校办学质量的高低。树立正确的教育理念是工作室校长成长的立足点，工作室通过成员学校校长办学理念专题报告，组织相互走访各自的学校，进行入校诊断指导，深挖学校办学历史，分析学校办学特色与存在问题，进一步凝练了各校办学理念，使各成员学校进一步明晰了办学思路与方向。

三是促进教育家型校长团队成长。工作室每个成员校长以争做一名教育家型校长为目标，努力使自己更具有专业性、独特性、引领性、实效性。其一，专业性，主要体现为坚定的教育信念、高远的教育境界和高超的教育智慧。其二，独特性，校长对教育的独特理解和创意主张，并能对教育理念深刻而通俗地表述。其三，引领性，在校长领导力、思维力、创造力、表达力等方面进行引领。其四，实效性，校长要促进每个学生健康成长，培养专家型教师团队，促进学校持续发展。

四是推进了区域教育高品质发展。根据教育部、四川省教育厅关于校长工作室建设要求，在培养基地导师指导下，在各级教育行政与业务部门的支持下，校长工作室在区域内开展了丰富多彩的活动，以其深刻的思想内涵和独特的实践形式，把自己所在学校的办学目标、办学体制、组织管理、规章制度、学校文化等有机结合，在一定的地域范围内起到引领示范作用。有力地帮助了一批青年校长快速成长，推动区域基础教育高位均衡发展，努力办好更加公平、更高质量的基础教育。

二、实践成果

1. 拓展思路引领区域教育。

一是引领本校高位求进。工作室主持人所在的泸州师范附属小学作为区域窗口学校，积极推进高品质学校与集团化办学实践，学校教学品牌已发展为附小本部、城西学校、城南学校、习之学校、高新区学校等集团化学校。

二是走进学校助推发展。工作室主持人坚持深入成员学校，如走进宜宾市叙州区柏溪小学、凉山州西昌市第五小学、宜宾市南溪区前进小学、乐山市嘉州学校等举行大型专题活动，帮助学校厘清办学理念，找准形成学校办学特色的切入点和发展方向。

三是借力专家顶天立地。邀请北京教育学院培养基地胡淑云教授、华东师大基教所李政涛教授、四川省教科院刘涛院长等全国知名的专家学者，邀请区域优秀的校长、教师进室开展专题讲座，到成员学校深入指导，成员校间举办专题讨论，及时传递先进的管理理念，提升教育管理水平。

四是推进教育均衡发展。聚焦教育教学热点难点问题，如立德树人、五育并举、高品质学校建设、研学旅行、课后服务、教育评价等，有序有力推进，开展成果推广应用，推动地区教育高位发展。

2. 成员学校发展百花齐放。

三年来，工作室成员学校互帮互学共同成长，每个学校都获得了良好发展，更好地成为当地的优质教育资源，为推进区域教育高品质发展贡献力量。

比如，泸州市梓橦路小学作为一所百年老校，立足学生创新能力培养，连续几年参加全国中小学生创意大赛，勇闯央视，多次夺冠。新成立的泸州市实验小学城西学校做实教育科研，开展的"城市新建学校高品质建设新路径的实践研究"课题研究成果在区域新建学校中推广。泸州市长江小学以"立德树人"为主要目标，创新"活动式"德育，学校获得"全国百强作文、美术、书法、摄影教学基地"称号。宜宾市南溪区前进小学获评"全国第三批国防教育特色学校""四川省优秀传统文化艺术传承学校"。隆昌市大南街小学书香校园建设被广泛关注，《四川教育》2020年第2期以《围绕办学理念构建特色学校文化》为题对学校做专题报道。泸师附小教育集团高新区小学立足家校共育，开展丰富多彩的教育活动，被评为全国规范化家长学校。凉山州西昌市第五小学围绕独具特色的彝族文化，推进艺术教育，编排的节目连续获得全国中小学生艺术节一等奖。凉山州昭觉县工农兵小学地处贫困地区，却把中国传统文化教育做出成效，获评2020年度全国传统文化教育示范学校。

3. 促进室内校长快速成长。

三年来，工作室各成员学校校长积极承办各级教育教学活动，主持参与课题研究，结合教育教学实际工作撰写文章，参加各级教育教学学术活动，为区域校长、教师培训开展专题讲座，促进室内校长、教师迅速成长。

工作室主持人李维兵三年中参与了两项省级课题的研究，其中《区域高品质教育实践研究》获四川省课题研究成果一等奖，《高品质学校课后服务实践研究》获四川省课题研究成果二等奖。主持人领航成果专著《言说教育》出版。个人在《中国教育报》《中国教师报》《中小学校长》《四川教育》《教育科学论坛》等省级以上刊物发表文章20余篇。

工作室主持人在教育部支教凉山推进会、四川省教育厅名师名校长培训会、凉山州中小学骨干校长培训培养工程、"国培计划（2020）"——隆昌市青年骨干教师培训班、泸州市名师名校长工作室建设等项目中开展《高品质学校的建设路径探索》《推进工作室成果产出》《助力教育家型校长成长》《给青年教师的建议》《校本研培促进教师幸福成长》等讲座近20场。

工作室主持人于2019年9月获评四川省教书育人名师，2020年12月获评泸州市酒城英才·突出贡献奖。2019年10月《中国教师报》以《向教育家型校长目标前进》为题，2020年9月《中国教育报》以《和雅共育·自主成长》为题，2020年11月《教育导报》以《让教育诗意地栖居》为题，对其做专题报道。

工作室成员校长共主持了20余个市级以上课题研究。比如，陈礼超主研的"'随课微写'情景创设教学策略研究"获四川省一等奖，余晓梅主研的"优质均衡视野下学区联盟教育资源整合研究"获四川省二等奖，李霞主研的"呵护心灵 守护成长"获四川省三等奖，陈光元主研的"小学生应急救护教育策略研究"获四川省三等奖，陈敏主研的"农村小学留守儿童心理问题疏导方法"获泸州市二等奖，吴楷斌主研的"城镇小学'三位一体'阅读活动的策略"获宜宾市二等奖等。

李霞长期扎根课堂，形成了自己独特的教学风格，《四川教育》2020年第11期以《抱朴养心，从容以和》《师路无垠，行者无疆》为题对其做专题采访。朱发华、魏华、刘列平等组织教师团队，承担了四川省民族地区教材教法资源开发的微课录制，面向全省推广。

工作室17位成员校长李霞、吴楷斌、罗鹏、胡春林、朱发华、魏华、陈敏、舒杨、陈礼超、周中尧、王敏、土比拉子、陈光元、曾龙先、余晓梅、代麒麟、刘列平等，撰写的文章在市级以上刊物发表或获奖100余篇，其中省级以上刊物发表或获奖近40篇。余晓梅于2020年1月出版专著《读书不觉春已深》。

工作室成员校长在中国基础教育研究会、四川省教育厅、四川省教科院、泸州市教育和体育局、凉山州教育和体育局、凉山州小学教师培训中心、深圳市福田区教科院、内江师范学院、泸州市青年教育工作者协作研究会等机构组织的教育教学学术会上，做专题报告、公开献课等近50场获好评。

工作室成员校长三年来获得县级以上奖励30余人次。例如，代麒麟于2020年6月获评全国红军小学优秀校长，余晓梅于2019年12月获评四川省家庭教育工作先进个人，吴楷斌于2020年1月获评宜宾市德育先进个人，朱发华于2021年4月获评泸州市第九批学术和技术带头人，曾龙先连续两年获得攀枝花市教学质量突出贡献校长，李霞、陈光元、余晓梅、王敏等获评地市州名校长工作室领衔人。

三、反思建议

1. **以点带面，全面提升。**工作室成员校间相距太远，各地办学条件差距较大，工作室设想在各片区筹建工作站，增强活动开展的成本与实效。如宜宾市南溪区代麒麟工作站，以开展片区活动为主，定期指导，以点带面，推动区域教育质量提升。

2. **优化资源，取长补短。**工作室成员校都有自己的办学特色，也存在一定的短板，要多开展校际交流，通过"外出考察、校际互访、专题研讨"等方式，探讨办学思想、管理经验，相互借鉴，取长补短，促进成员校共同提高。

3. **反思拓展，规划完善。**工作室将对今后的活动进行整体规划，分类梳理，落实到点。对开展的各项活动既要详细规划，关注过程的落实，又要及时总结提升，提出改进措施，形成活动纪要，如此才能对以后开展活动提供更好的借鉴。

目录

CONTENTS

中篇
成长故事

下篇
论文集萃

上篇

办学理念

和雅共育，自主成长

○ 李维兵

　　四川省泸州师范附属小学（以下简称泸师附小）成立于
1902 年，由前清翰林、教育家赵熙创办，至今已有近 120 年
的办学历史。革命先驱朱德、恽代英曾担任校长，在这里传播
革命思想，是一所具有悠久办学历史与光荣革命传统的学校。
学校教育教学质量誉满川南，是川渝滇黔接合部一颗耀眼的教
育明珠。

　　时代是出卷人，伴随成渝地区双城经济圈国家战略的实
施，泸州建设川渝滇黔接合部教育培训中心和江阳区全域品质
教育战略的推进，作为全国一所较早创办的百年老校，泸师附
小如何突破高原现象，让高原之上有秀峰，为酒城人民提供更
优质的教育，是摆在全校教师面前的神圣答卷。

一、梳理拓展百年附小和雅教育办学理念

　　学校首任学监赵熙在创办川南经纬学堂及学堂幼稚班
（泸师附小前身）时曾说：为学要为上下古今之学，不能只
求耳目尺寸，为学当为大通世界之学，不能拘守方隅。先生
要求，学校要培养"合德智体而为士，通天地人之谓儒"的
"士儒"，师生要追求雅，读书要做学问。雅教育应该是内涵博

雅，谈吐文雅，举止优雅，气质高雅，雅教育始终贯穿在先生的教育思想中。建校之初，革命家恽代英校长在1921—1923年治校期间，提出了"立志做人、刚健刻苦、周密恒久"的校训，倡导读书人要做真君子，而"雅"是真君子的高贵品质之一。

《中庸》首章说：和也者，天下之达道也。万物和谐是天地至理，教育也是如此。将孩子置于天地之间，以圣人学者为师，以天地万物为师，顺应天时地利人和，顺应社会发展创新，传于古而宣于今，成就人生大智慧。《荀子·荣辱》篇曰"君子安雅"，并注"正而有美德者谓之雅"，培养博学多才、温文尔雅的"士儒""君子"自古就是教育追求的目标。

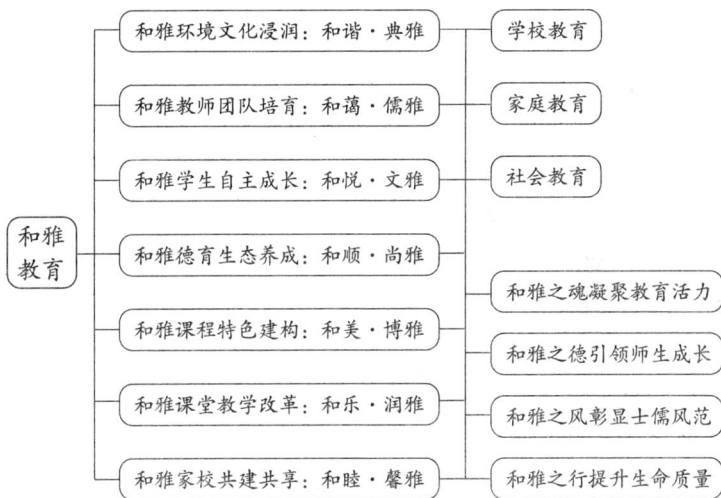

泸州师范附属小学"和雅教育1734"建构模式图

新的时代，学校深化党和国家对教育发展新要求的理解，结合学校高位求进办学实践，努力提升学校办学品质。品质是质量、内涵、文化、特色、信誉等的集合体。开展学校品质提升，十分必要，恰逢其时，需要给力。学校进一步完善办学理念，立足"天地人和，君子安雅"的"和雅教育"办学思路，完善和雅教育高品质学校建设"一个中心、七大平台、三维合力、四大愿景"的"1734"建构模式；以"和雅教育"为中心，狠抓"和雅环境文化浸润、和雅教师团队培育、和雅学生自主成长、和雅德育生态养成、和雅课程特色建构、和雅课堂教学改革、和雅家校共建共享"七个平台；形成"学校教育、家庭教育、社会教育"三维合力；实现"和雅之魂凝聚教育活力，和雅之德引领师生成长，和雅之风彰显士儒风范，和雅之行提升生命质量"四大愿景。

二、打造和雅教育高品质学校建设的实施平台

建设高品质学校是教育发展与酒城人民给学校提出的新使命，高品质学校必须具有高品相、高品性、高品行、高品牌、高质量。和雅教育高品质学校建设应该采取什么行动，朝着什么目标前行，我们对学校办学情况进行了新一轮诊断，以更完善的和雅教育理念为引领，建设高品质学校，增强辐射示范，推进共同发展。

1. **和雅环境文化浸润。**环境文化追求"和谐·典雅"。"和"是立校之根，塑造教育和的心态（内在），"雅"为育人之本，培育师生雅的气质（外显），和于心，雅于行，知行合一。学校对校史、校训、校徽、校旗、校歌、校赋、校园吉祥物等进行精心设计布置；协调校园红、蓝、绿主色调，建设好代英楼、子俊楼、好读亭、凤凰艺苑、健体中心等主体建筑；对小凤凰电视台、录播中心、机器人创客中心、心理健康中心、川剧苑、乐轩阁、翰墨轩、纸韵梨园、伞里印象、信息通道、科学王国等功能室进行完善；在校门、围墙、走廊、墙

柱等处设置古诗词赋名句、修身养性格言等。有笑脸墙、星光路、世界美、祖国美、家乡美、校园美等廊道文化。每个班级自命班名、自定班风学风、设立展示平台等,凸显校园特色文化建设。

2. **和雅教师团队培育。**教师团队追求"和蔼·儒雅"。在师德涵养上要求做有理想信念、道德情操、扎实学识、仁爱之心的"四有好老师",这是对教师的基本要求;做学生锤炼品格、学习知识、创新思维、奉献祖国的"四个引路人",这是对教育的社会责任;做到坚持教书和育人、言传和身教、潜心问道和关注社会、学术自由和学术规范的"四个相统一",这是对教育的国家担当。学校以"代英党建"教师校本研修系列活动为引领,在师能建设上,采用志趣相投研习组,互帮互助共提高;教科研有机结合,打造研究型教师;和雅论坛展智慧,妙语连珠话教育;教师培训六部曲,循序渐进促成长;走进经典浸书香,书海漫步提自我;师徒结对心相牵,青出于蓝胜于蓝;基本功赛展风采,你追我赶练技能;国培远培全参与,网络研修落实处。师德涵养与师能建设有机融合,培育道德高尚、甘于奉献、精于教育、管理睿智的教师团队。

3. **和雅学生自主成长。**和雅学生要求"和悦·文雅"。儿童是祖国的花朵,孩子怎么样,国家的未来便怎么样。我们倡导和雅学生说雅言、为雅行、成雅士。我们坚持做好:育人环境文化创设,和雅环境氛围营造;行为习惯常态教育,促进良好习惯养成;德育讲坛生机勃勃,渗透和雅德育理念;雅行活动丰富多彩,深化学生雅行教育。常态开展和雅之星评选,让和雅学生举止文雅、崇德善思、多才多艺、个性飞扬、富有潜能。

4. **和雅德育生态养成。**和雅德育追求"和顺·尚雅"。教育是全景，德育重过程，学校努力构建"全景德育"工作新机制，探索自主式、系统式、体验式德育模式。一是建立自我教育、自我管理、自我评价的"三自发展"主体性德育。二是开展特色之星、特色活动、特色班队的德育"三特工程"建设。三是创建"校园六节"主题教育。倡导"仁孝节——仁孝立人；读书节——书文毓秀；体艺节——刚健尚美；英语节——世界融合；科技节——科学求真；器乐节——弦歌知雅"的理念。四是构建"四方融合"的立体德育实施路径。树立"德在学校，行礼尊敬；德在家庭，行孝感恩；德在自然，行知求真；德在社会，行仁奉献"的品格。

5. **和雅课程特色构建。**和雅课程倡导"和美·博雅"。学校全力统整国家、地方、校本课程体系，为学生提供丰富多彩的课程资源，回归师生的校园生活状态，改良师生的教学方式。一是国家课程开设制度化。开齐、开足、开好规定课程，这是实施国家课程的基本要求。二是地方课程开设本土化。将酒城历史、经济建设、文化民俗、特产资源、风景名胜等融入课程。三是校本课程开设特色化。建立以"尧生"书院、"大美中华"学堂、"文明四季"之旅、实践导师课、缤纷课后服务、学生社团、研学旅行、社会实践等为载体的校本特色课程。全力推行长短课相结合，推行学科拓展融合，开展选课走班等。

6. **和雅课堂教学革新。**和雅课堂追求"和乐·润雅"。建设信息校园、智慧课堂，促进现代信息技术与课堂教学的深度整合，优化环境与教学方式，拓展学生学习空间，转变师生教学关系。在教学改革上做好基础课程"三部九环"教学；拓展课程"单元式"教学；活动课程"模块化"教学；研究课程"主题性"教学。努力让师生乐教乐学，活教活学，教好学好。全力抓好"课改质优"治学、"三开减负三开放"监控、课堂教学结构改革、课改成果展示等，更好提升教学质量。

7. **和雅家校共建共享。**和雅家校追求"和睦·馨雅"。家庭是人生的第一所学校，家长是孩子的第一任老师，帮助孩子扣好人生的第一枚扣子。在家校合作中做好"当好家长、家校交流、志愿服务、家庭辅导、参与决策、社区协作"六个方面的工作。学校在社区，社区在推进教育良好生态建设中发挥着积极的作用。学校有效统整社区资源，加强家长学校建设，开展家校课堂，推进研学旅行，建设社区教育联盟，共建校外教育实践基地等，促进学校、家庭、自然、社会教育共建共享。

三、和雅教育高品质学校建设的实施策略

1. **整体谋划。**邀请专家进校诊断指导，形成"整体谋划，分层实施，逐步完善，全面提高，形成特色"的实施步骤，对建设工作深入了解，结合自身实际，将建设融入学习工作中。

2. **项目分解。**高品质学校建设是一项系统工程。如和雅环境由总务处负责，教师团队、课程建设和课堂教学由教科处负责，和雅学生、和雅德育、和雅家教由德育处负责，既分工更协作。

3. **强化考核。**在建设中对工作扎实、措施落实、富有实绩、勇于创新的处室优先评定"优秀处室"。把全校教师推进建设工作成效纳入评优晋级中，加强对创建的评比、表彰、激励。

4. **过程监控。**落实过程监控，将工作辐射到学校的各个领域，渗透到教育教学的各个环节，切实做到理论与实践、全面与个体、整体与单项的结合，及时总结阶段成果。

5. **活动推进。**活动是建设的生命力，只有开展大量富有

实效的活动，才能更好地推进。学校要求承担各个项目的人员精心设计各项活动，以丰富多彩、富有实效的活动推进建设。

6. **总结提升**。鼓励教师开展高品质学校建设各级各类课题研究，撰写相关的论文案例，为建设工作献计献策、添砖加瓦。学校进一步强化宣传，认真总结提炼，推广建设成果。

和雅教育高品质学校是新时代泸师附小发展的命脉，是学校未来教育的新样态，是学校教育改革发展的方向。我们将进一步着力和雅教育高品质学校建设，着力丰厚和雅教育思想，抱团出发，更好地推动高品质学校建设发展，为基础教育做出新的更大的成绩。

面向未来，深耕基础教育

○ 李 霞

随着历史车轮的转动，随着社会的进步、科技的发展，一幅未来教育的恢宏画卷缓缓展开：总体实现教育现代化，伟大祖国迈入教育强国行列，成为学习大国、人力资源强国和人才强国，社会文明达到新高度，国家文化软实力显著增强，中华文化的影响更加广泛深入。

凝视这宏伟蓝图，作为一名教育者，我感受到来自未来的召唤：面对社会的进步、科技的发展，现代化强国对人才的期待，作为教育人该有怎样的担当？在双城经济圈的"硬核支撑"下，作为其中的一分子，会面临怎样的挑战与变革……

在未来教育的主旋律中找准自己的调

面对心灵的叩问，静心笃志：再远的路，也要一步步走；再美的图，也要一笔笔描；深耕基础教育，是到达教育现代化的必经之途。怎样走好脚下的路？在未来教育的主旋律中找准自己的调，做到守初心，担使命，不偏向，不跑调。

一是找准旋律主音，引导孩子讲好校园故事。

一所学校看得见的是校园，看不见的是价值观和学校精神。由师生共同演绎的校园故事蕴含着丰富的学校精神。"讲好校园故事，呈现本真教育"是隆昌市大南街小学朴素的教育思想。

南小是一所百年老校，涌现了很多优秀教师的动人教育故事。其中沈真国老师是全国劳模、四川省特级教师，她对班上的孩子倾注了所有的爱，孩子们都亲昵地称呼她"沈妈妈"。

记得沈老师班上有个叫兰兰的孩子，性格孤僻，不愿与人交流，小小年纪，眼神里常见青烟一般的惆怅。

就是这个孩子，在一个阴雨绵绵的早晨，缺席了。沈老师焦急万分，连忙放下手头的工作，不顾年迈以及常年腰肩病痛的困扰，一头扎进了雨雾之中。

一路上走走停停，四处打探。衣服浸湿了一半，也不知是雨水还是汗水。好一番折腾后，终于在一座低矮的土坯房旁看到了那个孩子。"兰兰——"张老师一声温柔的呼喊，才将孩子从纷扰的思绪中唤回。在霎时的迟疑后，她用一种极度惊恐的眼神盯着老师看了好久，又猛地从张老师手中挣脱，径直奔向不远处的一片玉米地。

沈老师在青纱帐外蹲下，一声声亲切地呼唤，一句句耐心地劝导，终于，孩子探出了头，拉住了老师温暖的手。原来，孩子的父母早年离异，多年未见的妈妈终于回来看她了，可今天一大早，又离开了。这一去，把孩子那颗渴望母爱的心也带走了……沈老师一把将孩子揽到身前，轻轻抚摸着她的头，温和地叮嘱道："孩子，别伤心，别难过，老师就是你的妈妈……"

几句质朴的话一说完，孩子一头扎进张老师怀里，号啕大哭起来，似乎要把郁结心中已久的那份委屈发泄个够。

第二天，孩子如约来到学校，在沈老师慈母般的谆谆教导和悉心的关爱下，孩子的成绩日渐提升，脸上的笑容也时常如花儿般绚丽绽放。最后，兰兰成功考入了隆昌一中，开始了新的征程。这，就是沈老师用爱播撒光辉，得到的最好回报。沈老师退休后，因为学校缺老师，一直战斗在三尺讲台，七十多岁高龄才离开讲台享受退休生活。

像这样暖心的故事，在大南街小学，每天都在发生，像沈老师这样爱岗敬业的好老师，也不胜枚举：带病坚持工作，还勇挑重担的林丽老师；患癌之后，仍坚持战斗在教学一线的陈婉吟老师；丢下还没满月、嗷嗷待哺的孩子，在讲台上挥汗如雨的刘玲老师；本该在家安享退休生活，却重返校园担任毕业班教学的王予友老师、李云老师……

引导孩子们讲好校园故事是南小德育不可或缺的组成部分，因为每个"校园故事"里都包含着正在发生的教育，正在拔节的成长。

二是拓展旋律动机，引导孩子讲好家乡故事。

隆昌被誉为"石牌坊之乡"，历史悠久：无论是古驿道的深邃，古牌坊的厚重，鹅洞飞雪的雄浑，南桥晓月的婉约……还是古宇湖的水，云顶寨的风，都饱含动人故事，学校鼓励孩子们做家乡代言人，既讲家乡历史文化传承，又讲78万隆昌人民无限期盼的教育故事。例如，2020年的疫情阻击战，隆昌教体人挺身而出、众志成城、奋战前线。8支志愿队1000余名教师志愿者，深入城村住户、大街小巷、交通卡点等场所开展防控工作，不眠不休。这是孩子们亲眼看到、亲耳听到、亲身体会的故事。这样的故事历久弥香，意义深远。

三是紧扣旋律主题，引导孩子讲好中国故事。

当今时代，"中国故事"正深深吸引着全世界的注意，学校教育从孩子抓起，讲好中国历史故事、中国传统文化故事、中国英雄故事……在中国故事的讲述与传播中，厚植爱国主义情怀，为培养中国特色社会主义事业的建设者和接班人奠定坚实基础。

在基础教育的旋律中谱好自己的曲
谱好校园文化建设三部曲

一是锚定方向，确定发展思路。隆昌市大南街小学始建于1906年，深厚的文化底蕴，师范附小的经历，成就了学校艺术教育的特色，先后被授予"全国艺术教育先进单位""全国中小学中华优秀传统文化传承学校""四川省百所艺术特色学校"等荣誉称号，形成了"大艺养心、立文化人"的办学理念，在此指引下，确定了外显性文化助力内隐性文化，培养"涵广致雅、崇德尚艺"的办学思路。

二是关注细节，构建外显文化。用细节凸显学校文化是南小的特色。比如，教学区与家属区的隔离带，充分运用了花草元素，共享芬芳和美丽，体现"软"和"暖"，以情养心；班级走廊放置漂流书架，定期更新各类图书，营造氛围，以书润心；以师生书画作品为主题的"艺术长廊"，供大家流连品鉴，以艺养心；操场边的"隆昌老八景"，让孩子们了解家乡文化，滋养爱家乡情怀，以境育心；古代典型人物故事的青石浮雕墙，传承和发扬古典文化，以典沁心。

三是提升内涵，深挖内隐文化。通过开发特色课程，建设"养心文化"；加强品德教育，构建"崇德"文化；重视心理疏导，构建"暖心"文化；丰富艺术活动，构建"尚艺"文化。并发动全校师生，创作出属于南小的独特文化符号，进一步丰富了文化内涵。

谱好课程建设三部曲

一是开发"养心"德育课程。结合学校"大艺养心、立文化人"的办学理念，以省级课题"四季生命课程的开发与运用"为龙头，开发了"四季主题式生活课程""四季生命记录课程"。

特别值得一提的是独具南小特色的"行走家乡成长体验系列活动课程"，包括"赏美景""体民俗""识特产""知农时"；春看桃李芬芳，夏观鹅洞飞雪，秋赏菊来冬品梅；喝羊肉汤，吃张凉粉，扯铺盖面；元宵节，老师带着孩子们搓汤圆，闹元宵；收获季，一起来到田间地头挖红薯，办红薯宴，学打糍粑，点豆花；节假日，带孩子们到安富镇体验陶艺制作；还有放风筝、养蝌蚪、摘果子以及了解麻布工艺、青石文化、藤编技术……

通过这样的研学旅行、社会实践、劳动体验、观察探访，有计划、有梯度地开展活动。学习场所不再局限于教室，自然即场馆，生活即教育，这样的教育是无痕的、浸润式的，老师们用心领会"大化无痕""大爱无疆"其间真谛，用情实践"全人"教育，培养孩子们爱祖国、爱自然、爱家乡、爱生活的情怀，南小人在基础教育的沃土上深耕细作，乐在其中。

二是开发艺术教育课程。立足艺术特色学校，以各类活动为载体，让"全面育人思想"开花结果，如每周一升旗仪式上的班级展示活动，下午的特色班队课；周二下午的 36 个社团活动课；一年一度的艺术节、科技节、元旦节展演活动。多年来，大南街小学积极参加各级文艺会演，在省、市、县级比赛中屡创佳绩。

三是开发心理健康教育课程。开学季课程：《欢迎新朋友》向新生表达欢迎，融合了文明礼仪教育；《猜猜我是谁》亲近师生关系，融合了守纪教育；《美丽校园我的家》融合了安全、环保和劳动教育；《我最棒》融合了自信、自爱教育；

绘本故事《小老鼠和大老虎》融合了友爱教育。搭配精心设计的"入学通知书",让开学季变得轻松愉快。毕业季课程分为友情篇、师恩篇、励志篇、青春篇,引导毕业生珍惜同学情、师生情,学会感恩,消除浮躁,放飞理想。

在心理健康教育校本课程的开发中,巧妙运用"绘本故事"这一载体,是南小课程建设的又一大特色。同一个绘本故事,在不同年级,针对不同心理问题,有不同的运用。如校本课程《敌人派》绘本故事,在不同的年级有不同的多元解读。我们将一如既往贯穿于大南街小学心理健康教育以及其他不同系列的课程建设中,于无痕处育人,真正体现"大化无痕"。

抓住机遇,在双城经济圈建设中奏出教育最强音

当今时代,是一个伟大的时代,日新月异的时代。作为一名基础教育工作者,我感受到了前所未有的机遇和挑战。特别是成渝双城经济圈的建设,给我们所有教育人打开了全新的视野:两地签订"双城经济圈教育战略合作协议",共享优质教育资源、先进教育理念;互派优秀校长、教师交流轮岗,互相取长补短,锐意进取;开展各类学术交流、教学教研活动,向共同培养"有教育情怀、有世界眼光、有专业素养"的高素质教师队伍的目标携手前进;充分利用大数据的便利,人工智能、VR等现代技术,达到事半功倍的效果,实现教育上的"量子隧穿"。

作为一名小学校长,我深感任重道远,唯有怀揣家国情怀,默默深耕基础教育,不忘初心,牢记使命,以昂扬的斗志、必胜的决心,成就基础教育与未来教育的美好相遇,奏出时代变革中教育的最强音。

让每一个孩子都沐浴在阳光下

○ 吴楷斌

在酒都宜宾，美丽的金沙江畔坐落着一所百年老校——宜宾市叙州区柏溪小学（简称柏小）。学校历史悠久，纵跨三代，走过了一个不断发展、创新的历程，书写了辉煌绚丽的篇章。近年来，学校着力践行阳光教育，全面实施素质教育，培养了一茬茬优秀的学子，为党和人民的教育事业做出了应有的贡献。

一、阳光教育提出的背景
（一）柏小的前尘往事
叙州区柏溪小学，始建于清朝嘉庆十八年（1813年）。其前身是柏树溪义学，清宣统二年（1910年）改为蒙学堂，尔后改为官立两等小学堂，民国元年（1912年）改为柏溪场高等小学堂，1935年改称宜宾县第三小学，1937年又更名柏溪乡中心小学，直至解放。38年间，五改校名，学校由传统的人才培养逐步转为国民普惠教育。学校在曲折中前行，在改革中发展。我们面向未来，继承这种不变的责任、不变的情怀、不变的松柏精神。如果说柏小是迎着百年前近代文明的一缕阳光破土而出的，那么，今天它就是随着太阳的冉冉升起，经风雨，去阴霾，缓慢地曲折向上，艰难地开枝展叶。

（二）柏小的前景思考

2008年，随着进城务工子女、留守儿童、单亲家庭子女的增多，一些孩子由于缺乏家庭关爱和积极的引导，逐渐滋生怯弱、自卑、焦虑、逆反等心理问题，如何促进心理健康成长，培育积极向上的阳光人格，就成为当时柏溪小学面临的一个重要的课题。

经过深入的学习讨论，柏溪小学决定以阳光教育为自己的办学理念。万物生长靠太阳，学校的发展需要阳光，教师的进步需要阳光，学生的成长需要阳光，"七色阳光·多彩人生"就是我校的办学理念。

二、阳光教育理念构建

（一）办学理念：七色阳光·多彩人生

"七色阳光·多彩人生"办学理念的内涵是：小学六年，阳光教育。享受公平，崇尚光明，享受温暖，激发热情。编织绚丽光环，追求七彩梦想。阳光六年，为孩子的终身发展奠定基础，照亮孩子的幸福人生。

阳光教育的办学理念，是对破茧化蝶、自强不息的柏小精神的传承，更是对当下教育问题的责任担当，是办人民满意教育的积极实践。

（二）文化主题：阳光乐园·幸福童年

在阳光教育办学理念指引下，学校实施以"阳光乐园·幸福童年"为主题的校园文化建设。从学校层面上，通过"阳光管理""阳光德育""阳光课堂""阳光学生""阳光教师"等一系列阳光教育举措，培育健康智慧、自信豁达的阳光少年。从学生层面上，通过开展"我能行""我笃行""我远行"的阳光学习实践活动，主动将自己塑造成阳光少年，照亮自己的幸福人生。

（三）校训：勤业·强能·行健·尚美

阳光教育的核心是培养身心健康、全面发展的阳光学生，同时也要求教师具有阳光品格，师生共同打造阳光校园。

勤业：对学习和工作有积极的态度、勤勉的作风。

强能：要勇于实践，善学善用，活学活用，把知识转化为能力，增强本领。

行健：坚持每天锻炼一小时，拥有健康体魄；做有益于健康的活动，塑造健全人格。

尚美：树立正确的是非观、审美观，培养高雅志趣。

（四）校风：放飞阳光·活力向上

学校栉风沐雨走过了两百个春秋，成就了柏溪小学今天的教育品牌，是柏小人拼搏向上努力的结果。要让百年老校焕发勃勃生机，需要传承厚积薄发、自强不息的良好校风。

（五）教风：播撒阳光·笃行致远

十年树木，百年树人。柏小教师在历史长河中，秉承先贤教育智慧，培养出了大批优秀学子，赢得了良好的社会声誉。我们要继承先贤具有深厚底蕴和无限生命力的教育思想，学习运用现代教育理念、教育技术，严谨从教，以爱育爱，善学善思，形成教育智慧。

（六）学风：沐浴阳光·励志进取

"腹有诗书气自华，唯有书香能致远。"学生的根本任务是读书，我们把"沐浴阳光·励志进取"作为学风，让孩子在充满阳光的校园氛围中，沐浴书香，乐于学习、勤于思考、善于质疑、持之以恒，从小树立学习的目标、志向，为幸福人生奠基。

三、阳光教育发展策略

实施"五位一体"阳光教育发展平台，通过对阳光校园、阳光管理、阳光教师、阳光课程、阳光课堂这五位整合，使五位齐头并进，以期实现"五育"树人、七彩达人，培育有朝气、有志气、有勇气的阳光学生。

（一）营造阳光环境，打造阳光校园

柏小位于金沙江畔，因地名"柏树溪"而得校名"柏溪小学"。学校文化紧扣"百年老校""金江水韵"等，立足老校的历史传承，挖掘学校"义学、蒙学"的特质，寻找百年的经典故事、经典记忆。围绕柏溪的地理位置，探寻"金沙、江水、奇石"等古老物化的意象，确定了校徽、校歌、校赋等。本着"整体规划，分步实施"的原则，以打造经典文化环境为统领。着力打造"柏小人家""六个一"经典校园物质文化：一馆（207年的办学历史馆）、一碑（几块见证历史的纪念碑）、一山（30年的假山）、一水（金沙江的景观图或者意象物，含江水、奇石、金沙、老船、船夫等物象）、一廊（经典书画长廊）、一园（以黄桷树为校树的庭院式园林学校）、一赋（柏小赋）。打造多个经典文化主题区域（运动场、门厅、阶梯、楼层、教室、功能室等），将多个经典内容融入校园。以校训"勤、能、健、美"为线索，依托教学楼设计楼层文化。优化阳光班级文化，各班以"阳光学生"评价表、"阳光平台"和"阳光舞台"，为孩子们展示才艺提供了阵地。

（二）实施阳光民主管理，创新阳光管理模式

学校实施"阳光管理"注重"四化"（民主化、制度化、情感化和科学化）。积极实现"四个管理"（制度网格管理、层级负责管理、民主约定管理、幸福家园管理），力求实现精细化与人性化的辩证统一。学校以建设美好"柏小人家"文化为目标，贯穿学校管理的整个过程。通过多年的探索，逐步形成了"学校→年级组→班级"的三级低重心的条块管理体系；建立重大事项"行政会讨论→教代会审议→教职工表决"的议事决策制度；建立"公示→复议"的校务公开和劳动争议调解制度。制定了阳光教育教学成果、教学教研常规管理考核制度，完善了定性与定量、过程与结果相结合的多元评价机制，形成了阳光管理的制度文化、阳光评价体系。基本实现了管理机制民主化、管理过程透明化、管理生态人文化。

（三）历练阳光教师能力，提升阳光教师内涵

我们以师德建设为核心，将教师的道德伦理建设与人事制度、绩效考核、教育教学管理等相结合，引导教师不断加强自身修养和人格的自我完善，提高师德素质。

我校以教师专业成长为目标，将优化和改进课堂教学、培训青年教师和培养名师团队作为教育研究的主攻点。着力开展课堂探究和主体互动的研究，开展问题驱动的同伴学习的研究。实施三级教研、五大载体、三类评比的校本研训活动，简称"三五三"校本研训模式。三级教研即专家引领、校级论坛、小组研究；五大载体即骨干教师示范课、青年教师优质课、师徒同课异构课、新教师人格课、老教师创新课；三类评比即教学质量评价、专业素养比拼、团队协作考核。引导教师总结教育经验，反思教育行为，在实践中不断有新创造，真正把理论落到实处，帮助和促进教师超越实践，出经验出成果，实现自我发展。

（四）厚植阳光课程体系，实现五育融合发展

课程是教育的核心，促进孩子的成长，最终要落实到课程上来。我们力图做到国家课程校本化，校本课程系统化、特色化。我们着力构建阳光教育"1+2"的课程体系，以"立德树人"为核心，紧扣国家基础性课程这个"1"，开展拓展性、综合性"2"类校本课程。基础性课程重多元融合，拓展性课程重多维延伸，综合性课程重生活体验。

1. 拓展性课程。

课程模块	所含基础性课程	拓展性课程
阳光德育课程	品德与生活（社会）	阳光励志营、123家校共育活动课、自主管理课……
阳光交际课程	语文、英语	绘本阅读、美文吟诵、经典吟唱、小小播音员、小主持人、生活中的口语、课本剧……
阳光思维课程	数学	生活数学、珠心算……
阳光艺术课程	音乐、美术	合唱、舞蹈、葫芦丝、架子鼓、手风琴、纸浆画、摄影、剪纸、各类画……
阳光心体课程	体育、生命与安全	大课间、篮球、足球、排球、乒乓球、田径、象棋、心理学、安全体验课、安全演练……
阳光信息课程	信息技术	电脑制作……
阳光实践课程	科学	五小制作、美食、养花、种菜……

2. 综合性课程。

课程名称	学习内容		
	低段	中段	高段
金沙水韵	水的故事	水与自然	我们的母亲河——金沙江
记忆宜宾	感受宜宾饮食	宜宾名胜	宜宾文化
仪式课程	开学仪式、升旗仪式	入队仪式	毕业仪式
节日课程	元旦节、植树节、清明节、劳动节、端午节、儿童节、教师节、国庆节、中秋节、建队节、重阳节、感恩节、春节		
主题课程	读书节、体育节、六一艺术表演节、元旦书画展		

阳光课程顺应儿童天性，推崇学生个性发展。我们注重开展"阳光德育·家校共育月"主题活动，以月主题活动为主线，学校开展丰富多彩的德育活动，让学生获得良性发展。学校以"人人有兴趣爱好，年级有特色项目，学校有特长学生"为培养目标，研发了七彩阳光系列校本课程，让孩子们在课程中找到属于自己的颜色，释放自己独特的光芒。七彩课程开设了 35 个项目，并组建各类兴趣小组和专业社团开展教育教学活动，活动分校级特长队、年级兴趣组两级活动模式，并适时开展交流、展示、比赛，促使其最终能够形成学校特色项目。

（五）打造阳光自主课堂，培育阳光多彩学生

坚持"以人为本，尊重生命"的教学理念，构建"三自三导"课堂教学模式，培养学生创新意识和探究精神。"三自"即自主预习、自主探索、自主反馈。"三导"即引导预习明目标、引导探索明方向、引导反馈促内化。各学科结合自身特点，对该模式进行具体细化，并针对不同课型探索多样化的课堂结构，使课堂生态呈现出丰富多彩、异曲同工的景象，学生学习更主动，学习能力、创新意识不断增强。学校积极开展"课内外整合阅读""珠心算与现行教材的整合教学""快乐口算""小学生快速作文""交际语文""课堂渗透数学文化"等课堂教学实践研究，逐步形成具有个体特色和学校整体风格的"阳光教学"特质。

四、阳光教育成果

在"七色阳光·多彩人生"办学理念引领下，走教育均衡和内涵发展之路，促进了学校持续快速发展，近三年来，我校学生 800 多人次在国、省、市级各类比赛中获奖，教师 300 多人次获各级表彰奖励，学校连续 14 年获市、区义务教育质量一等奖，先后被授予"全国规范化家长学校""全国少先队工作先进集体""四川省义务教育先进集体""四川省德育工作先进集体""四川省卫生先进单位""四川省文明校园""四川省少先队工作先进集体"等荣誉称号。

活力柏杨，梦想天空

——乐山市柏杨小学德育课程实践

○ 罗　鹏

乐山市柏杨小学创建于 2001 年，是在原占地仅 6.8 亩、师生共 100 多人的通江镇柏杨村小基础上扩建发展起来的一所新兴的城市小学。历经 20 年的发展，柏杨小学校园风貌逐渐生机盎然，校园文化润物无声；教师勤于传道授业，学子乐于追逐梦想；活力课堂成绩斐然，阳光体育奋勇争先的良好发展态势，成为乐山市新城区教育热土上一颗熠熠生辉的明珠。

德育教育作为学校教育的根本任务和重要内容，德育教育必须紧随时代的发展，也应该是一个动态发展的过程，由此，近年来柏杨小学德育教育活动紧紧结合学生成长规律和时代要求，积极探索和践行以校园文化为指引，以德育活动为载体，兼顾整体，层次渐进，不断丰富学校文化和德育教育相互促进的新思路，不断拓展社会、学校与家庭和谐共生的教育网络。

一、文化树人勾画生命底色

一脉充满活力、共享幸福的校园文化，是柏杨小学特色成长昂首前行的愿景。学校确立柏杨文化自我创建原则，坚持让全体师生成为校园文化的创造者、传播者和继承者，让学校发展和文化建设成为共生互进的生态成长过程。从 2010 年开始，学校让每一种色彩都饱含生命的活力，确定把绿色和紫红作为校园主色彩代表生命和梦想，对比强烈又互相依存；让每一个符号都洋溢梦想的光芒，自行设计校徽、校园吉祥物、校服等文化元素；让每一句语言都为生命梦想而歌唱，文化理念自行提炼书写，校歌由教师作词谱曲，等等。经过柏杨人近十年的努力，以"生命活力教育"为核心理念的柏杨文化体系得到逐步完善。

　　发展愿景：让每一个生命都充满活力和梦想

　　校训：德能兼修，身心双健

　　主题口号：活力柏杨，梦想天空

　　生态课程：激励审美，求真实践

　　活力教师：有爱心、有追求、有情趣、有智慧

　　阳光学子：能自主、善合作、勤实践、敢梦想

　　学校德育课程实践以校训"德能兼修，身心双健"作为培育学生道德成长的关键点，"德"育为先，是成人之先导，"能"蕴含知识与能力，是成才之本；我们倡导，正确价值观是人生成长的根本，知识技能是人生发展的根本，只有两者兼备、和衷共济，才能成为阳光、健康、快乐的柏杨小学阳光学子；以主题口号"活力柏杨，梦想天空"作为德育活动推进的延伸点，柏杨小学成立时间短暂，文化底蕴浅薄，但我们以生命成长为象征，以青春活力为特质，以追逐梦想为目标，生命孕育成长梦想，梦想使生命更加精彩，有梦想就有希望。生态课程、活力教师、阳光学子等文化因子逐层表达，共同促进，激励柏杨师生要有天空一样自由辽阔的梦想，也蕴含学校为师生追逐自己的梦想提供自由的空间。

　　学校以各种方式推进全体师生成为校园文化的创建者和传承者，每年在九月新学期设立校园文化周，"我和柏杨同成

长，柏杨因我而精彩，我为柏杨增光彩"分别为低、中、高不同学段的学生渐进知晓和传承柏杨文化；专门开设以家长代表为主的校长课堂，宣讲柏杨文化主张，倾听家长声音，邀请社会各界参与建设，让学校文化在和谐生态下不断成长；不断通过细化和践行生命活力教育的课程文化，力求让进入柏杨小学的每一个人，都能在柏杨文化的影响下，让生命充满活力与梦想，使人生溢满快乐和幸福。

二、品格立人固化道德品质

学校德育活动既要做到兼顾整体，总体把握，又要注重细节，层次渐进分步分层落实各类德育目标，不断丰富完善德育活动载体，做到活动有形，润物无声，让每个学生在学校学习生活中道德品质和行为习惯都得到有效固化和提升。

柏杨娃评选，让整个时间动起来。学校以学生发展的核心素养要求为指南，结合"仁智乐娃相伴成长"品格教育的推进，创新开展每月一次的优秀"柏杨娃"评选，落实评选细节和要求，表彰发放学校特制的纪念品，并在校园内公开展示评选结果，有效提升了学生个体榜样激励作用。

每月柏杨娃评选标准如下：

三月：文明柏杨娃，弘扬正气言行表率；

四月：智慧柏杨娃，刻苦学习博览群书；

五月：环保柏杨娃，勤俭节约爱护环境；

六月：艺术柏杨娃，专注特长全面发展；

九月：创新柏杨娃，善于创造勇于探索；

十月：诚信柏杨娃，一诺千金表里如一；

十一月：爱心柏杨娃，传递爱心助人为乐；

十二月：活力柏杨娃，乐观阳光健康锻炼。

校园四节，让整个校园动起来。学校根据不同时节的教育活动主题，设立了"书香校园"读书节（3—4月）、"七彩校园"艺术节（5—6月）、"梦想校园"科技节（9—10月）、"活力校园"体育节（11—12月）等校园传统四节活动，尽力挖掘校园四节活动中的德育培养因子，形成各类活动固有的特色评比活动，有效带动了全体师生的热情参与。

五星班级评选，让每个班级动起来。学校不断细化和完善"五星文明班级"评比细则（温馨班级、阳光体育、优雅午餐、放学风景、特色风貌），将广大师生代表纳入检查、评比和评价，强化和落实班级日常管理，拓展评比表彰机制，促进评比实效，同时潜移默化促进学生集体和整体内化成长。此外，学校还根据实情和需要及时调整评比内容和细则，力争让五星文明班级评比管理成为学校德育教育的一道风景线。

圆梦行动，让每个学生动起来。柏杨小学努力将德育教育活动和校园文化理念结合起来，创设一年一度的"圆梦行动"，希望每一个学生都可以为自己的成长设定目标，并通过为之努力、获得成功而得到认可和表彰。在圆梦行动中，参与学生选择以老师、家长或者同学作为圆梦导师或圆梦伙伴，记录在圆梦行动中的成长点滴，共同参与行动成功与否的评价，有效地将学校教育、家庭教育与社会教育融合。

第二课堂，让整个社会动起来。柏杨小学在德育教育活动中，还兼顾学生年龄和知识接受能力等实际情况，定期在校园内开展第二课堂教育活动，以促进学生在知识能力、道德意识上不断内化发展和提升。第二课堂，是学校根据德育要求，邀请校外部门或专家进校开展专题教育活动，参与学生可以根据实际情况灵活安排；学校积极创造和把握德育教育的时机，力争每一次的德育教育活动都会对学生的成长产生良好影响，给学生的人生带来良好改变。例如，柏杨小学每年邀请乐山市老科协科普关工委专家进校开展健康、国防、科技主题教育，邀请市区公安局开展禁毒、防拐防骗、自护应急等主题教育，邀请市区药监局、粮食局专家进校开展"拒绝垃圾食品关注健康成长"和科学饮食、节约粮食主题教育。同时学校积极承办乐山市教育系统应急演练启动仪式、"三爱活动"启动仪式、"情暖童心共筑梦想"爱心妈妈结对仪式等大型活动。学校第二课堂德育教育主题活动的丰富开展，开阔了学生视野，增长了学生知识，提高了学生能力，同时还锻炼了学生团结协作、积极向上、克服挫折的意志品格。第二课堂是又一个开放的课堂，学校还根据教育需要和家长资源，不断开设和丰富家长课堂，既增强家校联系，又促进相互成长。

三、实践育人促进成长责任

柏杨小学积极创设学生实践体验活动，从 2008 年起，在城区率先打破学生外出体验活动的坚冰，坚持定期组织学生深入峨边民族地区、科技馆、爱国主义教育基地等校外实践基地参观体验学习，同时结合学生实际情况细心梳理，逐步分年级确定校外实践活动课程的主题，并且根据德育活动要求，不断开辟校外教育基地，丰富学校德育校外实践体验教育的形式和内涵，让行走的课堂成为学生童年最美的记忆。

四年级：校外环保教育实践。时代高速发展的今天，环保意识和环保行为已经越来越成为现代人的基本素质之一。柏杨小学非常重视环保教育，不仅开展相关课题研究活动，还坚持让环保教育研究成果不断延伸，学校每年在四年级学生中以"水"为支点开展校外环保实践体验活动，利用"世界水日""世界地球日"等时机，组织学生参观自来水厂、污水处理厂接受环保教育，同时组织学生代表开展穿越城市母亲河——竹公溪、峨眉河实践体验活动，让学生知晓生活中水从哪里来，又到哪里去，促进学生珍惜水资源的意识和节约用水习惯养成。

五年级：校外安全教育体验。小学生安全健康成长是现代社会关注的焦点之一，柏杨小学立足实际，努力让学生的安全教育更有针对性，学校每年组织五年级学生到乐山市消防特勤中队、乐山市公安局警犬培训基地等开展教育体验活动，学习体验力所能及的自护和救助技能，学会如何与宠物接触等，同时培养学生良好的心理素质、团结协作的意识和克服困难的能力。

六年级：校外文化教育体验。六年级的学生即将走出校园开始新的学习旅程，我们认为，关爱身边的人、关心身边的事、关注家乡和时代发展应该成为柏杨小学阳光学子的必备素质。学校利用三月文明礼貌月和重阳敬老节开展关爱慰问社区老人活动，让六年级学生代表将温暖送进社区老人的家；组织六年级学生到城市绿心嘉定坊等地方开展调查访问活动，关心家乡城市的变化和发展；组织学生走进图书馆、艺术馆开展阅读和艺术欣赏体验活动；组织学生开展"爱在柏小"献爱心活动，选拔六年级"爱心使者"赴峨边勒乌小学参加结对和彝族风情实践体验活动，亲身体验民族团结和友好交往。同时，学校还结合各类传统节日、纪念日开展学生外出学习参观实践体验活动。

关注每一个学生的健康成长，让每一个生命都充满活力和梦想，是柏杨小学义不容辞的责任，更需要我们共同携手，真正让学校从教学走向教育，美好的愿景不能只是等待，柏杨小学正努力行走在路上。

让每一个生命都自由舒展

○ 胡春林

会理县城关实验小学（以下简称实小），坐落于会理县城的西北角，始建于1951年，原名四川省省立解放巷民族小学，后几经易名，1999年更名为会理县城关实验小学，至今已有70年的办学历史。

70年风雨沧桑，70年励精图治，实小形成了自己独特的办学特色。学校牢固树立"养成良好习惯、和谐自主发展"的办学理念，形成了实小无形而强大的文化气场，让每一位教师自立成峰，让每一颗星星在实小闪光。以"儒雅、和谐、童真"为主题，积极创建校园文化品牌，铸造人文精神，努力让校园成为学生的心灵家园。校园里每一处空间都蕴含着文化，每一面墙壁都在诉说教育的故事。

一、学校办学理念诠释

一所学校的办学理念，是在学校传统文化的基础上，通过长期的教育教学实践，经过反复的积淀、选择、提炼和发展，为学校全体成员认同的精神文化凝聚的结晶。实小师生经过反复思考、提炼，形成了"养成良好习惯、和谐自主发展"的办学理念。

叶圣陶说过:"教育是什么?往简单方面说,只有一句话,就是养成良好的行为习惯。"对小学生来说,教育就是培养他们良好的习惯,即主要培养他们良好的做人习惯、做事习惯、学习习惯和生活习惯。养成良好习惯,为学生一生的发展打好坚实的基础是我们最朴素的理念。

自主:指学生自主的发展,即学生在学校创设的自我教育机制的作用下,充分展示生命的主体性,主动地探求知识,自律地修炼品格,自理地安排生活,培养自主选择、独立思考、自我判断、自我调控、自我负责、自我完善的意识、行为和能力,形成自尊、自立、自决、自强的人格特征。

和谐:用和谐的方法培养人,培育和谐的人,这是当代教育的基本宗旨。这里包含两个方面的意义。一是学业和能力的和谐发展。学生各学科全面协调发展,学科间知识平衡,有一定的科学探究和实践能力,有一定的艺术修养,能努力发展各自特长。二是身心和人格的和谐发展。学生有强健的体魄和健康向上的心理,有独立的价值判断能力,有自主、自立、自强的精神,有自主选择学习和生活道路的能力,有较强的生存和社会交往的能力,有较高的品德修养水平,有强烈的进取精神和合作意识,有自觉的人文精神和社会关怀,有遵纪守法和服务社会的意识。

二、学校校训内涵

校训乃一校之魂,既有底蕴又有实效。校训是学校精神的凝练,是学校历史和文化的积淀,是办学理念的集中体现,也是全体师生员工共同遵守的行为准则,对全体师生的价值取向、人格塑造、思维方式、学术氛围、道德情操及行为习惯养成都具有重要的作用。校训犹如一支号角、一面旗帜,对内引导规范校风，对外展示学校形象，指引和激励全校师生共建精神家园，弘扬优良传统，增强荣誉感、责任感和归属感，凝聚人心。

实小的校训是"堂堂正正做人，踏踏实实做事"。

堂堂正正释义：

出处：《孙子·军争》："无邀正正之旗，勿击堂堂之阵，此治变者也。"

堂堂：盛大的样子。正正：整齐的样子。原形容强大整齐的样子，现也形容光明正大。也就是挺起胸膛做人，昂首挺胸做人，大大方方做人。

踏踏实实释义：

形容做事一步一个脚印，心中充实稳重，也就是所说的埋头苦干做事，实实在在做事，老老实实做事。

十年来，"堂堂正正做人，踏踏实实做事"的校训影响和教育着一代又一代的实小人。

三、学校"三风"解读

1. 学校校风：求真、求善、求美。

校风是一所学校所特有的占主导地位的行为习惯和群体风尚，体现为一种独特的心理环境，它稳定而具有导向性。具体表现为领导者的工作作风、教师的教学作风、学生的学风和职工的工作作风，同时也反映全校师生的道德水准和治学执教的风貌。

求真：做事"求真"，实事求是，坚持真理，脚踏实地，直面现实，将"求真"作为我校校风，意在要求全体师生坚持一切从实际出发，有则改之，无则加勉，查漏补缺，力行不殆。

求善：做人"求善"，用爱去对待周围的一切，用爱去点燃智慧的人生，将"求善"作为校风，旨在勉励全体师生与人为善。

求美：人生"求美"，这是在求真、求善的基础上的更高境界，其本质在于追求人的生命之美；展现积极向上的生命之美，拼搏奋斗，自强不息，发展内涵，追求卓越。

"求"是求索、追求之义。做事求真，做人求善，人生求美。"路漫漫其修远兮，吾将上下而求索"，表现的是一种坚韧不拔、始终不渝的发展精神，昭示着自强不息的精神实质。"求真、求善、求美"六字中，真为源，善为本，美为功，求为行动准则。

近年来，学校围绕"求真、求善、求美"六字校训，积极推进校园文化建设，促进学校发展，做了许多有益的实践。"求真、求善、求美"是学校文化的重要体现。我们把学校的三座大楼分别命名为"求真楼""至善楼""唯美楼"，彰显学校教育教学的追求。我们的师生有了"真"的科学精神，践行"勿以善小而不为"的古训，就会有一个更美的生活天地，更自由飞翔的学习空间。我校"求真、求善、求美"校风，是对美好教育蓝图的憧憬，是对新时期现代教育思想的融合与创新。

2. 学校教风：真实、朴实、扎实。

教风是教师在长期教育实践活动中形成的教育教学的特点、作风和风格，是教师道德品质、文化知识水平、教育理论、教学技能等素质的综合表现，是校风建设的关键。

真实：从客观出发，深挖教材，钻研学情，探究教法，备课实在，上课真实，真抓实干，铅华洗尽，彰显教育之魅力，追求人性之完美。

朴实：教风朴实，为人朴实，如清水芙蓉，求真务实，以身作则，教师以朴实的人格魅力之清流去浇灌学生懵懂纯洁的心田。

扎实：教师教学基本功扎实，"三笔一画一话"常练不殆。课堂训练扎实，听说读写练常抓不懈。教书育人扎实，怀爱于心，有教无类；怀技于身，因材施教。

3. 学校学风：勤学、善学、乐学。

学风是一个学校的治学精神、治学态度和治学原则，是学校教育的重要组成部分，是学校全面育人不可或缺的重要环节，是展现学校特色的重要平台。

勤学：勤奋学习，刻苦学习，勤勤恳恳，持之以恒，勤于思考，敏于求知，学会反思，追求真知。

善学：讲求学习方法，掌握学习技巧，提高学习效率。善于学习，方法科学，习惯良好，效果显著。

乐学：科学施教，减轻负担，让学生喜欢学习，享受学习，乐于学习，乐于探究。

以"勤学、善学、乐学"作为学风旨在树乐学之态度，立勤学之精神，养善学之能力，让学生真正成为学习的主人。

四、学校校徽校歌

学校校徽是"实小"二字的拼音缩写，图案是一只展翅高飞的雏鹰和初升的太阳以及翻开的书本，寓意实小孩子就像初升的太阳，有雏鹰般拼搏向上的精神，他们也是老师心目中的太阳，受到老师无微不至的关怀，

孩子们在党的阳光照耀下幸福成长。颜色为红色和绿色，红色寓意健康向上，绿色寓意和谐平安。

　　我校校歌由本校教师创编，简洁明快、寓意深远、脍炙人口。其充分体现了学校的历史文化、教育理念、办学特色、优良传统，是学校优良校风、教风、学风的高度概括，是引领学校发展方向的精神宣言。

实小，初心相随

会理城关实验小学校歌

作词：陈　星
作曲：余尚义

1=C $\frac{4}{4}$ 中速、亲切、质朴、深情地

（11 235 - ｜6i 635 - ｜6 i 2i 6｜56 532 - ｜
旁白：（生含笑，师含情，你的童年我的梦；花含笑，树含情，童年有梦书香伴。）
23 565. 3｜6i 321 - ｜56 532 532 1 - - - ）｜

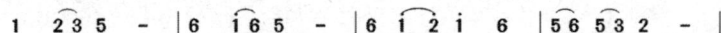

1 235 - 6 165 - ｜6 i 2i 6｜56 532 - ｜
古城西，　古巷头，　古树　怀抱　古之地！

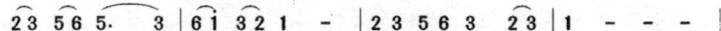

23 56 5. 3｜6i 321 - ｜23 56 3 23｜1 - - - ｜
槐叶绿，　桂飘香，　银杏摇扇琢璞玉；

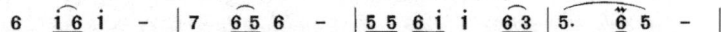

6 16 i 7｜6 i 65 - ｜6 i 2i 6｜63 5. 65｜
花含笑，　树含情，　童年有梦书香伴。

23 56 5. 3｜25 321 - ｜23 56 i 76｜6 - - - ｜
学做人　堂堂正正，　学做事踏踏实　实，

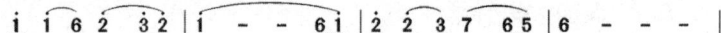

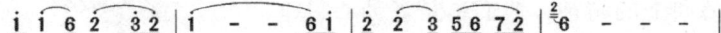

i 16 2 32｜1 - - 61｜2 23 7 65｜6 - - - ｜
初心相　随，　爱心相　守，

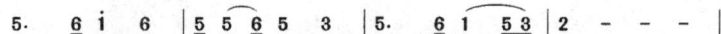

5. 6i 6｜55 65 3｜5. 6i 53｜2 - - - ｜
实　小学子努力努力努力努力！

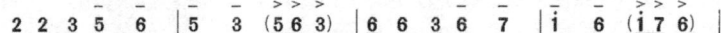

22 35 6｜5 3 (56 3)｜6 6 63 7｜i 6 (176)｜
学做人堂堂正正，　学做事踏踏实实，

i 16 2 32｜1 - - 61｜2 23 56 72｜6 - - - ｜
以美滋润，　以爱滋养，

5. 6i 6｜55 65 3｜55 32 67｜i - - - ‖
实　小学子奋进奋进奋进奋进！　D.C.

五、学校治校方略

理念决定办学方向，管理决定教育成败。成功的教育离不开先进的教育理念引领和科学规范的制度管理。教育思想有多远，教育发展就能走多远。实小秉承"教育质量优，管理效益高"的治校方略，设计并制定行之有效的办学理念和管理制度，使学校各项工作有了明确的方向和具体的目标，有利于教育教学工作的有序进行和全面开展，有利于全面提高学校管理水平和教育教学质量。

一是办学思想规范。即确立学校的办学思想与愿景目标、管理策略与治校方略，规定学校的培养目标和校训校风，主要体现现代学校教育的办学理念、管理策略和文化特色。

二是岗位职责规范。即为学校各部门和所有岗位的人员都制定出管理职责明确、流程清晰、规范具体、可操作性强的岗位职责和操作规程，将学校教育教学任务分解成若干个具体工作点，落实到每个部门、每位教职工的岗位上，明确全校每个人的工作目标、责任、考核和奖惩，使复杂的管理简单明了。

三是领导决策规范。即制定学校党支部会议、校务会议重大问题议事规则和重要工作情况请示报告制度，明确学校重大问题讨论的范围，把支委会、校委会作为学校重大问题决策的主要形式，规定学校重大问题决策的具体程序，实行逐级负责制，规范领导班子的履职行为。

四是师德行为规范。即明确教师职业道德规范"十不准"，制定领导班子和教师队伍建设形象标准，通过组织教师参加师德培训考试、学生家长访谈评价等方式推动师德师风建设。

五是养成教育规范。即对《中小学生守则》《小学生日常行为规范》量化、细化、深化和具体化等方面提出具有我校教育特色的《小学生日常行为规范指南》，教育学生将其内化为健康的思想品德，外现为良好的行为习惯。制定《学生养成教育规范》，从纪律、学习、卫生、着装、生活、礼仪、安全、爱护公物、体育活动等方面规范学生日常行为。同时，制定《学生礼仪常规》《学生学习习惯常规》《学生生活习惯常规》等，通过开展每周主题教育活动，组织教育竞赛、演讲比赛等活动，强化学生的养成教育。

六是**班组管理规范**。即制定教学班、教研组管理方面的管理制度，"文明班级"与"和谐教研组"评选标准与奖励办法，开展"文明班级"与"和谐教研组"评选竞赛活动，夯实学校管理的基础。

七是**教学教务规范**。即从学习、研讨、请假、办公、课程、集会、上课、听课、备课、作业批改、家校联系、质量管理、考核奖惩等方面，制定《教师工作常规管理制度》和《教师工作常规考核办法》，加强教师工作常规管理考核，推动教学质量的全面提高。

八是**校园安全规范**。即制定学校安全值周制度、学校门卫管理办法、学校校园管理制度、校园周边环境综合整治措施等，把学生安全作为学校的第一责任，确保在校学生的人身安全。

九是**综合考核规范**。即从德、能、勤、绩、廉等方面全面考核教师，制定教师工作量、教学质量、教研成果、公开教学活动、竞赛活动辅导等方面的综合考核奖励办法，签订教师工作服务承诺书与工作目标责任书，将教师"干多干少"和"干好干坏"区别开来，落实教师年度工作目标考核奖惩。

十是**民主监督规范**。即制定学校教职工代表大会制度、学校发展管理委员会制度和学校校务公开制度，制定学校财务管理制度和资产管理制度，实行民主监督，推进学校民主管理。

学校常规管理"十大规范"涉及学校各个层面的管理制度、管理规范和管理标准，健全了学校各项工作的管理规则，使学校机构有定员、部门有分工、人员有职责、行为有约束、事事有章程，夯实了学校管理基石，使学校步入了良性发展轨道。

办学生喜欢的学校、家长满意的学校、教师幸福的学校、社会向往的学校是实小教师的不懈追求。会理县城关实验小学全体师生，将一直坚守我们的教育信仰，坚持和谐教育自主发展，让孩子成人成才，让每一个生命自由发展。

让每一棵新苗都拔节生长

——泸州市实验小学城西学校"新实教育"实践探索

○ 朱发华

　　泸州市实验小学城西学校成立于 2017 年 8 月，占地 40 亩，现有 46 个教学班，在校学生 2300 余人，在职在编教师 108 人。在学校"新实文化"引领下，学校注重学生创新意识和实践能力的培养，力求让每一颗创新实践的种子在城西实小校园里萌发。办学三年多来，赢得了良好的社会声誉。

　　学校环境文化优美。学校建筑呈阶梯式分布，拥有两条景观主轴线，实现了移步换景，科学分区。同时，学校毗邻驴子湾城市公园，为师生、家长的学习或休闲提供了一个好去处。漫步在校园里，楼宇巍然耸立，花团锦簇，这是一个读书和学习的好地方。目前，学校形成了"三楼、两苑、三庭、五路、一阶梯、一亭一廊一池、两场"的美好布局。

　　学校设备设施齐全。学校拥有音乐室、美术室、舞蹈室、科学实验室、网络教室、图书阅览中心、校园电视台、心理咨询室、学生成长中心、创客空间等专用教室。同时，学校建有标准的小学生运动场、200 米环形跑道、室内外篮球场、网球场、师生食堂、地下停车场、教师宿舍等设施，能够满足师生工作和学习的需要。学校投资 1.15 亿元，硬件建设实现了功能全、起点好、规格高的良好格局。

一、新实文化，融合生成

在学校"新实文化"引领下，学校坚持"守正出新，求真务实"的办学理念，坚持"做真实的教育"，坚持"让每一棵新苗拔节生长"的办学目标。

学校推行的"新实教育"，在"立德树人"总体目标指引下，切实遵循"五育并举，融合发展"的教育新理念和新思维，做到既仰望星空，又脚踏实地。学校"新实教育"之"新"即"守正出新"，遵循教育教学规律，尊重学生身心发展规律，遵从师生发展需求。"新实教育"是一种在"真实场景"中发生的教育，即做"真实的教育"。同时，在办学过程中，需要在教育教学实践中去进一步创新和发展。"新实教育"之"实"即"求真务实"。学校坚持"潜下心来教书，静下心来育人"的师心引导，让教师坚守教育的本真，遵循教育的本质规律，引导师生做真人、做实事，求真务实办教育，真真实实做教育。"新实教育"是站在儿童的视角、立场去办教育，让学生的品行得以塑造，个性得以张扬，习惯得以涵养，能力得以提升，身心得以呵护，创新品质和实践能力得以熏陶，让孩子在学校中得到可持续发展，为孩子的未来发展奠定坚实的基础。

学校赋予了"新实教育"更丰富的时代内涵和办学定位。"新实教育"是一种有温度的教育，就是做有情感的教育，让教师的教育情怀，激发学生的学习热情，让学校教育给孩子带来无限的温暖，让孩子在学校的学习中能感受到家的温馨和父母般的呵爱。"新实教育"是一种有态度的教育，传播正能量，弘扬社会主义核心价值观的教育引导作用，让中华传统美德教育与新时代的教育有机结合，同时尊重生命，呵护每一位学生的成长。"新实教育"是一种有亮度的教育，在教育过程中坚持五育并举，培养学生的阳光心态和阳光行为，为培养德才兼备的新时代建设者打下坚实的基础。"新实教育"是一种有厚度的教育，让孩子享受学习的过程，打造孩子的底色，渲染孩子的亮色，丰富孩子的底蕴，滋养孩子的内涵，为孩子核心素养的养成奠定坚实的基础。"新实教育"是一种有高度的教育，在教育过程中，让学生具有开阔的眼界、丰富的视野，让孩子树立远大的理想，做到志存高远，放眼世界。"新实教育"是一种有气度的教育，用教师之爱引领学生之爱，让孩子具有远大的胸怀，让每一个孩子培植爱的种子，心怀苍生，大爱无疆，爱党爱国爱家乡，爱校爱家爱自己，成为具有大爱情怀的人。

学校推行的"新实文化"将引领学校品质化、科学化和可持续化发展。学校力争在众多领域实现新的突破和发展，努力实现"七新"，即学校管理有新机制，师生成长有新模式，课程建构有新内涵，教改科研有新业态，德育活动有新路径，环境建设有新风貌，学校发展有新品牌。学校整体工作努力实现"七实"，即校园环境的雅实，师生风貌的纯实，德育成效的真实，课程建构的严实，教学业绩的丰实，管理效能的落实，品质发展的务实。

二、新实教师，逐梦前行

"新实教师"队伍建设采用"一四六"教师专业成长模式。学校在习近平总书记"四有好教师""四个引路人"的引领下，坚持"以人为本，个性发展""动力激发，催生成长""凝心聚力，促进融合""集体成长，同步共进"四大理念，采取立德树人铸师魂、完善制度立规矩、学习提升增底蕴、技能培训强师能、评价反馈促自省、团队建设促共赢六大措施。

（一）立德树人，争做"新实好教师"

1．坚持开展好师德师风专项教育。

2．坚持评选一年一度的"新实好教师"。以教师职业道德、教师基本功、学科教学技能、教育理论素养、第三方满意度测评五个维度促进教师自省和自我提升，在教师节进行表彰。

（二）组建教师亚团体，结伴成长

1．学校定期开展"青年教师梦工坊"活动，以"燃梦计划—师徒结对—专题学习—新实论坛—研学实践"为路径，实现教师成长"1+1"捆绑发展。

2．依托四个"名师工作室"——画语文工作室、数学文化工作室、科创工作室、德育工作室，组建专业发展共同体，带动青年教师快速成长。

3．学校组建教师社团——篮球社团、绘画社团、葫芦丝社团、武术社团等，让教师在学习成长中有更幸福的体验。

（三）多元化教师培训"助力提升"

1．借助"新教师训练营"，通过新进教师培训课程"新教师报到—自我介绍—才艺展示—谈话交流—专题讲座—拓展训练—礼仪训练—模拟会议"培养新教师。

2．开设"新实论坛"，讲述教育故事，分享教育智慧，推荐教育好书等，为教师的自主自培提供新的通道。

3．先后多次派出骨干教师到上海、重庆、成都、宜宾等地参观学习，收获最新的研究成果，了解最前沿的教育动态。

4．利用"互联网+"自主学习模式组建网络学习圈，邀请有关专家做引领，开展线上线下讨论交流，每学期期末组织教师集中学习，定主题开展校内汇报，形成成果。

（四）教研科研"促发展"

在传统教研的基础上，学校的语文组、数学组围绕"五步教研法"开展教学实践探索。"五步教研法"以课堂观测为指引，选择一名上课教师，其余教师分组进行观测研究：教学目标设计—教学策略与教学技能运用—学习方式与学习状态—课程资源开发与利用—教学效果。力争让每位教师在教研中得到提升。

听课采用"四线并轨，着力课堂"的形式进行。教科处组织教师进行"跑面听课"，学校行政集中进行"校内教学视导集中听课"，教研活动组织教师进行"针对性听课"，平时教学中组织教师进行"随堂性听课"。四线并轨，着力课堂听课，对一线教师进行全方位听课，在听课过程中采取"推门课"制度，在听课过程中如发现教师授课出现问题时，将采取跟踪听课的方式，直到教师改进、完善教学。

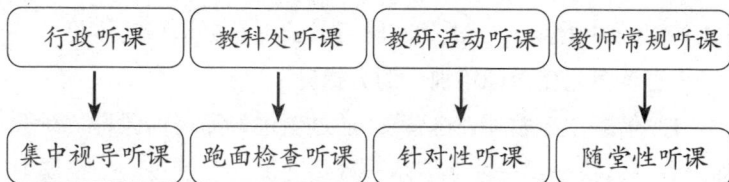

行政听课	教科处听课	教研活动听课	教师常规听课
↓	↓	↓	↓
集中视导听课	跑面检查听课	针对性听课	随堂性听课

学校严格按市区级课题管理的规范加强对课题的管理，做到教学与科研的同步提升。目前在研有 2 个市级课题和 7 个区级课题，还有 41 个微型课题，促进了教师理论与实践的有机融合。同时，不定期邀请专家到校培训指导，努力做到人人有科研，人人会科研。

（五）星级教师培养工程全面启动

根据学校年轻教师多，每年要进入大量新教师的实际，在后期的工作中，学校将全力打造一支素质过硬的教师队伍，开展星级教师培养工程，分层抓好教师梯度建设。

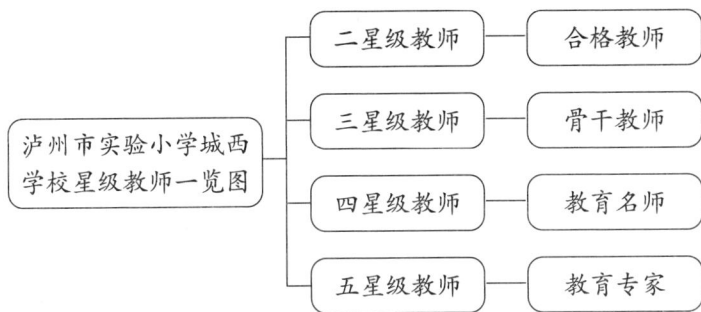

泸州市实验小学城西学校星级教师一览图

- 二星级教师 → 合格教师
- 三星级教师 → 骨干教师
- 四星级教师 → 教育名师
- 五星级教师 → 教育专家

建校三年多来，学校教师团队成长获得全面提升，在各级各类赛课和技能比赛中，1位教师获得国家级一等奖，2位教师获得省级一等奖，4位教师获得市级一等奖，1位教师获得市级二等奖。学校语文教师团队承担了四川省民族地区教材教法资源开发的微课录制工作，已面向民族地区推广。

三、新实德育，立德树人

在学校"新实"文化的统领下，德育工作以培养"图强自新，勤实奋进"的新实少年为目标，通过实施校本化德育课程，开展特色德育活动，推进全景式德育。

（一）构建校本化德育课程体系

一是"行为自新"课程常态化。"自主管理，图强自新"是学生行为习惯养成教育的主旨，"行为自新"课程以开展常态化的行为习惯养成教育活动，引导学生对照不同年段的《"新实"学生行为公约》，对自己的行为习惯进行自我观照、自我管理、自我更新、自主成长。利用"入学课程"对一年级新生行为常规进行规范养成教育，其他年级开展"行为常规自我管理"，促"新实少年"良好行为习惯的养成。

二是"劳动教育"课程多元化。精准把握小学劳动教育的价值意义，整体规划、项目推进。通过"家务劳动课程""班务整理课程""校务实践课程""田园劳作课程""社会实践课程"，以劳树德、以劳增智、以劳强体、以劳育美，培育"勤实奋进"的新实少年。

三是"家校共育"课程综合化。实施不同层级的家长志愿者"护苗"工程：第一层级的"守护"工程由家长志愿者"护校安园"行动与家长志愿者"活动支持"行动组成；第二层级的"助长"工程由"微课程开发"、"亲子共读"行动、"周末讲堂"行动、"亲子实践"行动、"才艺社团"行动组成；第三层级的家长志愿者"共育"工程由"72行进课堂"行动、"家校微课题研究"行动、"家校共建"行动组成。综合家长资源对学生进行德行教育。

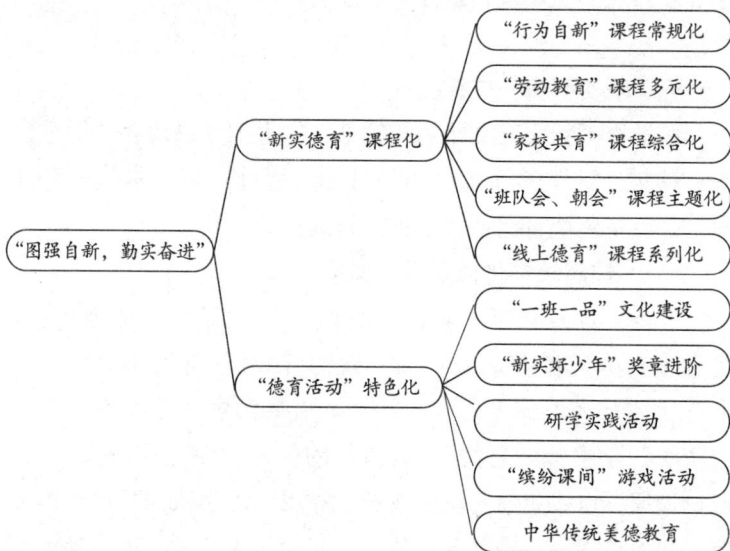

四是"班队会、朝会"课程主题化。每周一次的班队会课程、朝会课程，是学校开展德育工作的主阵地。为了培育学生"图强自新，勤实奋进"的新实文化特质，通过系列主题活动，夯实德育阵地建设，达到整体育人的目的。

五是"线上德育"课程系列化。开发并实施"线上德育"课程，从爱国教育、生命教育、自我防护、行为习惯、劳动实践、人与自然、心理教育、感恩教育等多个维度进行设计，形成独具特色的"新实德育——'神兽'宅家系列"德育课程，以课程为载体对学生进行关于生命、关于自然、关于英雄、关于责任担当、关于家国情怀、关于自强自律的德育浸润。

（二）形成特色化德育活动框架

通过特色德育活动的开展，让学生积极参与到活动中来，做到协同育人、自主成长。已经初具框架的特色化德育活动列举如下：

一是以"建班级文化，展班级风采"为主题的"一班一品"特色班级文化建设活动。

二是班级每周、学校每月的"新实好少年"的奖章进阶活动。

三是每学期一次的研学实践活动。

四是为了规范学生的课间行为习惯，开展好"每月一礼""校园红绿灯"系列活动；开展"缤纷课间"游戏活动，通过有益的游戏对学生进行文明浸润。

五是开展中华传统美德教育。让每一颗美德的种子植根于孩子的心中，做到"内化于心，外化于行"。

建校三年多来，通过一系列的德育活动、德育课程，大力培养"图强自新，勤实奋进"的新实好少年，着力体现城西实小学生"六度"新特质，即"敬畏生命有态度""待人接物有温度""个性特长有亮度""人文学识有厚度""求实创新有高度""虚怀若谷有气度"。

四、新实课程，统筹推进

学校遵循"立德树人，五育并举"的教育理念，着眼于学生核心素养的养成，建立品质化的"新实·五育课程"体系，形成涵盖综合实践课程、学科拓展课程、体育与健康课程、美育与艺术课程、劳动与技能课程五个领域的新实课程群，实行项目化管理，使国家课程校本化，校本课程个性化，研发"基础课程＋特色课程＋精品课程"的课程模式，建立行之有效的课程体系评价机制，对课程体系、各门课程及其实施状况进行准确评价，使学校课程体系构建持续优化，不断迈向卓越，为具有多元智能禀赋的学生提供个性化成长的沃土。

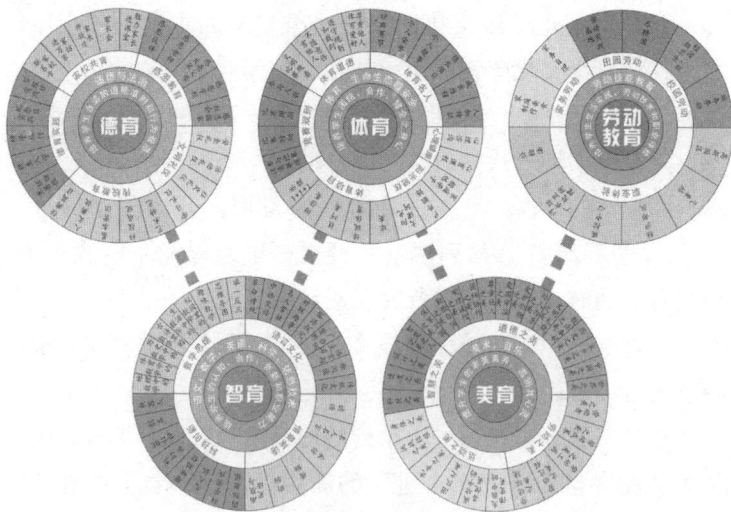

"新实·五育"课程图谱

学科拓展课程主要依托课后服务进行，期初学校制定课程菜单，学生自主选择。期末各课程进行成果展示，学校评选出优秀课程，在优秀课程的基础上逐步打造精品课程。为了提升校本课程品质，让教师对课程有更加全面、深入的认识和思考，对自己的课程进行优化设计，同时邀请市区知名专家到校进行课程建设专题培训，学校领导结合学校实际提出具体的学校课程建设建议，教师们培训后精心修改了自己的课程计划。接下来，学校将引导教师科学设计课程手册，从课程背景、课程理念、课程目标、课程内容、课程评价、活动设计等几方面，完善自己的课程体系，真正为培养全面发展的学生服务。

学校还根据实际情况，为学生定制了"入学课程"。入学课程结合学校实际情况，主要对学生开展行为习惯教育，内容涉及"列队、就餐、午休、如厕、卫生、课堂教学、文明礼仪"等方面，旨在有目的地对学生进行行为习惯的引导与训练，让学生一进入小学校园就建立初步的学校规则意识，更好地实现幼小衔接。课程设计根据学生年龄特点分课时设计，多以体验式、参与式、活动式（游戏）为主，每个课时有对应的教案、课件，PPT图文并茂，选用视频、动画、绘本、故事等内容来呈现。其主要内容包括：

一是思想教育课程——爱国主义、感恩教育、集体主义教育。

二是军体文化课程——军姿训练、内务整理。

三是校园礼仪课程——中餐、一日礼仪。

四是行为常规课程——课间常规、课堂常规、集会常规、上放学常规、午休常规、劳动习惯与技能。

五是安全教育课程——消防安全、道路交通安全、食品安全、防溺水安全、防触电安全、楼道安全、课间游戏、自我保护等。

		9月2日	9月3日	9月4日	9月5日	9月9日
上午	第一课时	我爱上学：师生间相互熟悉（1课时）	入学课程开班动员会	童萌军体文化课程：坐、立、行、走训练	童萌军体文化课程：坐、立、行、走训练汇报彩排	开学典礼暨"入学课程"汇报表演
	第二课时	学生行为常规课程：集会站位	我爱上学：熟悉校园环境（2课时）	学生行为常规课程：课间常规训练		
	第三课时	礼仪课程：中餐礼仪	学生行为常规课程：午休礼仪课程	安全教育课程：自我保护		

午餐，午休：就餐礼仪、午休秩序规范（内务整理9月3日）

下午	第五课时	学生行为常规课程：上、放学常规训练	学生行为常规课程：课堂常规训练	学生行为常规课程：校园卫生常规、个人卫生常规	童萌军体文化课程：坐、立、行、走训练	
	第六课时		童萌军体文化课程：坐、立、行、走训练	思想教育课程：集体主义教育	安全教育课程：校园安全	
	第七课时		礼仪课程：小学生一日礼仪	童萌军体文化课程：坐、立、行、走训练	思想教育课程：爱国主义教育（唱革命传统歌曲）	
	第八课时		思想教育课程：爱国主义教育（看红色影片）	思想教育课程：爱国主义教育（唱革命传统歌曲）	安全教育课程：交通安全	

注：1. 本计划可根据训练进度、天气因素等实际情况适当调整。
　　2. 正副班主任全程参与。

每个课程设置相关的课程评价标准，由各个课程组组长审核，交由德育处汇总制作出"最美新实娃"入学课程评价卡，分别由老师、教官、同学、家长对孩子在不同课程中的表现做出相应的评价。

入学课程结束后，学生通过列队练习、节目表演等形式，汇报取得的成果；学校也表扬了一批在活动中表现突出的"最美新实娃"，起到了榜样示范的带动作用。

"我的校园"课程旨在让学生留心观察校园的一花一草、一事一物，画校园、写校园，让校园与学生融为一体，让学生真正了解校园，热爱校园。

学校还全力开发"乐耕园"课程。在平时的教育教学活动中，学校以劳动实践基地"乐耕园"为依托，充分将各学科融合，开展体验式、主题式学习。语文老师带领孩子们到"乐耕园"进行写作活动，将劳动与写作相融合；数学老师则带领孩子们到菜园子进行测量、计算，将劳动与创新计算相融合；美术老师则带领孩子们开展绘画活动，将劳动与美育体现得淋漓尽致；科学老师则带领孩子们观察蔬菜的生长过程。同时体育组老师编排《缤纷童年，律动人生》之校园乐耕操，让学生在跳操锻炼身体的同时，也逐渐养成爱劳动、节约粮食的好习惯。音乐组老师创编的科普文艺节目《乐耕园里趣事多——毛毛虫的蜕变》参加省、市展演以及泸州市少儿春晚节目展演，真正做到了以劳树德、以劳增智、以劳强体、以劳育美。劳动与艺术创造、文化传承相结合，一场以"乐耕园"为载体的跨学科的综合性课程正散发生机与活力。

五、新实课堂，绽放生机

在"五育融合"理念的指引下，新实课堂努力追求"教学理念新、教学方法新、教学手段新、教学评价新"以及"朴实、真实、丰实、扎实"的"新实课堂"样态，让学生"自主学习有程度、合作学习有效度、探究学习有深度"，以此来取得学习方法朴实、学习过程扎实、学习评价真实、学习成效丰实的"四实"教学成果。

学校着力开展"新实·自导式"课堂改革。采取"先破后立，循序推进"的原则，有序推进和实施。成立课改小组，开展学习交流、实践探究、反思总结，借助教研平台，开展课堂改革探索。从优秀教师讲座和下水课的开展，到"新实·自导式"课堂的教学竞赛，做好推优录课工作，进一步修订各年段各学科课堂评价标准。同时，以"五步教研法"为依托，做到"精准教研""精准施策""精准教学""精准辅导""精准作业"的全方位推进。

在夯实课堂常规管理的同时，学校积极开展学科课堂改革。语文组实行"四画语文教学法"，数学组开展"三画数学"教学研究，综合组开展"常规＋特色"的项目化课堂教学改革，以课堂教学结构改革提升教学质量。

以"四画"语文为例，在课堂操作过程中，学校厘清了推进的思路和实施策略。"画"语文是指在语文学习中，以"画"为手段，借助"画"，引导学生进行识字、阅读、习作、口语交际和综合实践活动的学习；借助"画"，开展"听、说、读、写、思"等学习活动，激发学生学习语文的兴趣，掌握基础知识，形成语文能力，提高语文素养。"画"语文这种学习方式，对于教师而言是辅助教学的手段，是一种教的策略；对于学生而言是学习的凭借，是一种学习的策略，有利于培养学生的创新思维能力。

六、新实评价，多元激励

新实评价体系采用星级制，覆盖学校各个层面。教师方面，从师德师风、教学工作、教育科研、班级管理等方面量化考核，评定星级教师，让教师有前进的目标和动力，激发教师自主成长的内驱力，人人争当"五星"教师；学生方面，从道德品质、学业水平、学习过程、行为习惯、艺术修养、劳动技能、综合实践等方面，开展自评、互评、师评、家长评定，综合评选星级学生，帮助学生唤醒自我，发现潜能，点燃和激发学生向上向善的愿望，促进学生不断调整自我，提升自我。星级课程、星级课堂、星级班级等也从不同的维度进行评定，形成一个比较系统的动态评价体系。

七、党建工作，协同推进

建设高品质学校，必须要有高质量党建作为坚强的政治保证。我校作为一所新建学校，切实提高党建工作质量，以"党建＋德育"，落实立德树人根本任务；以"党建＋教学"，提升教学水平；以"党建＋教师"，树立良好的师德师风；以"党建＋后勤"，确保学校服务质量。凝聚起学校发展的强大动力，以高质量党建推动学校高质量发展。在党建日常工作中，学校党支部主要围绕"七个一"开展常规活动，即发放一份学习资料，建立一个学习台账，支委成员上一次微党课，支部书记上一次党课，开展一次主题教育集中学习讨论会，组织一次主题党日活动，观看一部党性教育片等。持续开展好党员教师"八个先行"活动，让党支部的战斗堡垒作用、党员教师的先锋模范作用进一步得以彰显。以党建的力量促进教师的成长和学校的发展。

八、运行保障，服务全局

学校自 2017 年成立以来，后勤服务保障工作以为师生员工提供精细化、便捷化后勤服务为目标，以为推动学校内涵建设和高质量发展提供优质后勤保障为己任，全面提升师生员工后勤服务保障幸福感、获得感和安全感。

以精细化服务理念，促进学校基础设施建设实现多方位提升。一是完成了校园基础设施建设。二是校园绿化注重美化与育人相结合。三是童馨食堂完成了整体标准化建设，师生员工就餐条件达到城区一流学校标准。

学校注重加强后勤智能信息化建设。建立了校园智能广播系统、故障报修群、智能门禁系统、家长移动支付系统。

加强相关制度建设，防止和克服工作中的随意性和盲目性。随着校园文化项目和多功能厅及校园附属设施项目建设的推进，学校各种设备设施补充齐全，也将为学校高品质建设提供坚实的保障。

加强安全管理，护卫校园平安。校园安全工作旨在开辟新路径，夯实常态化管理，做到防患于未然。努力做到安全预防重意识、防控体系重引导、安全教育重提高、隐患排查重落实、共同合力重保障等方面的管理工作。

"幸福智童，卓立天下"
推进高品质学校建设

○ 魏 华

泸州市梓橦路小学地处泸州市老城区中心。学校始建于
1918 年，初名为北城高小，校址在原砖城街。1943 年春，与
北城小学合并，办成半日制完全小学，更名为北城小学。1950
年春，泸州市人民政府将学校改名为泸州市第一小学，简称
"市一小"。1954 年，市人民政府又按学校校址所在街道命名
为梓橦路小学。1956 年，泸州市人民政府将中共早期活动家
恽代英、萧楚女、李求实等从事过革命活动的"川南师范学
堂"旧址及校园划归学校，仍以梓橦路小学命名。

一、学校概况

泸州市梓橦路小学历任 13 位校长，始终以"功成不必在
我"的无私，坚定"少年智则国智，少年强则国强，少年独立
则国独立"的信念，一个世纪以来，学校教育教学成绩始终领
跑泸州教育，享誉川南。

改革开放带来了中国教育发展的春天，学校也在发展中创
造了新的跨越：第一次跨越，2002 年，学校率先引入新机制，
在原校址——泸州市中心黄金地段水井沟重建学校，使学校走
上跨越式的规范化、个性化的发展道路，并迅速进入学校发展

的快车道;第二次跨越,2008 年在城西新区投资 8000 多万元新建占地 93 亩的丹青路校区,成为一所九年一贯制学校,后更名为梓橦路学校,2012 年分开办学后具有独立法人资质,但仍延续梓橦精神与文化,这是学校教育资源与地方发展高度融合的又一次尝试;第三次跨越,2017 年 7 月至今,以"梓橦路小学"为品牌作为独立的法人单位的分校,已经或即将投入使用。这是学校将优质教育资源和品牌打造与城镇发展的高度融合,再一次充分体现了梓小的品牌价值。

学校曾获全国现代教育技术实验学校、全国少年军校、全国红旗大队、全国艺术教育特色学校、四川省校风示范校、四川省现代教育示范校、四川省中小学实验教学示范学校等荣誉称号。学校办学成效辐射全国,中央电视台、中国教育电视台、《中国教育报》《四川教育》《教育导报》等媒体都相继做出大型报道。昨天的梓橦路小学已经成为全国教育的一面旗帜,如今梓橦人正站在教育改革的前沿,继续弘扬"发展与创造"的办学精神,力争更好地发挥名校品牌效益。

二、学校办学理念

学校秉承开放、多元、创新、和谐、包容的办学理念,提出"幸福智童,卓立天下"的办学思想和"雅量高致,和而不同"的学校文化价值观,提出"在改革中创造,在创造中进步"的教师观和"在过程中感悟,在实践中成长"的学习观。学校立足"灵性在这里创造,人格在这里升华"的育人目标,"小善积跬步、大智成千里"的校训,"以德为先、知行并重"的校风,"创造自我、止于至善"的教风,"乐学善思、善问践行"的学风,并根据不同年级学生年龄特点,提出"游戏中学习、游戏中生活""享受学习、享受生活""创造自我、创造希望"的教学思路。

"幸福智童，卓立天下"的办学思想，关注的不是单纯的知识型教育类型，也不仅仅是能力型教育类型，它关注的是儿童科学素养、艺术素养、人文素养的全面发展，是提高儿童综合素养的智慧型教育。"幸福"是师生追求的一种理想状态，快乐地接受，投入地工作，感受生命的意义。这是希望通过智慧地开展工作所达到的愿景。"智慧"是一种综合能力，"形而上谓之道"的最高境界就是智慧达成的呈现。"智童教育"的内涵包括智慧型习惯、智慧型能力、智慧型心态、智慧型品格等诸多方面的内容，是一种教育的技巧，是一种教育的思想和方向。"卓立天下"是呈现的结果。卓然独立，"高而直"，傲立天下，是梓小追求的一种方向、立下的一种志向、指向的一种希望，是梓小品牌的呈现形式，是梓小的品牌标准和教育态度。

学校继承川南师范学堂首任校长赵熙先生"为学要为上下古今之学，不能只求耳目尺寸，这叫作纵；当为大通世界之学，不能拘守方隅，这就叫横"的办学主张，把"开放办学，精品做教"作为实施"幸福智童，卓立天下"的抓手，积极推进高品质学校建设。

三、主要内容

我校高品质学校建设是基于"促进儿童智慧成长"（生命成长的能力）的。

（一）依托"智慧"课程，提升儿童成长的能力

按照国家课程标准完成教学目标与基本课程的基础课程，体现国家对公民素质的最基本要求（共同基础），着眼于促进学生思维习惯、基础学力与基本素养的发展。开足、开齐、开

好国家课程，强化课堂教学，渐进性推进课程及课堂教学改革。关注教育教学常规和师生教学行为，保证学校教学质量稳居江阳前列。

校本课程从关注学生品德培养、能力提升、艺术熏陶、身心健康等方面，形成梓小教师的操作体系和学生行为体系，希望特色课程具有可操作性和借鉴性，可推广应用。在国家课程的基础上，立足于国家课程的延伸，在劳动、书法、篮球、足球等方面打开思路，形成有系列性和可操作性的校本课程。

活动课程围绕"智童教育"，重视学生的需要与兴趣，尊重学生的主体性，强调实践活动，重视学生通过亲身体验获得直接经验，有利于培养学生解决实际问题的能力；重视课程的综合性，主张以社会生活问题来统整各种知识，有利于学生获得对世界的完整认识，促进学生智慧成长。借助四点半课程的时间，在时段和方式、内容上寻求新的突破。例如，尝试"体育+"模式推进的长短课，在一定程度上化解了学生身体素养与教学之间的矛盾。

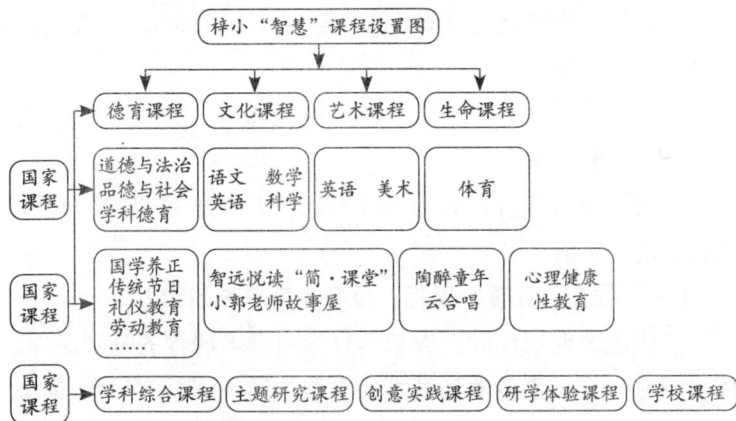

梓小"智慧"课程设置图

梓小"智慧"课程设置图			
德育课程	文化课程	艺术课程	生命课程

国家课程	道德与法治 品德与社会 学科德育	语文 数学 英语 科学	英语 美术	体育
国家课程	国学养正 传统节日 礼仪教育 劳动教育 ……	智远悦读"简·课堂" 小郭老师故事屋	陶醉童年 云合唱	心理健康 性教育
国家课程	学科综合课程	主题研究课程 创意实践课程	研学体验课程	学校课程

1. 立足国家课程，做好"主人·练能"课堂教学结构改革。

"主人·练能"课堂教学，即课堂教学中以学生为主体，以能力训练为主线，以"导、学、练、用"为基本教学流程，培养学生各学科的基本技能和实践能力，以促进学生智慧成长。

学科	模式	操作流程
语文	"五步三段式"课堂教学常规模式	五步：导—学—展—练—用 三段：课前延伸—课堂探究—课后升华
数学	"五步四能"教学模式	导—学—练—用—整 （创设情境—自探建模—巩固练习—拓展延伸—总结提升）
科学	"探究—研讨"课堂教学常规模式	提出问题—猜想与假设—动手探究—合作交流（集体研讨）—拓展延伸（巩固应用）
道德与法治	"活动探究—践行生活"课堂教学常规模式	多种方式，激趣导入—活动探究，交流感悟—明理导行，实践操作—拓展延伸，践行生活
音乐	"乐学"课堂教学常规模式	乐展—乐听—乐学—乐创
体育	"乐中玩学练"课堂教学常规模式	导（开始部分）→玩（准备部分）→学、练（基本部分）→乐（结束部分）
美术	"人文性"课堂教学常规模式	课前准备—兴趣引入—观察分析—思考创作—展示评价—拓展延伸
信息技术	"思维先导—任务驱动"课堂教学常规模式	导图制作，设计任务—理清思维，完善任务—实践创作，解决问题—踊跃展示，圆满完成任务—思维评价，自我升华

2. 结合地方课程，将国家课程有序进行拓展与丰富。

将国家课程在课时上做调整，使艺体学科的学生兴趣点与国家课程相结合。将地方课程中的历史、地理课程，与国家课程进行学科综合性结合。将地方课程、学生必读书目与国家课程（语文学科）群文阅读相结合。

3. 校本特色课程开发实施。

智慧"德育课程"。以《小学德育纲要》和《小学生日常行为规范》为基本内容，按照学生年龄及身心发展的特点，以"小善而为"为切入点，以"德耀梓橦"为目标，对德育内容进行科学的整合，开展"传统节日"主题班会课；以国学诵读的经典文化渗透和礼仪教育，浸润梓小娃的心灵和生命。

智慧"文化课程"。以个人素养、理想信念、时尚前沿等为基本出发点。主要涉及创意、演讲、交流等各种个人能力提升和理财、政治、军事、金融等各行业发展情况以及创客、机器人、电子设备等前沿文化。目前正在进行的有"听郭老师讲故事""简老师的简课堂""和茂茂老师学书法"等，接下来将要推出的是"和校长一起读本书""和廖老师一起做科学游戏""不赖故事绘本"等节目，进一步完善读、学、用三者的关系，让师生发现生活中的奥秘、教育中的智慧。

智慧"艺术课程"。以民间艺术、生活技巧、艺术气质等为基本出发点。主要涉及以学校"陶醉童年"陶艺工作室为基础打造的"非物质文化遗产在小学中的推广与运用"的非遗进课堂，如川剧、油纸伞、酿酒等民间文化以及面点、烹饪、缝纫、茶艺、花艺、种植等生活技能与欣赏。

智慧"生命课程"。以生命教育、性教育、心理健康教育等为基本出发点。主要立足于学生的规则教育、尊重教育、礼仪教育，让学生从小有敬畏，有仪式感。我们结合国家课程和学生的实际需要，请了心理学专业的老师和医学院生命教育的博士生导师，重新编写性教育教材和生命教育教材，现在进入大纲的审核确定阶段。

智慧"空中课程"。通过局域网实现教学资源整合共享，多渠道实施教学。利用学校基本条件和优势，结合时代发展和实际情况，打造空中课堂。将线上教学、校园电视台、网络平台等资源进行融合，进一步提高学校现代化和教育现代化，并通过这一形式进一步摸索和推进线上线下相结合，拓展实践活动。

（二）以"习惯＋活动"为学校德育特色，通过丰富多彩的活动培养梓小"小智童"

一是行为习惯。

1. 热爱祖国。

我们从学生身边小事出发，从一年级的入队仪式开始，让学生知道红领巾是国旗的一角，爱国要从爱胸前的红领巾开始，同时，爱家乡也是爱国的具体表现形式，所以在其他年级开展系列赞家乡的活动，将活动地点拓展到校外，对学生进行深刻且直观的爱国主义教育。

年级	活动主题	活动形式	活动地点	活动特色	活动意义
一年级	红领巾飘起来	亲子入队仪式	学校操场	1. 入队手册 2. 百米长卷 3. 班级团建	从一年级到六年级根据学生不同的年龄特点，开展不同形式的活动，培养学生牢记历史，爱家乡、爱祖国的情感
二年级	"橦"心绘江阳	年级绘画比赛	学校操场		
三年级	"橦"言话家乡	讲故事比赛	阶梯教室		
四年级	清明祭英烈	扫墓活动	烈士陵园		
五年级	"橦"眼看泸州	研学活动	泸州各地标		
六年级	"橦"筑爱国情	作文大赛	各班教室		

2. 诚实守信。

"诚"指的是忠诚老实、诚恳待人，"信"指的是取信于人，信任他人。我们以诚信教育为突破口，加强学生思想道德建设，从学生入学开始，我们就教育学生做诚信之人，为此，从一年级到六年级开展系列诚信教育活动。

年级	活动主题	活动形式	活动地点	活动特色	活动意义
一年级	格言教我成长	背诵诚信小格言	各班教室	诚信辩论赛	学生从朴素的诚信观逐步走向辩证的诚信观
二年级	诚信故事汇	诚信小故事比赛	阶梯教室		
三年级	诚信知识知多少	知识竞赛	阶梯教室		
四年级	我这样看诚信	演讲比赛	演播室		
五年级	橦娃笔下的诚信	征文比赛	各班教室		
六年级	善意的谎言是对还是错	辩论赛	演播室		

3. 热爱劳动。

要在学生中弘扬劳动精神，教育引导学生崇尚劳动、尊重劳动，懂得劳动最光荣、劳动最崇高、劳动最伟大、劳动最美丽的道理，长大后能够辛勤劳动、诚实劳动、创造性劳动。从实践性、系列性、体验性各方面设计好劳动教育。通过活动我们鼓励孩子自觉参与劳动，培养学生的自我生存能力，能为家庭、社会服务，做一名有责任心的小公民。

年级	活动主题	活动形式	活动地点	活动特色	活动意义
一年级	自己的鞋袜自己洗	家庭劳动实践	家里	1. 父母花样美食课堂 2. 校外多样劳动时间	树立劳动观念，学会劳动技能，养成劳动观念，熟练掌握一种技能，争当劳动达人
二年级	我给课桌椅洗个脸	班级劳动实践	各班教室		
三年级	今天我值日	班级劳动实践	各班教室		
四年级	我的房间最整洁	家庭劳动实践	家里		
五年级	我让校园换新颜	校园劳动实践	学校		
六年级	厨艺小达人	校外劳动实践	校外		

4. 勤俭节约。

古语云："一粥一饭，当思来处不易；半丝半缕，恒念物力维艰。"学校从学生在校就餐出发，开展全校性的"光盘行动"，同时分年级开展校内外各种实践活动，把勤俭节约落实到学生的行动上，让学生认识到勤俭节约不仅是学生应具备的良好品德，更是一份社会义务的担当。

年级	活动主题	活动形式	活动地点	活动特色	活动意义
一年级	光盘在行动	评比光盘小天使	各班就餐点	1. 各级评选 2. 理财教育（学会花钱，也会理财）	教育学生真正把勤俭节约看成一种高尚的品质，一种崇高的精神，一种良好的教养，使整个社会形成一种勤俭节约的良好风尚，同时培养孩子初步的理财能力
二年级	曝光身边的浪费	调查、统计、汇报、交流	校外校内		
三年级	钱币漂流记	讲故事比赛	阶梯教室		
四年级	家庭花费统计	亲子活动	校外		
五年级	小鬼当家	校外实践活动	校外		
六年级	最棒理财家	阅读、演讲	各班教室		

5. 创新精神。

"让每个孩子心中都有一个科学梦"是学校科创工作的不懈追求，学校借助新媒体技术，积极开展各项科技创意活动，着力培养学生的创新精神和实践能力。

年级	活动主题	活动形式	活动地点	活动特色	活动意义
一年级	彩泥变变变	捏彩泥比赛	各班教室	央视创意大赛海选、梯队建设、参赛培训、系统提升	培养学生学习有意义的新知识、新事物、新思想、新方法，掌握其中蕴含的科学规律
二年级	纸飞机	看谁的纸飞机飞得远	学校操场		
三年级	鸡蛋撞地球	年级活动	学校操场		
四年级	科幻画	绘画比赛	学校操场		
五年级	纸质承重	校内年级活动	学校操场		
六年级	创意大赛	校外创意比赛	校外		

二是学习习惯。

1. 听课习惯。

会听课是一种很重要的学习技能，是合作探究学习的前提，也是学生良好综合素养的体现。其中培养认真学习、善于思考、勤于动脑动手的习惯，培养独立学习、主动探索、积极进取的习惯，应贯穿于学生的整个学习生涯。

年级	活动主题	活动形式	活动地点	活动特色	活动意义
一年级	晒晒我的课前准备	班级比赛	各班教室	每个年级专注一项听课习惯训练	使学生逐步养成课堂上倾听老师讲解、生活中倾听别人意见的良好习惯，真正拥有"倾听"的能力
二年级	我的坐姿最漂亮	班级比赛	各班教室		
三年级	发言小能手	班级比赛	各班教室		
四年级	我会做笔记	班级比赛	各班教室		
五年级	你说我听大比拼	班级比赛	各班教室		
六年级	听力大赛	年级活动	阶梯教室		

2. 表达习惯。

年级	活动主题	活动形式	活动地点	活动特色	活动意义
一年级	儿歌对对碰	班级比赛	各班教室	从易到难，从小到大，全员参与	良好的表达习惯的养成能促进孩子交往发展、智力发展、礼仪训练、社会性的发展
二年级	挑战绕口令	班级比赛	各班教室		
三年级	课本剧表演	年级比赛	演播室		
四年级	主持人大赛	年级比赛	演播室		
五年级	我是演说家	年级比赛	演播室		
六年级	课前"一事一议"	班级活动	各班教室		

3. 阅读习惯。

学生的基础知识是靠阅读来奠定的，大量的阅读是基础教育的起点。学生阅读有益的课外书不仅可开阔视野、培养格局，还有助于兴趣爱好的发掘，增长见识，升级大脑的操作系统。学校力求做好师生、生生、亲子共读，让阅读走出校门、走进家庭、走向社会。

年级	活动主题	活动形式	活动地点	活动特色	活动意义
一年级	我和爸妈的睡前共读	亲子共读	家里	1. 班级图书漂流 2. 家长、学生、教师共阅读	提高学生的阅读积极性，使他们从依赖型学习转向主体型学习
二年级	讲讲书里的故事	讲故事比赛	阶梯教室		
三年级	好书推荐	班级好书推荐	各班教室		
四年级	课本剧表演	年级比赛	操场		
五年级	晒晒我的读书笔记	班级比赛	各班教室		
六年级	我是小小朗读者	年级比赛	演播室		

4. 书写习惯。

中国人都希望写得一手好字，字如其人，文章华国，书法华身，书法是最能代表中华民族精神的一门艺术。梓小学生从入校就开始用硬笔进行各项作业的书写，同时每天在午餐后，跟着茂茂老师学书法，让学生小学六年浸润在翰墨书香中，养心、养智。

年级	活动主题	活动形式	活动地点	活动特色	活动意义
一年级	硬笔听写大赛	年级比赛	各班教室	录制校本教程《跟着茂茂老师学书法》，从临帖书写到书法创作	培养孩子的耐力和自信心、协调性，堂堂正正做人，端端正正写字
二年级		年级比赛	各班教室		
三年级	毛笔临帖大赛	年级比赛	各班教室		
四年级		年级比赛	各班教室		
五年级	毛笔书法创作大赛	年级比赛	各班教室		
六年级		年级比赛	各班教室		

梓橦路小学，这所有着悠久历史的名校，有一群敬业乐群的教师。学校通过再次梳理学校历史，重新理解学校办学理念，教师团结一致，使梓小在快速发展的车道上持续稳步前进。办高品质的学校，是梓小一直以来不懈的追求，也是梓小发展的必经之路。

创新荷教育理念，建学校高品质发展之路

○ 陈　敏

"江南可采莲，莲叶荷田田。"作为泸州国家高新区小学的后花园——咀杨村，因土壤肥沃，气候适宜，成就了一个远近闻名的乡村湿地公园——山色荷园。每到初夏时节，这里荷花盛放，绿叶婆娑，自成一个绿的世界，花的海洋。

学校遵循习近平总书记"立德树人"的指导思想，结合江阳区构建特色校园文化及高新区对基础教育的高标准，多次组织行政人员和教师深入调研并邀请专家指导论证，确定了以区域特色"荷花"为精神文化载体，进一步体现新时代、新征程的"新"标准和"新"要求，创建"新荷教育"理念，作为促进学校高品质发展道路的校园文化理念系统。

新荷教育秉承"传承创新，追求卓越"的核心理念，构建一所荷香浸润、艺体特色显著的学校，以"正直、独立、纯善和坚强"的品质内涵和要求，全面培养"德艺双馨、才高能卓"的绿叶教师和"美德美行、特长显著"的新荷少年。其操作体系归结为"一点四线"。"一点"就是体系的中心点，即培养"德艺双馨、才高能卓"的绿叶教师和"美德美行、特长显著"的新荷少年。"四线"即指向目标的四个方面：一是营造新荷文化氛围，打造荷香浸润的新荷雅园；二是积极构建新荷

德育体系，形成新荷育人大环境；三是着力开设灵荷课堂，提高教育教学质量；四是发展美荷艺体，培养学生个性特长。我们期盼，在党的阳光雨露下，高新区小学就如一个生机勃勃的大荷塘，教师是绿叶，学生是荷花，师生同生共长、奋发向上，呈现"映日荷花别样红"的美好样态。

三年来，学校团队围绕既定目标，积极探索，深入实践，努力践行着新荷教育促进高品质发展之道路。

一、党建引领，发挥支部战斗堡垒作用

党建工作是抓手。学校首先从支部建设入手，积极打造支部活动室，建立健全党建工作管理制度，严格落实"三重一大""三会一课"，扎实开展固定党日活动、党员民主评议等活动，不断强化支委、党员的党性意识、责任意识和担当意识，积极发挥党员的先锋模范作用；其次，以教职工的思想建设为核心，拟订学期政治思想理论学习计划，长期、常态、深入地开展习近平新时代中国特色社会主义思想等学习活动，时刻关注教师的意识形态，及时开展集体谈话、小组谈话及个人谈话等交心谈心活动，引导教师的思想逐步统一起来；再次，淡化干部和群众、党员和教师之间的界限，要求党员干部带头吃苦，时时处处勇挑重担，形成制度面前人人平等的理念；最后，积极开展党员教师"双培养"活动，不断壮大优秀的党员教师队伍，充分发挥学校党支部战斗堡垒作用。

二、内外兼修，着力打造绿叶教师

教师是护花的绿叶。学校主要从制度支撑、工会活动、学习强化、实践提高等几个方面致力于绿叶教师打造工程。

（一）制度支撑，建立健全学校管理制度

2017年秋季学期，学校通过对教师现状的调查研究，充分征求教师的意见和建议，拟订了《高新区小学校教师培养计划》，把绿叶教师的培养、评选方案纳入学校管理系统制度《泸州国家高新区小学校发展手册》（简称《手册》）。《手册》对教师外出学习、"六认真"情况、课堂教学改革、校本研培、课题研究等均做了明确的规定。校级领导带头遵守学校规章制度，行政人员严格把关考核过程，教师们以《手册》为依据和行动指南，不断增强制度意识、质量意识和发展意识，自觉地把个人的发展与学校、学生的发展紧密联系起来。

（二）工会活动，凝聚绿叶教师团队力量

如果说《手册》是刚性的标准，工会活动则是柔情的春风。学校积极开展教师集体生日、运动会竞赛、妇女节踏青、党员学习参观、退休教师话佳节等活动，关心教师的身心健康，进一步增强了绿叶教师团队力量。

（三）学习强化，提高绿叶教师理论水平

1. **自主学习。** 教师根据学校推荐或自我需要开展有计划的阅读，按要求完成读书笔记，撰写读书心得，参加阅读交流与分享活动。

2. **集中学习。** 学校采取"请进来，走出去"的方式，一方面，邀请市内外的专家领导、优秀校长或名师到校开展专题或系列的、跟班跟岗的培训指导；另一方面，把教师送出去观摩学习名校名师名家的课堂讲座，不断提高教师政治思想、课改研究、学科教学、班主任工作、心理健康教育、社交礼仪等理论水平。

（四）搭建平台，提高绿叶教师业务能力

1. **分级培养活动。** 学校通过对教师的全面分析，确定教

坛新秀、教学能手、学科带头人三级培养目标，制订详细的绿叶教师培养方案，落实培养措施，把常规常态的培训和专题培训结合起来，积极开展党员教师"双培养"等活动，进一步把打造绿叶教师团队工作落到实处。

2. **高新论坛活动**。教科处拟出学期论坛活动计划，安排论坛主题和内容，指导教师把教育教学理论与工作实践相结合，在"课改天地""班主任专题""心理健康辅导""学习心得分享"等各种论坛交流中不断反思、不断总结，进一步提高自身的综合素质和教育教学能力。

3. **结对帮扶活动**。学校按照自主自愿及科学搭配的方式，主要组织了学科教师结对、班主任结对及与泸师附小分级结对的活动。教科处拟出帮扶方案，对师傅和徒弟的工作过程进行跟踪考核，进一步强化了新老教师之间传、帮、带的作用，有效缩减了新教师的实习期和适应期。

4. **课堂改革活动**。学校根据各学科特色，按照点面结合、全面铺开的指导思想，积极开展了灵荷课堂统领下的各学科模式并存的活动。例如，数学课堂倡导以任务驱动为主线的自导式教学模式，从学习讨论、形成模式、设计展现、课堂呈现、效果检测等几个方面进行深入研究，让每一位教师明确"教什么""怎么教""教成什么效果"三个问题，同时让学生懂得"学什么""怎么学""学成什么效果"的学习方法，充分发挥课堂上教师主导和学生主体的作用，进一步提高课堂有效性，彻底改变教师"一言堂""满堂灌"的课堂陋习。

5. **集体备课活动**。学校整合资源，组织开展各年级组集体备课活动，逐渐改变了散漫、盲目、无效的集体备课方式。首先是做好提前备课。要求各教研组、年级组提前于上一个假期备好统一的课。其次是要求明确。各教师行课前需结合本班教学实际进行二次、三次备课。再次是任务落实。落地、落实每周一、周二、周三的综合组、语文组和数学组的备课活动主题，克服盲目和随意。最后是及时反馈。对教学过程，尤其是针对学月、学期的独立检测作业要及时进行分析和总结，拟出改进的目标和措施。

6. **校本研培活动。** 把备课、上课、研讨、分析等活动与结对帮扶工作紧密结合起来，把学习和研讨变成常态。学校组织了磨课团队，着力凝聚教师的智慧和力量，针对学科赛课活动进行研课磨课，不断提高学校教师教育教学水平。有针对性地邀请学科专家到校指导课改现场，举办专题讲座，解决学科教师教学中的疑难问题。同时，采取向专家、名师拜师学艺的方式，进一步提高年轻教师的教育教学能力，促进优秀教师团队的快速成长。

7. **教育科研活动。** 教育教学和科研是密不可分的两个部分。我们认为，对教育教学实践中遇到的问题进行研究，透过现象提炼问题，查找问题存在的原因，探索解决问题的措施和策略，得到问题解决后的成果和效果，就是科研。因此，我校邀请相关课题研究专家到校指导课题工作，积极承办全区重点课题开题报告会，进一步提高了教师教育科研的能力和水平。

三、德能并重，全面培养新荷少年

全面培养"美德美行、特长显著"的新荷少年是高新区小学的最终目标。围绕这个目标，我们主要从加强德育、提高能力和个性发展等几个方面同时进行。

（一）完善新荷德育体系

1. **完善管理制度。** 学校逐步完善了《发展手册》，制订了《规范德育方案》，梳理了《学生一日常规》《新荷少年评选方案》《一班一品评审方案》等管理制度，对开展系列性的新荷德育活动做了明确的梳理和要求。

2. **打造育人环境**。学校精心打造了校园文化墙和德育展示厅，集中展示新荷文化的理念和系统构架，全面阐释了"独立、正直、纯善、坚强"四个关键词的含义，突出了绿叶教师、新荷少年的评价要求和标准，描绘了一幅"映日荷花别样红"的美好愿景。我们以"荷""莲""藕"命名学校楼栋路道，如金荷楼、千荷厅、荷园、爱莲路、耦园餐厅等。漫步校园，脚下踏着"荷叶""荷花""藕节"的雕刻石板，目之所及，处处是"荷花""莲叶"的优美形态和诗歌。耳中有《爱莲说》的歌曲在校园里回荡；国画室、木刻课堂，一朵朵红的白的荷花跃然纸上。各班教室的文化墙、黑板报，到处叶绿花红，特色彰显；班级公示栏，朵朵荷花露出张张笑脸……置身于这样的新荷校园，恍若身处一个千亩大荷塘，时时感受到荷叶荷花的美好和馨香。

3. **开展特色活动**。德育处坚持开展了学校、班级、个人三个层面的特色文化活动。学校层面，开展了主题朝会、艺术节、运动会、年度新荷少年、特色班级评选等特色活动；班级层面，各班营造新荷文化氛围，拟订班名，设计班徽，创编班歌，约定班规或班训，选择长期坚持开展一项如朗诵、跑步或唱歌等有特色、出成效的活动，争创年度校园特色班级；个人层面，学生在教师、家长和小伙伴的督促下，按照新荷少年的要求持续开展争当新荷少年的活动。

4. **深化实践活动**。新荷德育活动包含校内的主题教育活动和校外的社会实践活动。校外社会实践活动以参观学习、校外拓展、汇报展示、竞技竞赛、研学旅行、公益活动等形式为主。

（二）改变课堂教学方式

课堂是教学的主阵地。学校致力于灵荷课堂教学改革推进工作，以通过改变教师的"教"和学生的"学"为目标，引入先进的教育教学理念，构建各科课堂教学模式，突出学生的主体地位，让他们通过自主、合作、探究的方式好好地"学"；同时引导教师在整合资源、精心备课的基础上，借助现代化的技术手段，遵循学生的认知特点和规律，在"导"、"练"和"评"字上下功夫，不断提高课堂教学的有效性，促进学校教育教学质量的提升。

（三）实施个性特长发展

我们重视学生的个性发展，要求每一个孩子都要有自己的兴趣和特长。学校结合少年宫活动和四点半课后服务两个平台，引入了音乐、美术、科技、足球等专职教师，开设了鼓号队、国画、机器人、女子足球、书法、陶艺、主持人、合唱、舞蹈等三十多个社团，购置了大量的器材和设备设施，聘请了校内外专职、兼职教师，全面培养学生的个性特长。这极大地丰富了学生的校园生活，促进德智体美劳的全面发展。其中木刻社团、女子足球社团、机器人社团等项目成果显著，逐渐成为学校的特色项目。

四、家校共育，营造教育大环境

我们依托创建全国规范化家长学校，结合家校共育课题研究，建立健全了家校共育制度，组建了家长学校领导班子和家长志愿者队伍，开展了家校共育小讲堂、家长进学校、家长进课堂、家校共育论坛、评选最美家长等活动，让每一位家长自觉地与学校、教师融为一体，把学校当成自己的家，把学校的事情当成自己的事，把学校教师的要求认真地贯彻下去，全面营造了育人的大环境，以保障学校和家庭、教师和家长协同一致，共同促进学生全面发展、可持续发展和个性发展的大好局面。

三年弹指一挥间，泸州国家高新区小学新荷教育校园文化取得了很大的进展。学校被评为全国规范化家长学校、泸州市文明校园、泸州市优秀少年宫、泸州市中小学示范性食堂、泸州市学困帮扶先进集体。师生的作品在各级大赛中获奖数百项。

"接天莲叶无穷碧，映日荷花别样红。" 2020年秋期，高新区小学正式加盟泸师附小教育集团，进一步展开了腾飞的翅膀，新荷教育发展之路，定会越走越宽阔！

汇博教育，滋养学校成长

○ 舒　杨

泸州市长江小学地处长江之滨，以长江为校名，始建于1951年，原本是一所九年制义务教育学校，办学七十载，长久以来受到长江文化的滋养，可谓历史悠久。

一、学校文化缘起

今天，我们凝望学校历史，不仅感受到学校积淀的那份厚重，更能感受到长江人对教育的那份长久的坚守。

（一）地理历史的考证

长江，是世界第三大河，中国第一大河。长江是中华民族的母亲河，她哺育了中华民族，是中华民族的摇篮和文化发祥地。长江孕育了异彩纷呈的长江文化，创造了璀璨夺目的长江文明，为中华文明和世界文明做出了杰出的贡献。作为华夏母亲河之一的长江，有着深厚的文化底蕴，"纳细流以成江河，积跬步以致千里""长江后浪推前浪"。长江象征着"汇纳百川""博大精深""点滴积累""推陈出新"等精神。她不仅是我们中华民族的精神血脉，也是滋养学校文化、培育一代新人的重要资源。

（二）学校历史的挖掘

纵观校史，长江学校的形成和发展是一个复杂、艰难的过程。泸州市长江小学原址是长江起重机厂子弟校。2010年，随着江阳区教育布局大调整，茜草街道根据区域实际，将原来的长江小学及辖区的三所子弟校和长江实验中学初中部等五所学校合并成新的泸州市长江学校。2017年8月，茜草整体拆迁，经江阳区人民政府批准，又将长江学校分成长江小学和长江中学。合并前的五所学校中有三所工厂子弟校，在发展过程中秉承着新中国成立后老一代"国家三线建设"企业家和工人艰苦奋斗、团结拼搏、振兴中华的创业精神和推陈出新、追求卓越、精雕细琢、精益求精的工匠精神。合并前的五所学校各有所长，合并后的学校汇聚了五校的人力、物力，继承和发扬了五校的优势，"汇纳百川、博采众长"也成了长江小学的精神文化。

在遵循校园文化建构原则基础上，我们从地理历史渊源、时代需求、学校历史传统等诸多因素综合考量，提炼出了具有长江小学个性特质的文化主题——"汇博"。我们结合长江汇博精神和五校合一的学校发展历史，凝练出了"汇纳百川、博采众长"的办学理念。意在取长江汇流寓意智慧的积累和虚怀若谷的精神意蕴，江头源于自我，流经之处，不拒滴水，汇流成江，朝着自己的方向流淌，"汇博教育"由此而生。

二、学校办学理念

"汇"是"汇纳百川"，意同"海纳百川"。学校追求"教育是慢的艺术"，教育要有点滴汇聚的耐心，持之以恒，孜孜不倦，杜绝急功近利、投机取巧。教育要有汇纳百川的博大胸怀，容万物而成其大。教育要注重细节，一丝不苟，涓滴成河，才能日臻完美。

"博"是"博采众长"，我们的教育内容要全面、丰富多彩，让学生去"博采众长"而成为自己之长。我们要培养出个性独特、兴趣广泛、知识渊博、多才多能的长小学子。"博"，是百花齐放；"博"，是百家争鸣。长江小学"博采众长"的教师教育教学行为，不仅表现为教学风格的不一、研究方向的多元，还包括校本课程的开放性与独特性。

我们希望秉承"汇纳百川、博采众长"的办学理念，建设一所"自然环境典雅，人文环境和雅，教师博学儒雅，学生博雅多通"的汇博教育文化名校，从而实现师生"汇聚幸福、博雅大气"的办学愿景。

三、深化办学理念的举措

在"汇博"文化思想指导下，把"汇博"作为学校的教育之"魂"，融入教育教学活动的方方面面。通过精心架构汇博课程体系，建设博雅校园环境、博雅教师队伍，开发《博雅德育课程》《汇智课程》《博艺活动》三大板块的学校特色课程，以丰富多彩的课程支撑学校的特色教育，使学生在这样一个系统建构的教育体系中成长，为学生今后的终身学习和可持续发展奠定情、德、智的基础。

（一）构建"博雅德育"校园

"博雅校园"的自然环境优美典雅，处处要体现"美""雅"。行政办公楼：博远楼。意在希望教师勤奋博学，踏实行动，用自己渊博的学识去教育学生。同时，学校追求博大高远的教育。教学楼：汇智楼、汇知楼。意在知识和智慧的洪流汇集于此，在一次次交流钻研中擦出新的智慧火花。功能区：博文楼、博艺楼。文学与艺术的彰显。食堂：博雅楼。

孩子们有秩序地排队取餐，用餐时不说笑，细嚼慢咽，开展"光盘行动"，形成我们学校独特的儒雅用餐氛围。

（二）建设"博雅德育"课程

1. 重视中国传统文化节日。认真组织开展妇女节、清明节、教师节、国庆节、中秋节、重阳节、元旦的节庆活动，坚决禁止洋节活动进校园，让学生深入了解中国的传统文化节日。

2. 开展博雅校园活动。开展"博雅大朝会""博雅大课间""博雅运动会""博雅班级才艺展示""博雅班级文明考核""博雅亲子午餐会"等活动。

3. 组织博雅竞赛、研学旅行、公益宣传进校园、社会实践活动。打造博雅德育特色品牌活动——"小浪花"学雷锋志愿者活动。

4. 重视家校共育，组织博雅表彰活动。每学期散学典礼表彰博雅学生、博雅班级、博雅教师、博雅家长等，并从中推荐市区级三好学生、优秀干部。

（三）革新"汇智课堂"教学

智慧是"汇智课堂"的目标。"汇智课堂"不仅仅要关注知识的交汇，而更在于重视主体精神和学习动力的激发和情感思想的碰撞交汇，重视的是方法与技能的训练和辨析、判断、创造等，对能迅速、灵活、正确地理解事物和解决问题等智慧的培养。"汇智课堂"在教与学的关系上强调"以学为中心"；在师生关系上"以学生为主体"；在知识与能力关系上"以能力为中心"；在智力与情感上以情感为先导，解决学生学习动力的问题。

"汇智课堂"六步学习模式，流程由"1人自学→2人互学→4人共学→全班汇学→相互评学→检测馈学"六个环节组

成，主要训练学生"好好读""好好说""好好写""好好练"的
能力。

（四）培育"博雅教师"团队

坚持以人为本，实现凝心聚力。学校以践行"工会活动聚
人心，退休欢送暖人心，民主公正服人心，科学管理得人心"
的理念，增强团队凝聚力。

管理团队以"团结出成绩，团结出效益，团结出干部"为
指导思想，树立"决策在领导、付出靠教师、成绩属个人、荣
誉归集体"的管理理念。领导班子必须团结一心，以认真作风
引领全校教师，带动学校整体工作的基调呈现：有生机、有气
势、有精神、有业绩。

博雅教师队伍在"汇博文化"引领下，修养德行、行善积
德、关爱学生，形成修德博爱、厚积博施的教风。全体教师树
立"爱校兴校、发展学校"意识，"生存危机、生源财源"意
识，"热爱学生、感化学生"意识，"和谐家长、感动家长"意
识，"全局观念、工作角色"意识。

2017 年学校成立以来，教师团结齐心，学校管理、教学
质量、德育品牌、社会声誉飞跃发展，连续三年获江阳区素质
教育质量评估最高奖。学校与泸州市体育中心联合办学，深化
体教融合，在全市率先开设了游泳和射击课程进校园，阳光大
课间评比活动连续两年获江阳区一等奖。学校以"立德树人"
为主要目标，创新"活动式"德育，创建了"小浪花"学雷锋
志愿者德育品牌项目，真正做到家校共育，培养学生的价值
观、责任感、劳动意识、文明意识、合作能力、交际能力。

立德树人，立教为学

○ 陈礼超

泸州市江阳区石岭学校自 1959 年建校以来，坚持以"厚德博学、止于至善"的校训滋养自励，确立了"以善律心，以善带心，播撒善的种子，孕育善的心灵"的办学理念，近年来学校始终围绕"善德"展开研究与实践，使"善德"教育融入整体的教学过程和环节之中，使儿童在有特色、有内涵、有品位的"善德"教育中迈向了令人欣喜的新台阶。

一、理念之根

我校"以善律心，以善带心，播撒善的种子，孕育善的心灵"的办学理念的提出，源于《春秋左传》三不朽，"立德、立功、立言"，以"厚德博学、止于至善"文化教育为底蕴，打造"善德"教育特色文化，以立德树人作为教育的根本任务，培养德智体美劳全面发展的时代新人，给学生心灵埋下真善美的种子，引导学生扣好人生第一粒扣子。我校不断创新教育观念、创新管理体系，在发展中逐步形成了"厚德博学、止于至善"的文化底蕴。我校把善德融入思想道德教育、文化知识教育、社会知识教育各环节，培养德智体美劳全面发展的时代新人，形成德育活动体系与规律，促进"善德"教育办学理念的形成。

二、理念之魂

经过几年的蓬勃发展，我校以"厚德博学、止于至善"为核心，打造"善德"教育特色文化。在校园文化建设的实践中，我校尝试着把教育规律、教育发展的新形势和校情结合起来，注重陶冶孩子性情，重视善德的培养，尊重学生，构建生本课堂，形成"安心从教、热心从教、精心从教"的教师目标，使教师善于启发、引导、教育学生树立正确的人生观、价值观和世界观，帮助学生奠定人生基石，以"善"陶冶学生的性情，以"善"引导学生树立良好的精神品质，存善心，存善念，扬善举，做善人，为孩子扬起健康成长的风帆。以"健康向上、砥砺奋进、锤炼意志"为学生目标，使学生具有知善、向善、乐善、扬善的精神品质，从而学会正确认识自己，肯定自己，设计自己，创造自己，进而懂得善待自己和他人，善待家庭、集体和国家，善待人类社会和生态环境。

具有五千年悠久历史的中华民族传统文化，是民族的瑰宝，也是民族精神的本质。校园是培养人才的摇篮，也是人类文化继承和发展的纽带。我们鼓励开展"善德"教育，实施立德树人，现已初步形成了一套完善、科学、规范、系统的管理制度。重点从"心善""言善""行善"三个层面培养学生，"心善"即尊重人，做知感恩的人，教育学生从小要心地善良，培养爱国情怀。"言善"即说文明话。以《中小学生守则》和《小学生日常行为规范》为标准，教育学生们学习礼貌、亲切、文明的语言，使用普通话，不恶俗，不骂人。"行善"即做文明的事情，从小就教育孩子做善良的人，做好事，做善事。

三、理念之体

我校以学生为主体，将善德教育渗入校园的每个角落，渗入教学的每个环节中。利用业余时间，引导学生朗诵古典诗，在古典诗词中接受美的熏陶。学校最大限度地活用校园广播站的功能，起到舆论指导的作用，以善德为基础进行积极的宣传，起到沟通平台的作用，促进教师和谐，维护校园稳定，起到文化宣传的作用。做和谐校园建设的组织者，遵循儿童身心发展的规律，积极开展有利于学生成长的校园活动，使孩子们与人为善，从善如流。

课堂教学的主体是学生，"善学练能课堂"以提高学生的学习能力为目标，让他们学习愉快，学习更好。重视对骨干教师和年轻教师的培养，积极开展多种多样的教师培训，努力提供多种学习和培训机会。通过深化课堂教学，不断更新思路，不断创新方法，注重培养善于教学、指导和研究的名师，指导学生善学、善习、善思。

为了能使善德文化深入学生的内心，使善德文化育人形成系列化、课程化，以"善"文化为中心，最大限度地发挥教师的主动权和热情；以"善"为主题探索建设学校课程，让学生们能理解中华美德。体验传统国学，培养学生家国情怀，将善文化内涵渗入校本课程中，覆盖学生们的生活习惯，身心，礼仪与羞耻，感恩与孝顺，友好互助，勤奋学习，都渗透良好的善德文化底蕴。开展多种多样的体悟践行活动，从德育、学习、身体、习惯养成方面体现学校特色以及办学理念，将"善"内化于心，外化于行。

善的教育就是生命的教育，在教育实践中、生活行为中敬畏一切生命，尊重一切生命，善待一切生命，以人为本，尊重学生人格，掌握学生认知发展规律，教师在思想上严格要求自己，以身作则；在工作中诲人不倦，在生活上热情照顾学生，无微不至。社会主义核心价值观倡导的友善，是对人类以往友善理念的继承和发展，是社会主义条件下处理人际关系的基本价值准则，是建设和谐家园，实现民族梦想的重要精神条件和价值支撑。我校力求营造从善如流的校园环境氛围，通过开展各项工会活动，增强职工之间的交流和凝聚力，大家友善相处，其乐融融。

学校立足文化育人，突出品德培养，注重文化内涵的挖掘，大力建设"善德"文化，以"善德"育人，创建了富有特色的校园善德文化。在近几年的德育实践中，精耕善德文化，开拓了育人渠道，对善德文化进行诠释，营造出良好的育人氛围，培养具有中华优秀文化价值观和现代公民必备的文明素养，有善意的灵魂和脊梁，对自己、他人、社会、国家负责任，切实履行自己的义务。

我校善德文化的形成，首先是因为得到了全体教师的认同和积极支持。教师不仅仅要在宽泛意义上关爱学生，更应该具备和善的教育理念，把善德渗透于自己的一言一行之中，融入教育教学活动的每一个细节，也是教师的人格支撑和终身信仰。心善、言善、行善构成了校园里最美丽的风景，让"善"内化于心，外化于行，人人向善、崇善、行善，全体学生在知善、懂善、行善的体验中得到了快乐。

四、理念之风

学校确立"三风一训"，形成了"厚德博学、止于至善"的校风，"善心育人，润物无声"的教风和"善行善言，善心好学"的学风；形成了"用善德教育点亮学生完美人生"的办学目标和"以善律心，以善带心，播撒善的种子，孕育善的心灵"的办学理念。

我校以"厚德博学、止于至善"为校风,让广大师生忠实践行,并把"尚善"摆在首位,体现了我校注重人文关怀,重视道德修养的风格。我们推崇"善",把"善"放在第一位,要善待生命,自我保护,让亲人放心;要善待时间,珍惜分秒,创造价值;要善待知识,接受教育,注重学习;要善待资源,崇尚节约,杜绝浪费;要善待环境,爱惜自然,保护人类;要善待他人,关爱他人,如同爱己;要善待礼仪,文明用语,爱心倾注;要善待老幼,扶贫济困,体恤残疾;要善待家庭,多些关爱,多尽责任;要善待自我,勤学不怠,积极向上。

要做到"德善",就要求我们的管理者以"善"作为自己行为的准则。要以人为本,善待教师,倾听教师心声,关注教师成长,珍惜教师才干,尊重教师成果;要善待学生,用"善"的眼光来看待每一位学生,不应把各项规章制度看成防范学生的手段,而应把其看成服务学生的方式。

要做到"德善",就要求我们的教师从善如流,像水一样滋润万物,使万物茁壮成长,而不过分追求名利;就要求我们的教师关心学习困难的学生,关注个性特别的学生,多一点耐心,多一份诚意;要求我们的教师坚守职业道德,以身垂范,真正成为人伦之表率,道德之先锋。

要做到"德善",就要求我们的学生,待人处事,要心存善意,有向善之美;与人交往,要与人为善,乐善好施;对己要独善其身,善心常驻。要"勿以恶小而为之,勿以善小而不为",要"择其善者而从之,其不善者而改之",要"积小善而成大德"。

一个人有了"德善"之心,他自然就会对社会上的丑恶现象疾恶如仇,由此而产生正义的情感,这就是"义";有了感恩之心，才能由衷地产生恭敬之心，用恭敬之心待人接物表现为有礼而不轻慢，这就是"礼"；有了感恩之心，做事自然会用心，只有用心，才能开启智慧，这就是"智"；有了感恩之心，与人交往自然就会诚信无欺，这就是"信"。可见，儒学的仁、义、礼、智、信，人的优良品德都是从这种"尚善"之心培养出来的。一个人只有先做到"德善"，方可谈"爱"，若其心中无"善"，那便是充满了"恶"，哪来的"爱"可言，更不用说"爱国爱校爱人"了。

让"德善"成为校风，我们的教师会多一份宽容，学生会多一份理解；我们的学校会充满人性的关怀，学生尊敬师长，教师体贴学生。当"尚善"成为校风，人人明辨是非，公平公正行事，无理纠缠会少一点，谦虚仁爱会多一点。当"德善"成为校风，学校将不单纯是授业解惑的地方，更是人心净化的场所，每一个进入学校的人都将感受到一股和谐愉悦的春风扑面而来，使校园里时时处处都沐浴着美而善的气息，默默地引导着师生们向善、向美，使校园真正成了学生们学习文化、养成道德、提升思想的境界，凸显了"立德树人"的教育追求，也弘扬了学校的"厚德博学、止于至善"之学风。

学校正积极探究实施以"德善"为特征的课堂教学模式，逐步推进"德善"课堂教学结构改革。学练结合这一教学方式的变革是在新一轮课程改革中涌现出的适应学情、符合实际、朴素扎实课堂的新探索，它是传统与变革的结合，是提高课堂效率，推动学生课堂积极性的有效途径。我校结合教学实践，以"善德"为核心，本着奠基完美生活基础，培育学生品行养成，创新学生能力提升的办学宗旨，构建"善德"校本课程体系。

五、理念之行

学校努力创建"五育"学生品牌特色活动，以活动为载体，滋润道德人生，着力解决素质教育如何实现创新发展的实际问题。在突出德育实效、提升智育水平、强化体育锻炼、增强美育熏陶、加强劳动教育等方面提出了有针对性的创新发展新思路，构建了德智体美劳全面培养新时代少年的教育和育人新体系，让每一个学生都能在"五育并举"中健康成长。实行德育铸魂、智育固本、体育强健、美育浸润、劳动淬炼五大"攻坚计划"，打造一所创建"五育并举"品牌的特色学校，落实立德树人根本任务，引领师生同发展、共成长，为学校的创新发展积累了丰富经验。

崇实教育，助推学校标准化发展

○ 周中尧

泸州市江阳区石寨学校位于泸州市江阳区通滩镇石寨社区，与自贡和宜宾毗邻，是一所农村九年义务教育一贯制学校。学校建于 1952 年，所辖 1 个中心校、1 所村完小，有 36 个教学班、1700 余名学生、100 名教职工。

一、学校文化定位："实"文化
（一）"实"文化的确立

追溯历史文化。长河亘流，时移世易，在中国历史上非常推崇"实"文化，汉代王充《论衡·定贤》就崇尚实际教化："文丽而务巨，言眇而趋深，然而不能处定是非，辩然否之实。虽文如锦绣，深如河、汉，民不觉知是非之分，无益于弥为崇实之化。"

放眼世界潮流。当前世界，竞争日益激烈，局势日益紧张，导致人心浮躁、诚信缺失、道德滑坡。我们需要一种崇实品质，一种实干精神，一切工作必须遵循教育和人的发展规律，遵守游戏规则，不雕琢，不虚假，尊重事实，实事求是，不务虚言，但求实干，教人求真，学做真人。国家提出了 24 字社会主义核心价值观，把"诚实守信"作为其中的主要内容之一。习总书记也倡导"三严三实"，即谋事要实、创业要实、做人要实。这些都倡导我们要做"实"的教育。

探源地方文化。泸州市江阳区石寨学校位于泸州市江阳区通滩镇石寨社区，石寨原名石龙，1981年改名为石寨。石寨谐音"实在"，因此，石寨人民常把"做实在人，说实在话，干实在事"作为自己的座右铭，并努力践行"实"文化，与"实"文化结下了深厚的渊源。

回顾学校发展。石寨社区地处泸州西部边陲，距泸州市区30公里。东与况场镇交界，西南与江安县毗邻，北与富顺县接壤，泸自公路横穿全镇。历史上，这里交通和经济条件曾一度贫穷落后。石寨学校的发展也曾因此严重滞后，基础条件差，教学设备设施简陋。如今，学校设备设施已经迈向现代化，教育质量稳步提升。究其根源我们不难发现，在这一切变化的背后都有领导的"真抓"、教师的"实干"、学生的"实学"。石寨师生早已积极践行"实"的精神，他们辛勤付出的过程中都闪烁着"精益求精、艰苦卓绝、踏实肯干、敢于突破"这些弥足珍贵的品质。

追溯历史文化，放眼世界潮流，探源地方文化，回顾学校发展，"实"文化成了石寨学校不可或缺的精神支柱和文化内核。石寨学校历届师生对"实"的那份坚守，积淀成丰厚的人文底蕴，奠基了"实"文化的厚重与坚毅，师生们用智慧和激情，演绎着崇实教育的精彩，诠释着崇实教育的真谛。

"不积跬步无以至千里，不积小流无以成江海。"作为石寨人，我们务必将心态放平，脚踏实地、循序渐进、务实求真地去开展工作和学习。有了实实在在、越挫越勇的实践精神，学习必然会创新卓越，做事必然会精细完美，成绩必然会屡创新高。因此，石寨学校要继续继承和发扬光大"实"文化，把

"实"作为学校文化的主题，不断丰富"实"文化内涵，固本丰根。

（二）"实"文化的教育主张

教育方面。在一个人心浮躁、诚信缺失、道德滑坡的年代，我们需要一种崇实品质，一种实干精神，一切工作必须遵循教育和人的发展规律，遵守规则，不雕琢，不虚假，尊重事实，实事求是，不务虚言，但求实干，教人求真，学做真人。

教学方面。通过实实在在的学习活动，激发学生的内在需求，调动其内在成长的积极性，让学生扎实自学、充实展练、丰实拓展，为学生今后的可持续发展奠定坚实的基础。

二、学校特色品牌："崇实教育"，助推学校品质发展

"崇实"二字从字面上看，就是崇尚一个"实"字，是尊崇实际的意思。

"崇实教育"是指在"实"文化思想指导下，按照教育教学规律、学生成长的规律精心构筑"崇实文化育人环境""勤实德育体系""三实课堂教学体系""雅实艺体活动体系"，让学生在这样一个系统架构的亲身实践的教育教学体系中健康、快乐、全面、个性地成长。

三、崇实教育的实施

（一）营造"崇实"育人环境

文化影响人，环境陶冶人，崇实文化环境是实文化滋润的土壤。石寨学校致力于以环境熏陶人，以氛围感染人，以文化塑造人，全方位彰显以"实"为主题的校园文化特色。

1. 打造"朴实大气"的自然环境。"步步有风景，四季有花香""一楼一主题，一室一天地""班班有文化，室室各不同"是我们的目标追求。学校坚持从实际出发,精心策划五大环境文化教育主题,并根据资金保障情况,确立主题、构建系统,围绕主题、整体设计,分解细化、分期实施。

一是学校外墙文化以"崇实文化"为主题,分别布置出实文化主题墙、三风一训墙、中国传统美德墙、崇实名言墙、崇实典故墙等。

二是走廊文化以"勤实德育"为主题,图文并茂地介绍中国古代名人勤实做学问、读书的励志故事和中国现代科学家、名人、伟人的尊崇实际的事迹,了解他们的崇实思想、为人之道,激励师生做勤勉务实、有思想、有追求的人。

三是教室文化以"三实课堂"为主题,在"实"字上做文章,分别介绍名人名言、学生制度、课堂纪律、学习要求等。

四是功能室文化以"躬行实践"为主题,有蕴含崇实思想、图文并茂的激励话语,有自治自律的管理制度,有增长才智的历史长河知识介绍,有拓宽师生视野的前沿信息,有赏心悦目的功能设施,激发师生躬行实践的热情和奋发有为的豪情。

五是运动场以"雅实艺体""春花秋实"为主题,布置体育明星画像、艺术家简介、名言、作品等,激发师生对艺术的高雅爱好和对体育运动的追求。

2. 营建人本关怀的人文环境。通过制度文化规范、精神文化熏陶、行为文化培植来营造出一个勤学实干、务实求真、追求创新卓越的富含人本关怀的人文育人环境。

(二)构建"勤实"德育体系

《元典章·刑部三·不义》:"庶民生理,勤实为本。""勤实"即勤劳诚实。"勤实"既是德育内容,又是一种德育方式。

"勤实德育"具有实实在在的教育内容。勤劳,是指辛勤劳动，不怕辛苦，努力生产物质财富和精神财富。勤劳是中华民族的传统美德，是人生存的必要条件，是人致富的铺路石，是促进效率提高、学习进步、事业成功的重要保证。诚实，是指内心与言行一致，不虚假，真诚老实，守信用。诚实守信是人应有的品德，是做人之根本，是立业之基础。"勤实德育"把中华民族的勤奋和诚实守信的传统美德作为德育工作的具体内容，重点从培养学生的最本质的品德教育开始，循序渐进，逐步上升到其他层面的德育教育。

"勤实德育"是一种务实的德育方式，其根基扎实、内容充实、过程真实、效果丰实。"育人比教书重要，情感比认知重要。"品德形成过程是道德主体的自我建构过程，要真正改变学生，需要在充分尊重学生成长主体地位的基础上，遵循学生品德形成的规律，通过创设勤实校园，竖起勤实学风，教育学生成为勤实学子等具体的方式来实现。

"勤实德育"的途径：一是开发《勤实德育校本教材》，二是开设"勤实德育课程"，三是开展"勤实德育活动"，四是拓展"勤实社会实践"。

（三）构建"三实课堂"教学体系

充分发挥学生的积极性与主动性，提高课堂教学实效，是当前课堂教学结构改革的重点。顺应时代教育变革主旋律，结合我校建设"实"文化和开展"崇实教育"的战略，我们构建了尊重学生个性、让学生积极参与的"三实课堂"，即自学扎实、展练充实、拓展丰实。

"三实课堂"模式由"自学—展练—拓展"三个环节构成。"自学"即学生在教师编写的"导学案"指导下个人自主学习。教师在此环节要督促学生扎实开展自学，为后面学习过程的顺利展开奠定扎实的基础。"展练"是学生把通过自学所获得的知识与感悟在大班内"我展共练",帮助别人,成就自己。在此环节中师生、生生之间"互动""点评""质疑""释疑""强练",注重展练内容丰富,展练形式多样,展练过程真实,达到"展练充实"。"拓展"则是对展练难点的"探究"和知识的"延伸",实现知识的升华、能力的提升、情感的飞跃,取得丰硕的拓展成果。"三实课堂"使学生在实实在在的学习过程中得到锻炼成长。

"自主学习"是"三实课堂"的基本形式,教师要"以生为本""以学为本",充分尊重学生个性,关注学生个体生命成长,促进学生自主生长。"三实课堂"强调"以学为中心",以学生为"主体",以学习为"主业",以学力为"主轴",以学法为"主因";在师生关系上"以学生为中心",在知识与能力关系上"以能力为中心",在教法与学法上"以学法为中心"。要把课堂真正还给学生,让学生成为学习的主人,课堂成为学习的天堂。

"实"是"三实课堂"的精神内核,讲求学生学习活动的真实性、实效性。因此,教师要把组织学生自主学习活动作为重点,落实学生学习的各个环节,以扎扎实实的学习活动促进学生的成长和发展。

(四)构建"雅实"艺体活动体系

在"实"文化的统领下,结合地方历史文化传统和学校自身的特色,我们构建了独具特色的"雅实艺体活动"作为我校的主题特色活动。精心开发编写《雅实艺体活动》校本教材,并开设相应的课程实施。组织师生积极参加各级各类艺体比赛活动并力争获奖。通过雅实艺体活动,在校内营造一个人人热爱艺术体育活动的氛围,促进学生全面发展,强健师生体魄,愉悦师生情感,并把这种健康的积极向上的精神移植到学习和生活之中，为人生的幸福成长服务。

　　附：泸州市江阳区石寨学校文化理念

　　学校理念：崇实教育，奠基幸福人生

　　办学目标：校园环境朴实大气，教师队伍敦本实干，学生群体笃实好学

　　办学愿景：努力让每个孩子都能享有公平而有质量的教育

　　学校精神：至善至美，致远未来

　　管理理念：以人为本，务实高效

　　教师誓词：说实在话，干实在事，做实在人，敦本躬行课堂，为国教子荣光

　　学生口号：说实在话，干实在事，做实在人，勤实扎根学堂，学成志达远方

　　校训：勤实笃行，务本维新

　　校风：务实求真，精进创新

　　教风：积厚存善，敦本实干

　　学风：笃实好学，全面发展

小中见大，微处显博

——西昌市第五小学"微"教育实践

○ 王　敏

西昌市第五小学坐落在古色古香的西昌南街古城，历经70多年的风雨，学校现有37个教学班，学生2000多名，校园面积6300多平方米，是一所地地道道的袖珍学校。学校办学场地虽小，然而处处都显示出精细与精彩。西昌五小的每一位工作者都本着勤奋踏实的工作作风，从每一件小事做起，打造出了西昌城区务实出彩的精品学校特色。学校各项工作立足于"微"字，致力于打造一所微而美、微而优、微而精的精品小学。

五小教师以诚心育人，学生以乐学为本，学校校风正，学风浓。学生以基础牢、知识广、能力强赢得了社会的一致好评，成为西昌市乃至凉山州有口皆碑的名校。

一、"微"教育的来历
（一）"微"字的含义

微，来自《诗经》中《采薇》的"薇"字，取其细小、精深、奥妙之意，寓意美好的事物。学校本身地域狭小，致力于从细微处着手，"以小见大"，打造出微而美、微而精、微而优的精品小学。

（二）"微"字的演变

䍼是䙷的本字。微，甲骨文䍼=𠂤（长发的老人）+𠬛（手执棍杖），表示老人拄杖而行。金文䙷承续甲骨文字形。有的金文㣲加"辵"𢓱（行进），强调行进。造字本义：老人拄杖缓行。篆文䙷大体综合了金文䙷和㣲的字形，将金文的老人形象𠂤写成𡴴。

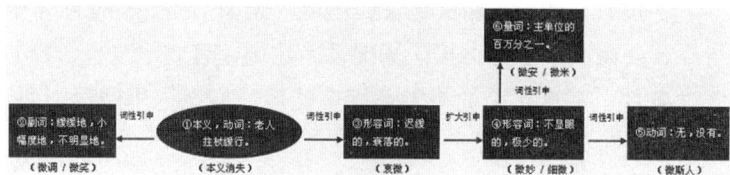

二、"微"教育的内容

（一）学校管理——见微知著

作为学校的校长，必须具备动态发展的前瞻性眼光，见微知著；具备敏锐的观察能力，洞隐烛微于细处，刻画入微于细节；具备良好的逻辑分析判断能力，剖玄析微去纷杂，精细入微谋发展。

管理团队的素养是学校品质提升的催化剂。学校的长远发展，首要的任务是教师的人才培养，为发挥好学校优秀老教师的优势，培养好年轻教师，学校制订了青年教师发展规划，"青＋蓝"结对工程，一对一帮扶；年轻教师的基本功培训等方面的工作还要加大力度，帮助青年教师迅速成长起来，改变五小目前"青黄不接"的局面。

（二）校园建设——寻幽入微

学校旧貌换新颜，将原有的一些校园文化内容进行了整合，虽然学校很小，但是我们尽量让每一面墙壁都会说话，每一处小小的角落都能成为我们育人的平台。舞台浮雕背景、书法国学苑、孔子雕像等，以传统文化作为学校的校园文化，操场、过道、走廊均以国学为基调，宣传了国学文化，阐述了校训理念，展示了学生风采；同时美化墙面、绿化校园，改造操场、图书室、学术报告厅，完善艺术墙，并重新设计创造了民族文化展示墙。让学校基调统一、色彩协调，给学生传统文化的熏陶、美的体悟。

学校着力建设采微文化校园环境。采微书屋、见微学术报告厅、寻微国学小苑，校园基础设施建设，有效地改善学校的办学条件，营造优美的校园环境，让孩子们在这里展现自我，接受多元价值观的引领。

（三）师者风范——清微淡远

立德育人无微不至，师者风范清微淡远。"非淡泊无以明志，非宁静无以致远"是五小教师的座右铭。学校关注青年教师的成长：从"青蓝工程"到"青年教师成长联盟"；从聘请西昌市教师普通话培训员冯琦老师、凉山州书法家协会副秘书长陈世东老师为青年教师辅导普通话和三笔字，邀请特级教师黄文才为青年教师培训简笔画，为青年教师成长搭建学习、交流及展示的平台，促使他们迅速成才。学校鼓励每一位教师根据自身的实际有一艺微长，练好扎实基本功，有良好语言表达能力，谈言微中、微言大义。

团队建设强化价值观、执行力的培训，让每位教职工都有教育情怀。学校对教师的培养路径：校本培训一周一研，一期一赛。为进一步提高教师的专业素养和教学能力，夯实教师驾驭课堂教学的基本功，学校每期都会举办青少年教师课堂教学大赛，为青年教师搭建交流展示的平台。

（四）教育教学——积微成著

学校致力于打造书香校园，以传统文化作为校园文化的基调，书法艺术和民族舞蹈是学校的传承项目，赢得了社会的广泛赞誉。

根据名师引领中"请进来、走出去"的工作思路，学习借鉴先进的教学理念，提升学校的教育教学水平，多次外派教师参加交流培训活动。西昌市教师技能"大比武"获得优异成绩，教学质量名列西昌市前茅，在素质教育之路上踏实、坚定地前行，以现代的、新锐的形象呈现五小的风貌。

开发特色化校本文化课程，树立"大语文"的学习观，语文学科开展课本剧表演、朗诵、辩论、诗词大会、名著读书报告会等活动。

学校立足"着眼细微，注重细节，举手投足，彰显文雅"的原则，编写了"微言大义，润物无声"为标题的十条学生微习惯养成要求，具体规定了进校"微"礼仪、进教室"微"行为、升旗仪式"微"礼仪、大课间活动"微"行为、课间休息"微"行为、进办公室"微"礼仪、到专用教室上课"微"要求、上体育课"微"习惯、午饭午休"微"行为、放学净校"微"行为，为五小学生良好习惯和良好行为的养成提出了明确的目标。

为传承中华传统文化，在慎终追远、缅怀先辈的情怀中认知传统、继承传统、弘扬传统，增进学生爱党、爱国、爱社会、爱家的情感，倡导文明和谐的社会新风，我校开展了"清明祭扫"系列活动。每周一的升旗仪式以二十四节气、传统节日等为主题，呈现出异彩纷呈的舞台展示画面；每周五的班会队会课，班主任针对不同的主题，开展少先队中队活动，让学生接受一次次思想上的洗礼。

"古城名校出俊郎，百年树人谱华章。花自满蹊蝶自来，继经承典国唱响。"学校以书法艺术和民族舞蹈作为传统，是全国首批"中华优秀文化艺术传承学校"之一。学校少儿艺术团应邀到北京参加中央电视台"星光校园·和谐春晚全国中小学生春节联欢晚会"节目录制，原创舞蹈《阿妞嬷》荣获金奖，书法、美术作品也在各届艺术节中屡创辉煌。"小阿依"艺术团小有名气，屡获国、省、市金银奖。舞蹈《戏水小阿依》获全国中小学生艺术节一等奖，艺术团先后赴新加坡和香港演出；在北京大学百年纪念讲堂参加"星光校园、和谐春晚"全国第八届大中小学生春节联欢晚会，月琴合奏《千里凉山迎新春》喜获金奖。王炳人同学赴北京参加中国青少年国学大会决赛，荣获"2018中国青少年国学大会"城市冠军。

西昌市第五小学这样一所袖珍学校，坚持走精品路线，创精品教育。"长风破浪会有时，直挂云帆济沧海。"这里是孩子们孕育梦想的土壤，学校将带领孩子们乘上理想教育的飞船，让每一个孩子带着梦想从这里起航。

附：

微言大义　润物无声
——西昌五小学生微之行养成要求

总则：着眼细微，注重细节，举手投足，彰显文雅

一、进校"微"礼仪

1. 着装整洁，佩戴红领巾。
2. 见到老师立正站好，手放裤线两侧，鞠躬问好。
3. 勿将玩具等与学习无关的东西带入学校。

4. 遇到认识的伙伴友好地打招呼。

二、进教室"微"行为

1. 书包、水壶、衣物等摆放在固定位置。

2. 准备好下一节课学习用品。

3. 自主晨读，保持教室内良好秩序。

4. 认真完成晨扫，请勿打闹、聊天。

三、升旗仪式"微"礼仪

1. 按要求穿校服，佩戴好队干部标志及红领巾。

2. 铃响后，按应急疏散线路排队到学生活动广场集合，队伍整齐，身体站正，保持安静。

3. 升国旗时，少先队员敬队礼，注视国旗缓缓升起。

4. 唱国歌时，注视国旗，声音响亮，富有感情。

5. 认真倾听国旗下讲话，适时适度热烈鼓掌。

四、大课间活动"微"行为

1. 下课铃响换好学具，带好活动用品，按应急疏散的队形和线路到达操场。

2. 在老师组织下迅速站到操场指定点位上。

3. 做操听指挥，动作协调有序，积极参加大课间的各种活动。

4. 活动结束后，全班听音乐按照指定路线排好队，昂首摆臂回教室。

五、课间休息"微"行为

1. 教室里。

（1）老师宣布下课，先更换学习用品，再休息。

（2）合理安排十分钟时间，保持教室安静、整洁和有序。

2. 楼道内。

（1）慢步轻声，右行礼让，脚步稳健。

（2）不追逐打闹、不拥挤、不逗留，不大声喊叫。

3. 楼梯上。

（1）主动靠右行走。两人以上主动变成单排靠右行走，不逗留。

（2）遇见老师、客人侧身请老师或客人先行。

（3）请勿在楼梯上停留或打闹，请勿在扶手上滑行或跨越扶手，请勿越级跨跳楼梯。

4. 操场上。

（1）人人必备活动用品，进行快乐的课间休息。

（2）安全使用活动器械，请勿上旗台玩耍。

（3）语言文明，行为文雅。同学间发生矛盾或不愉快及时友好解决。

（4）保持校园环境卫生，请勿乱扔废弃物，见到主动捡拾。

（5）不破坏公物，爱护花草树木。

5. 卫生间。

（1）有序如厕，大小便入槽入坑。

（2）便后及时冲水，便纸扔进纸篓，洗净双手。

六、进办公室"微"礼仪

先喊报告或轻敲门，经允许方能进入。见了老师先问好，清楚简洁说明来意。向老师询问用上"请"字，离开说"再见"，处理完事情说"谢谢"。

七、到专用教室上课"微"要求

1. 按老师要求带齐相关用品，整队进入教室。

2. 爱惜室内各种器材物品，轻拿轻放，用后放回原处。

3. 保持专用教室环境卫生。

八、上体育课"微"习惯

1. 铃响后带好活动用品，按应急疏散线路列队到操场安静排队。请勿在教室逗留，不能上体育课的要向老师请假。课前课后清点人数。

2. 遵守课堂纪律，听从教师安排。

3. 未经教师允许，请勿离开体育课场地。

4. 安全参与体育课，注意保护比自己小的同学。

九、午饭午休"微"行为

1. 有序取饭，餐具轻拿轻放。请勿在教室外用餐。

2. 用餐安静，不挑食、不浪费。用餐毕，将桌面和周边垃圾清理干净。按要求归还餐具，处置废弃物。餐后班级全面打扫卫生。

3. 午间休息、写作业、看课外书等，需保持室内秩序良好。

十、放学净校"微"行为

1. 人走抽屉净，椅子凳子放上桌面，认真清扫教室后，关闭室内水电、门窗。

2. 不在教室、校园内逗留，及时离开学校。

3. 家长晚接的同学，在校门口安静等候家长。

坚守初心，为人民办更好的教育

○ 土比拉子

昭觉城，彝语意为山鹰的坝子。传奇而神秘，美丽而富饶，昭觉的每一寸土地无不积淀着厚重的彝族历史文化，无不绽放着灿烂的彝族文明。

昭觉县工农兵小学创建于 1951 年 10 月 1 日，当时西康省领导及民族地区各级领导对教育高度重视，被列为民族地区首批计划筹办的学校。建校六十多年，始终坚持"立德育人"的办学理念，不断提高教学质量和办学效益，积极探索民族地区的办学思路，积累了丰富的办学经验，为国家的民族教育事业做出了应有的贡献。

随着国家"精准扶贫，精准脱贫"重点工作的实施，凉山州"扶贫先扶智，脱贫靠教育"的工作理念，以及昭觉县义务教育均衡发展教育战略的推进，作为昭觉县历史最悠久、办学规模最大的龙头学校，我们在不断地思考：怎样切实转变思想观念，加快学校的发展，让学校具有生命力和吸引力，为昭觉县人民提供优质的教育。

一、寻找继续向前发展的办学生长点

学校六十多年的发展历程，是一代又一代师生艰苦卓绝的奋斗史。学校牢记当年建校时"引领彝族人民走向文明生活，实现民族教育事业千年跨越"的不变初心，"在传承中创新，走具有民族特色办学之路"的重要思想理念和办学思路，把学校打造成昭觉教育名校、创建凉山州一流名校的根本基点。

学校在创办进程中，逐渐形成了自己的办学风格，在管理中始终坚持养成教育不动摇，坚持提高课堂教学效率不动摇，坚持民族教育特色不动摇。而这种特色不仅体现在管理方面，还体现在教学、师资、环境等多个方面，既要面面俱到，又要独具一格。昭觉县工农兵小学在走民族特色办学道路上，坚持在传承中创新，在教学质量稳步提升的基础上，依托现有的优势提高学校的文化内涵，促进学校的持续发展，推进民族特色学校建设。

百年大计，教育为本；教育大计，教师为本。只有一流的教师队伍才能创造一流的教育业绩，学校才能真正办人民满意的教育。不断加强教师队伍建设，让学习成为教师的需要，让学习成为学校的制度。通过新思想、新知识、新方法、新技术的学习，转变教师教育观念，调整教师知识结构，优化教师自身素质，增强教师教育的底蕴，提高学校教育质量。

昭觉县工农兵小学坚持"以国学经典教育为抓手，以生本教育为主线，以彝民族文化为特色"的目标，为创建校风优良、环境优美、质量优秀的学校，着力加强队伍建设，在学校领导班子建设上出实招，讲实效，使学校班子的战斗力和凝聚力进一步增强，学校工作也全面跃上了新的台阶。

二、打造具有民族特色的高品质学校

工农兵小学在昭觉县域内虽然具有悠久的历史和丰厚的文化积淀，但在新的发展时期，面对人民群众对教育的要求和期待越来越高的现实情况，学校文化的核心价值取向还没有取得共识，高效的教育教学模式还没有与时俱进。教师个人专长不突出，教师对课改新理念的认知水平和实际教学行为有差异；学校德育特色不凸显，德育工作在如何围绕学校育人目标，在提高管理效能和德育实效性问题上，有待于进一步探索和完善；课堂教学模式跟不上，对新时期创新人才的培育，还缺乏有效的探索。学校针对如何挖掘、总结、继承学校已有的经验与传统，不断注入新的时代精神，形成能够影响学校师生的独特文化价值观，以及如何借鉴、学习先进教育教学管理模式，提升课堂效率、教学水平和办学质量，做了大量的工作。

1. **以生本教育教学为主线。**

生本教育的理念是以人为本，教育提倡让学生主动参与学习，教给学生学习的方法，目的在于不教而教。生本教育的方法是先做后学、先学后教、不教而教、以学定教。讨论是教学的常规，主张感悟由学生自己获得，教师为学生的感悟创造条件，进而开发学生的潜能。课堂教学是师生互动、心灵对话的舞台，而不仅仅是教师展示授课技巧的表演场所，还应是师生共同创造奇迹、唤醒各自沉睡潜能的时空，向未知方向挺进的旅程。从2014年起，昭觉在全县范围内进行生本教育实验，工农兵小学成为全县生本教育实验最成功的学校。在以生为本的学习氛围里，天性在释放，个性在张扬，稚嫩的童心在探索中尽情飞扬。

2. **以国学经典教育为抓手。**

中国传统文化源远流长，博大精深，它是古老文化的精华，是中国文化和中华民族精神形成的基本根源，也是我们应该生生不息传播的瑰宝。诵读国学经典，弘扬传统文化，加强文化熏陶，在让孩子们增长语言文化知识的同时，潜移默化地形成优良的道德思想，逐渐完善自己的人格，造就有中华气韵的新一代学子。学校通过组织学生诵读、熟背经典，让孩子们获得中华文化的熏陶，从而学会做人、学会做事、学会相处、学会学习，做到知行合一，彰显工农兵小学师生的风采。全校利用语文晨读二十分钟、课前三分钟以及每周一升旗的时间，组织学生诵读，语文教师随机讲解。每日课前诵读形成常规，逐渐完成《读本》里的内容，举办专题讲座，帮助学生理解消化，利用黑板报和手抄报等多种形式，展示经典佳句，营造诵读氛围，让学生耳濡目染中华优秀传统文化。班主任和语文教师全程参与，学生全员参与。循序渐进，使国学经典诵背活动成为学生课内外生活的一件乐事。

3. 以校本课程开发为亮点。

推进民族特色学校建设，创建民族特色校本课程是工农兵小学深入实施素质教育，深化教育教学改革的一项重要工作，也是优化学校管理，丰富学校内涵，提升学校品位的重要举措。

为了帮助彝族儿童学前学习普通话，规范做好幼小衔接教学工作，工农兵小学曾经长期兼办学前班。针对上级主管部门下发的学前班通用教材脱离地区实际，脱离彝族儿童生活实际的缺点，学校组织了一批经验丰富、教学能力强的教师自主编写校本教材，以彝族儿童的生活场景和内容为主要素材，贴近彝族儿童的生活实际，符合儿童的认知特点，深受使用教材的老师和学生的喜爱。

近年来，工农兵小学正努力创建学校特色——彝族民间优秀文化进校园，形成一条与众不同的特色发展之路，传承彝族民间优秀文化成特色，继承、发展、创建特色学校，凸显特色树品牌。彝族民间文化是中华传统文化的瑰宝。学校十分重视彝族民间优秀文化的教育与传承，逐渐成为学校文化的一抹亮色。学校将彝族民间优秀文化引进课堂教学，成立了彝族克智、马布、月琴、口弦、竹尔等课外兴趣活动小组，极大地调动了广大师生弘扬中华传统优秀文化的热情，提升了师生的民族认同感、民族自豪感和民族使命感。

三、真抓实干实现学校跨越式发展

1. 勤勉工作，虚心学习，完善自我。

教师是一门终身学习的职业。社会在不断发展，不学习就会跟不上时代的步伐，特别是作为一名校级领导和教育管理者，必须不断提高自身素质，在日常的教学工作中严格要求自己，谦虚谨慎，为学校的进一步改革发展、开拓创新做出应有的贡献，把满腔的热情奉献给自己热爱的教育事业，把执着的追求寄托在每个孩子身上。

2. 科学管理，抓好常规，提高效能。

管理出效益，管理出成绩。心中牢固确立了"向管理要质量，以质量求生存"的教育教学理念，狠抓教学管理工作，严抓过程管理和质量管理。结合学校实际，制定、健全、完善学校教学的各项考核制度，从而使我校教学管理工作制度化、常规化、科学化。

3. 完善师德，提升素质，铸造师魂。

积极开展校本培训，以提高课堂教学效率为突破口，聚焦课堂教学，向课堂40分钟要质量。完善教学常规检查制度，组织教师外出学习，在教学实践中加强读书学习，以分层培训为主线，打造专项教师团队。

4. 立足教研，实行教改，力求效率。

在日常的教学管理实践中，学习新的教育教学理念，做教研教改的带头人，积极带领广大教师进行教改教研活动，把教研和科研活动作为提高教师素质的主要途径，强化教师的教研行为，积极引领教师进行课题研究，促进教师素质的整体提高。

5. **建设校风，营造氛围，教书育人**。

学校要让年轻人的心激荡，走进学校，应当让人能够感受到一种神圣、魅力和诗意。坚持从教师的教学行为规范和学生的学习习惯、生活习惯入手，从抓细节、抓规范做起，务实进行教学质量考核，学校初步形成了良好的教风、浓厚的学风。学校已成为学习知识的圣殿，师生成长的乐园。

6. **坚持原则，顾全大局，勇挑重担**。

在多年的教育教学工作中，对教师们真诚坦率，用心帮助，工作上积极支持，人格上充分尊重，思想上主动沟通。始终保持头脑清醒，工作踏实求真，以身作则，为学生发展、学校发展与教师们一起拼搏。加强理论学习，不断开拓创新，为教育的发展做出新的贡献。

"在传承中创新，走具有民族特色办学之路"是昭觉县工农兵小学的办学思路，是学校未来发展的方向。全校教师进一步立足本职工作，加强教学管理，提高教育质量，加强专业化引领，促进教师专业成长，树立品牌意识，抓实特色创建工作，和全体教师同心同德，为更好地推进具有民族地区办学特色的基础教育做出更大的贡献。

博通文理，爱满天地

○ 陈光元

内江市第十小学（以下简称内江十小）成立于 1957 年，学校位于内江市市中区。近年来，内江十小以"文化引领，博爱奉献"为办学理念，培育学生"博爱、博学、博通、博雅"的人文气质，成为区域教育改革前沿的优质示范小学。

一、学校文化的核心元素

"博爱"是内江十小的学校文化，是学校的特色和品牌，是校园文化的核心元素。为了进一步发掘学校的这一特色，打造学校的这一品牌，在文化主题的确立上，以形成体现"十小"人卓越追求的"博通文理，爱满天地"为文化诉求，打造"博通文理，爱满天地"的文化品牌。

1. "博"的意蕴。

博，广博，博学广才，慧养人生。核心元素主要体现在学生的知识面广、学科融合、文理沟通等方面，呈全面发展、艺体领先、人文丰厚、科技突出的博通文理成长态势，让学生有博学的智慧、博通的能力、博雅的气质。

2. "爱"的意蕴。

爱的核心元素主要体现在对天地万物的关爱与奉献上。关爱生命、珍视万物、珍爱生命、赞美生命、欣赏生命、思考生命、创造生命，爱护生态环境，与大自然和谐共处，呈爱满天地的成长态势。没有爱，就没有内江十小的成长与壮大。爱还体现为与社会主义核心价值观中的爱国，内江市开展的爱党、爱祖国、爱内江、爱社会、爱自然、爱家庭、爱劳动、爱学习、爱健康、爱人生"践行十爱、德耀甜城"融会贯通，一脉相承。

爱党：对党忠诚，严守党的纪律，自觉维护党中央权威，时刻同以习近平同志为核心的党中央保持高度一致。牢记党的宗旨，自觉践行党的群众路线，甘于奉献、吃苦在前、享受在后，主动深入基层、服务群众，先锋模范作用突出。

爱国：拥有强烈的爱国情怀，模范践行社会主义核心价值观，以实际行动报效祖国，不怕艰难困苦，到祖国最需要的地方去建功立业，为社会主义建设贡献力量，成就突出。

爱内江：心系内江、情牵内江，把个人的奋斗目标同幸福美丽内江建设紧密相连，主动为内江发展贡献智慧和力量，在内江各项事业的建设发展中做出突出贡献。

爱社会：遵纪守法，社会责任感强，乐于奉献，积极参加社会公益活动，在抢险救灾、见义勇为、帮助他人等方面表现突出，赢得群众赞誉。

爱自然：践行绿色发展理念，崇尚自然，热心环保，积极组织、参与各类环保公益活动，影响带动作用大，为推动绿色生产生活方式成为社会风尚，特别是在推动内江沱江流域综合治理和绿色生态系统建设与保护中做出突出贡献。

爱家庭：具有强烈的家庭责任感，注重家庭，家庭和睦，幸福文明；注重家教，传承美好道德观念；注重家风，把修身、齐家落到实处，切实在社会细胞建设工程——家庭美德建设中起到模范表率作用。

爱学习：具有强烈的进取意识，勤于学习，善于钻研，勇于创新，拥有较高的学识水平和业务技能，在本职岗位上有重大发明创造成果或理论研究成果。

爱劳动：具有崇高职业道德和敬业精神，干一行、爱一行、精一行，弘扬工匠精神，恪守职业规范，尽职尽责、默默奉献，办事公道、服务优质，赢得群众广泛好评。

爱健康：积极倡导健康文明生活方式，注重身心健康，积极组织、参与各种有益于健康的公益活动，影响和带动公众养成健康生活习惯，为建设健康内江做出积极贡献。

爱人生：拥有高尚的人生价值追求，感恩生命，热爱生活，勇敢面对困难挫折，自强不息，奋斗不止，不断完善自我、超越自我；将个人的人生价值实现融入社会理想的实现之中，以奉献社会、服务他人为乐，赢得群众赞誉。

在"博通文理，爱满天地"这一文化诉求中，"博"与"爱"是关键，"通"是桥梁。没有"通"，学生就会"博而乱""博而杂"；没有"通"，学生的"爱"将难以融于生活、社会与自身，"博"与"爱"就将成为"两张皮"。"爱满天地"具有直冲云霄的豪情与大气，与"追求卓越"的学校品质相匹配，有利于建设学校"追求一流"的文化。基于对学校未来发展定位的理解，我们确立了"博通文理，爱满天地"的文化主题。

二、校园文化如何发挥育人作用
1. 耳濡目染，育人无痕。

善用学校"博爱"文化，营造文化育人氛围。古有"孟母三迁"教子有方，今有十小博爱育人环境。围绕学校"博通文理，爱满天地"的办学理想，"用才华点亮人生，用大爱创造品质"的校训，"以爱育爱，以才养才"的育人目标，把物质文化和精神文化进行高度融合，营造文化育人氛围。漫步校园，一门一园两苑两通道四层五厅的整体文化建设，博爱厅、博爱墙、博慧苑、爱生苑、体育园、科技厅、阅读厅、艺术厅、体育厅、博创社、雅诵社、雅艺社、雅绘社、雅墨社、雅乐社、雅琴社，走道、梯间、教室、办公室等环境文化建设，切实让"立德树人"核心价值理念走进学生视野，融入学生心灵，让整个校园充满了博爱、博学、博通、博雅的育人氛围，起到潜移默化、润物细无声的作用。校园一处一景是博爱，一花一草显文明，构建起了博爱文化育人的价值体系。

2. **引起关注，深入细品。**

"博爱"厅，是对学校博爱文化价值体系的主动展示。厅的背面墙上悬挂的三幅挂图十分显眼，清晰地记录着 2005 年6 月，原全国人大常委会副委员长、中国红十字会会长彭珮云莅临我校，并为学校亲笔题词"高举博爱大旗，共筑和谐校园"。这就是学校博爱文化定位的理由之一。

博爱厅正中的设计有博爱和"博通文理、爱满天地"的图文，上方是彭珮云题词的"高举博爱大旗，共筑和谐校园"金色大字。左边是学校文化建设的核心价值体系，展示学校的办学理想："博通文理、爱满天地"。校训：用才华点亮人生，用大爱创造品质。育人目标：以爱育爱，以才养才。学校的特色教育就是"博爱"教育，特色课程有体育、艺术、科技。

爱生苑打造的"三生"绿色德育主题景观，具有传统文化的天井风格造型，融山石、流水、动植物为一体的自然生态环境，体现有效实施立德树人。提出的"三生"绿色德育，培养学生在生长、生活和生命历程中热爱生命、珍爱生命、赞美生命、思考生命、欣赏生命、创造生命、敬畏生命，爱护生态环境。学生可以在爱生苑里看绿色植物，欣赏花开，观赏鱼游，围坐石桌前读书、写字、聊天等。学生融入生态环境中，能够培养学生与大自然和谐共处的文明素养，从而提高学生对生命的长度、宽度、高度的认识。

阅览厅，书香润童年，阅读伴成长。阅览厅是开放式的，学生可以在课间、活动时自由阅读，培养学生博学多才、慧养人生的阅读素养，也提升了学生的文学素养和写作能力。

每一年新生入学第一天，开展校本课程"了解我的校园"，班主任都会带着班级学生，向学生介绍学校的博爱文化，每一景点布局的内涵和外延，都充满了博爱的文化氛围，教师用博爱引领学生树立爱的情怀，用才华点亮学生求知的欲望，让学生了解学校、喜欢学校、热爱学校，爱护校园环境，激发学生的学习兴趣，规范学生的行为，让学校环境文化起到潜移默化、润物细无声的作用。

涂鸦墙，这是展示学生才华的场所，由学生自由涂鸦和张贴，每周由值周班级负责管理。一周一中队，一周一更新，辅导员精心组织，队员踊跃参加，家长全力支持，展示作品形式多样、内容丰富，有手抄报、作文、诗词、书法、绘画等。这不仅丰富了学生的个性，避免了学生到其他地方乱涂乱画，还让学生博爱的情怀、博学的智慧、博通的能力、博雅的气质得到很好的展示，同时也让学生获得了存在感、认同感，享受成功的喜悦。

勤以立身，积微成著

——勤成教育促学校发展

○ 曾龙先

　　攀枝花市米易县第一小学创建于 1912 年，办学历史悠久，文化底蕴深厚。现有东、西两个校区，占地面积 61.7 亩，是一所规模较大、布局合理、办学条件较好的省级示范小学。

一、百年一小"勤成"办学思想

　　关于勤奋，古人多有论述，诸如"书山有路勤为径，学海无涯苦作舟""业精于勤而荒于嬉，行成于思而毁于随"等。曾国藩也曾说过，"天下古今之庸人，皆以一'惰'字致败。"以勤治惰，以勤治庸，不管是修身自律，还是为人处世，一勤天下无难事。学校通过"勤成"文化打造，旨在让孩子们从小就能正确认识勤奋的重要性，端正孩子们对待学习的态度，并将真正的勤奋贯彻到自己的生活中。"天道酬勤"做人，做事自然会"水到渠成"。

　　学校《勤懒歌》的推出。《勤懒歌》出自清朝钱德苍《解人颐·勤懒歌》，是对古代的"四民"——士、农、工、商的劝勤戒懒。结语为："百尺竿头立不难，一勤天下无难事。"意思是，只要勤奋，天下就没有难做的事情，即使百尺竿头也能昂然挺立。《勤懒歌》由学校音乐组教师谱曲，作为孩子们升旗仪式吟诵篇目，让孩子们在潜移默化中懂得勤奋努力的重要作用。只要勤奋，只要风清气正，天下就没有难做的事情。

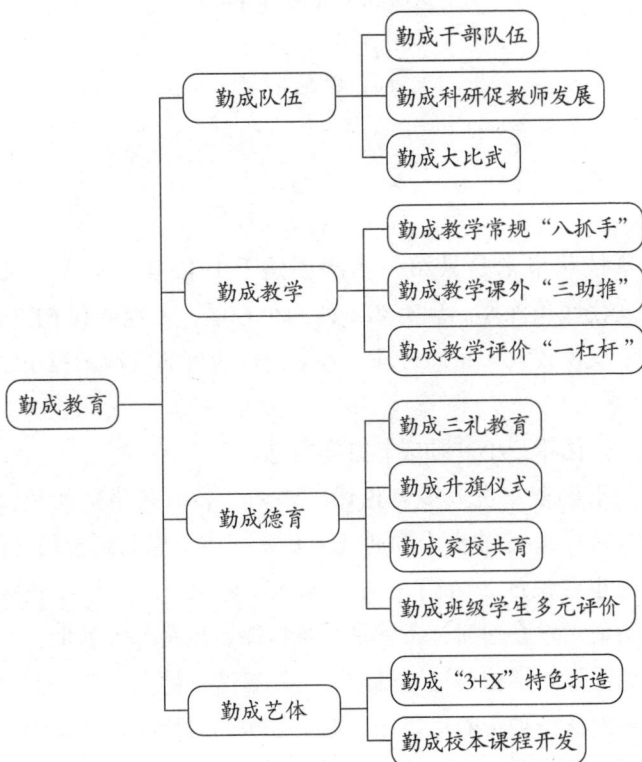

```
                              ┌─ 勤成干部队伍
                    勤成队伍 ──┼─ 勤成科研促教师发展
                              └─ 勤成大比武

                              ┌─ 勤成教学常规"八抓手"
                    勤成教学 ──┼─ 勤成教学课外"三助推"
                              └─ 勤成教学评价"一杠杆"
          勤成教育 ──
                              ┌─ 勤成三礼教育
                              ├─ 勤成升旗仪式
                    勤成德育 ──┤─ 勤成家校共育
                              └─ 勤成班级学生多元评价

                    勤成艺体 ──┬─ 勤成"3+X"特色打造
                              └─ 勤成校本课程开发
```

二、"勤成"文化特色打造

如何打造学校文化，彰显办学特色？学校结合实际确定了"勤成"校园文化，打造一支师德高尚、业务过硬、团结协作、乐于奉献的教师队伍，把学校建成"校风正、学风浓、德高业精"特色突出的攀西名校。

（一）"勤成"文化之队伍篇

1. 勤成干部建设。

形成一支精干务实高效的干部队伍，所有干部到一线上课，鼓励跨校区上课；校级干部实行每学期述职制；中层干部实行东西校区展评对比制，同类对比相互促进。

2. 勤成教师发展。

（1）以考促研。教师有每期"市调研监测试卷"考试，把握知识重点、考点，为备课、上课打好基础；人人参与命制单元测试题、月考题、期末模拟题；以考试导向教研，促使全体教师能力提升。

（2）能力提升。集中全校人力、物力精心编制校本教材"三题"（课前预习题、课堂练习题、课后练习题）。备课组人人参与讨论重难点、考点、典型题和讲解方法，然后由一名教师执笔，再由全组教师讨论修改，最后由备课组长、教研组长、学科带头人层层审核签字定稿。"三题"的编制促使教师熟悉知识点、考点，切实提升教师驾驭教材的能力。

（3）"三题"深化。"三题"适于新课教学，学校期末复习阶段用"小题单"命制，把易错题、重点题、考点题编制成A4纸的"小题单"，反复训练，以做到复习的精准、高效，切实减轻师生负担，起到四两拨千斤的作用。

（二）"勤成"文化之教学篇

做到功夫在课前，重点在课内，强化在课后，不放弃每一个孩子。

1. 勤成教学常规"八抓手"：定、备、上、批、辅、考、析、思。

（1）向计划要目标。教师有每学期教学计划，学校有长远的发展规划，找准目标。

（2）向备课要深度。以编制"三题"为契机，集体备课与个人备课相结合，搭建集体备课平台，见微知著。

（3）向上课要质量。刚性落实学校巡课、推门听课、课堂教学每天 QQ 群通报制度，严把课堂关。

（4）向作业要精度。坚决禁止"罚作业、讲作业"的行为，要求做到二次批改，精准把握知识过手情况。

（5）向辅导要爱心。学校积极调动力量拟订培优、补差清单和措施，责任到人，督促到位。

（6）向考试要标准。校长和全体教师做到人人敢出题、出好题，做好月考和期末四套模拟题的命制和考试。

（7）向质量要业绩。组织教师按"四个度"进行分析，列出薄弱班级、薄弱学科、后进学生责任清单，拟订帮扶措施，精准对待。

（8）向反思要经验。在课后和考试后必须写反思，以提升教师的教学水平，让知识真正过手。

2. 勤成教学课外"三助推"。

（1）勤成中华优秀传统文化浸润人生系列活动助推语文教学。每天早上阳光晨读展示，每期经典诵读比赛、书法比赛、国学大赛等活动，使语文教学的内涵和外延更加丰富。

（2）勤成英语节（周）助推英语氛围。分年级操场晨读、英语书写秀、英语阅读训练、重难点词句专项训练、英语口语训练等丰富多彩的活动，强化了学生的英语书写和口语表达能力，激发了学生学英语的兴趣。

（3）勤成数学主题周助推数学思维。通过计算、绘本、思维导图等认识数学的趣味性和灵活性，让学生体验到学习数学的成功与喜悦，更加热爱数学。

3. 勤成教学评价"一杠杆"。

在职称、评优、绩效等方案中，教师个人教学得分42分，年级、备课组完成市县调考任务人均各得2分，班级综合排名人均最高得2分，"42+6"评价杠杆，充分调动了个人与团队的积极性。

（三）"勤成"文化之德育篇

学校秉承"潜心教育，一言一行育人"的理念，创新"勤成"文化德育新篇。

1. **勤成"三礼"德育模式。**比如，一年级入学礼以培养良好习惯为主题，四年级成长礼以树立远大理想为主题，六年级以感恩励志为主题。每一个礼为期一个多月，学生、老师、家长全员参与，做到周周有主题，将德育常规融入其中，学生、家长、老师都经历一次次情感的升华，深受社会好评。

2. **勤成升旗礼仪模式。**师生齐唱国歌、校歌，全体师生举起右手庄严宣誓："我是中国人，我热爱我的祖国，我要努力学习，让我的祖国更美丽。勤以立身，积微成著！"

3. **勤成德育反馈模式。**每日利用学校教师QQ群进行德育常规通报，表扬优点，发现问题，做到及时反馈，积极整改，精准高效。

4. **勤成家校共育模式。**家长护校队、家长讲师团、家长开放日、亲子运动会、亲子阅读会、家长师德监督岗等，让家长、学生、学校共同成长。

5. **勤成多元评价模式。**摒弃了单一成绩作为唯一评价标准的老旧方式，采用多元化评价，让每个班级、每个学生都有闪光点，都有发展的希望。

（四）"勤成"文化之艺体篇

1. **勤成"3+X"特色打造。**"3+X"特色之路使学校充满活力，"3"指每位学生必修一门球类运动项目、一种乐器，每班都是一个全员合唱队；"X"指除了必修课程以外，每位学生再选修一门以上兴趣课程。一年来，学校的排球队、篮球队、乒乓球队、田径队，创新科技大赛等捷报频传，累计获奖十余项，共300余人次。

2. **勤成校本课程开发**。创新艺术校本课程，使国家课程、地方课程校本化。篮球操、鬼步舞、水果操、武术操等体操课程模式迈出坚实步伐，口风琴、竖笛等课程成为学生的最爱，书法展、漫画展、手工作品展已是学生引以为傲的展示课程。

三、勤成学校实施策略

（一）整体规划

建成具有特色的"勤成"校园文化，打造一支师德高尚、业务过硬、团结协作、乐于奉献的教师队伍，把学校建成"校风正、学风浓、德高业精"特色突出的攀西名校。

（二）考核促进

一是根据实际情况合理设置干部考核指标，增强考核的科学性、针对性、可操作性，调动和保护好各层级、各部门、各处室干部的积极性。完善干部考核评价机制，改进考核方式方法，有力促进学校管理发展，切实改变干部精神面貌，有效树立正确用人导向，充分发挥考核对干部的激励鞭策作用。

二是建立有效的教师管理评价考核机制，打造和谐教师团队，促进教师队伍建设。完善等级制考核，促进教师和谐共生，共同成长。等级制考核给教师们指明了奋斗的方向和目标，考核涵盖师德师风、教学成绩、教育教学能力、考勤常规等，有利于学生德智体美劳全方面的发展。等级考核的结果作为教师们晋级评优、绩效工资发放的重要依据。长期下来，教师们放弃了单兵作战的思想，开始抱团发展。

（三）过程管理

一是阶段管理。学校管理经验像知识积累一样，需要活动经验与理论知识加以指导，需要注重过程、整合资源，追求管理工作的最大效益。二是周期管理。学校管理经验的形成需要一定的时间为周期，并非一两件事或一两次活动就可以积聚的，需要总结经验，以期收获最佳效果。

把握学校的整体意识、大局观念，充分调动师生工作、学习的积极性，让过程管理真正得到落实，让学校的各项工作"芝麻开花节节高"，让师生健康、快乐地成长，让学校在社会上得到好的声誉，让教师获得尊重，让学生受到欢迎。

（四）活动推进

以丰富多彩的活动为载体，扎实推进学校"勤成"文化体系建立。活动前，制订切实有效、可操作性强的活动方案，并大力宣传，提高教师和学生的参与意识，调动其积极性；活动中，为各班活动的准备工作提供帮助，精心指导严肃对待，周密安排每一次活动；活动后，及时进行评价、总结。

（五）优化提高

本着实践、总结、提高，再实践、再总结、再提高的原则，使"勤成"文化体系的开发工作初步显现学校特色，并逐渐走向成熟，在实践中完善，在完善中提升。

古人说，"人而不勤，万事俱废"。勤，就是勤奋，是指做事尽心尽力。勤奋源于责任，勤奋更是一种干劲，勤奋实际上是一种精神。"一勤天下无难事"，我们发展的道路还十分漫长，发展的任务还异常繁重，只有勤奋再勤奋，坚持不懈、持之以恒地埋头苦干，我们才会不断克难奋进，才会无往而不胜。

百年前进，追梦前进

○ 代麒麟

宜宾市南溪区前进小学（以下简称前进小学），始建于民国二年（1913年，农历癸丑年），是一所历史悠久、底蕴深厚的百年老校，素以锐意改革、勇于创新、教学实、校风好、质量高而享誉巴蜀。学校现有教学班51个，教职工141人，学生2660名。

一、光辉校史

前进小学初名"南溪县立女子中学"，校址设于烈女祠（今文献巷内），开办1个教学班，学生20多名（只招女生）。1921年迁入西文昌宫（今校址），改办为具有初、高两级的完全小学。1938年更名为南溪城厢女子小学校。1940年更名为南溪县中城镇第二中心国民学校，男女兼收，合班教学。1942年附设幼稚班，并开办了2个教学班。

1949年学校已初具规模，开设了12个教学班。1950年更名为南溪县中城镇第一中心小学。1952年被确定为五年一贯制试点小学。1960年更名为西大街小学。1966年正式更名为前进小学。

2001年学校由县直属，更名为南溪县前进小学。2005年，县委县政府为带动薄弱学校发展，尝试名校扩张，把南溪镇龙台小学并入前进小学，设立南溪县前进小学西城分校。2018年2月，托管南溪街道复兴小学成立宜宾市南溪区前进小学复兴校区。

2019年7月，学校经全国红军小学建设工程理事会批复，挂牌为"中国工农红军四川宜宾南溪红军小学"，开启"传承红色基因，培育时代新人"的新篇章。

百年风雨兼程，前进一路辉煌。学校曾获全国少先队红旗大队、全国第三批国防教育特色学校、全国优秀家长示范学校、全国图书馆优秀集体、四川省体育先进单位、四川省德育先进单位、四川省教师技能培训示范学校、四川省科技教育优秀单位、四川省阳光体育示范学校、四川省文明校园、四川省中华优秀传统文化传承学校等表彰。

二、学校文化

（一）办学思想体系

1. **办学思想：仁爱求真。**

仁爱：语出《淮南子·修务训》："尧立孝慈仁爱，使民如子弟。"同时也是孔子认为的理想人格，就是要求前进教师用宽厚的慈爱去包容学生，去引导学生，去呵护学生；以陶行知"爱满天下"和"有教无类"的情怀去接纳每一个孩子，不论他的家庭背景，不论他的出生条件。

求真：取自陶行知先生的"千教万教教人求真，千学万学学做真人"中的"真教育"思想。要求前进教师用真心、真诚的态度去对待每一个孩子，去对待我们的教育事业；要求孩子们用求真精神去学习文化知识，训练生活技能，探索科学宝藏，勇攀人生高峰。

　　学校把"仁爱求真"作为办学思想统领，就是要传承先贤圣人孔子和人民教育家陶行知的教育思想，高举"仁爱""求真"大旗，践行"知行合一"的生活教育理念。

　　2. 办学理念：踵武前贤，养仁爱之心；进德修业，育求真之人。

　　踵武前贤，出自战国·楚·屈原的《离骚》："忽奔走以先后兮，及前王之踵武。"喻示全体前进人要效法前人，向先贤达人学习，向教育前辈学习，向学校百年历史中的教育前人学习，继承和发扬他们的优秀品格和品质，建设新时代美丽学校。

　　进德修业，出自《周易·乾》："君子进德修业。"喻示全体前进人要不断提高道德修养，扩大功业建树。德谓德行，业谓功业。才者，德之资也；德者，才之帅也。才华是道德的辅助，而道德是才华的统领。只有具备高尚的道德品质，才可能建功立业，成就伟业。

　　"踵武前贤，养仁爱之心；进德修业，育求真之人"，较为准确地诠释了新时代前进人的价值追求，进一步明晰了"踵武前贤、进德修业"与"仁爱求真"之间的关系，更具有针对性和实效性。

　　3. 立校精神：爱我前进，永远前进。

　　"爱我前进"要求每一名前进师生员工都把学校当成自己的家，"我"就是"前进"的主人，以主人翁的态度去呵护她，去热爱她，去建设她；必须以务实的行动，为她增光添彩。只有"爱我前进"做扎实了，做到位了，"我"和"我们"以及"我们的前进"才会"永远前进"。"爱我前进"是前提，是基础，"永远前进"是我们大家一起追求的目标，这也是"仁爱求真"思想的具体表述。

4. **办学宗旨、目标、追求、定位。**

办学宗旨：办人民满意的学校。

办学目标：让每一个孩子都能得到充分的发展。

办学追求：探索最适合学生发展的教育。

办学定位：继承传统，超越传统；学习前贤，超越前贤；立足巴蜀，面向未来。

办学的"宗旨、目标、追求、定位"是在"仁爱求真"思想统领下的时代体现，充分表达了前进人的教育战略定位，只有"最适合学生发展的教育"才能实现"让每一个孩子都能得到充分的发展"的目标。这是"立德树人"的具体定位，也是新时代基础教育的根本遵循，充分体现了"因材施教，差异发展"的"真教育"理念。

5. **三风一训。**

校训：明德感恩，知耻砺行。

校风：诚朴博雅，健康创造。

教风：敬业务实，灵活倾情。

学风：勤学善思，知礼上进。

6. **管理方略：理性思路，刚性推进，柔性服务，和谐鼓励。**

在"仁爱求真"思想统领下，确定了学校的管理理念和方式，以保障"办学宗旨、目标、追求、定位和三风一训"得以实施。

7. **校徽校歌。**

校徽标志。校徽以红、黄、蓝三色为基本色，以"前进"二字汉语拼音的首字母"Q""J"为基本素材，变形而成，形成"一个努力向

前奔跑中的人"的图案，寓意"前进"。寓意为前进小学的师生沐浴在党的阳光下，努力追求上进，往前奔跑。

校歌《如歌向前》：曲谱创作于 2019 年。

歌词从学校的地域环境文化入手，选取学校周边具有代表性的长江、文明门做铺垫，引入校园。以长江文化的宽广、包容寓意师爱的伟大。以文明门码头文化寓意学校作为学生人生启航的码头，目送千万过往，历经世事变迁，也泰然处之、怡然自得的乐观豁达。学校以国学教育为特色，同时也蕴含学校的育人目标、办学思想，寓意孩子们从"立德"入手，从小培养胸怀天下、放眼未来的人生志向。师生在和和美美的人际关系中相处，孩子们在老师春风化雨般的教诲下，在艺术教育和科技教育的熏陶下，差异发展，新秀呈现。同时也通过"开蒙癸丑"点明学校创办时间是 1913 年（癸丑年）。在曲调配乐上，把川剧元素和儿歌元素融为一体，既轻快高亢，又婉转悠扬，使得歌词和曲调和谐完美。

（二）建筑物文化

学校建筑物，以"真""善""美"来命名，因为"真"是"善"的根本，"善"是"美"的内涵，真善美是人的理想追求。只有掌握客观世界的规律即真，并运用与实践，达到改造世界的目的，实现了善，才可能有美的存在。人类追求真善美，就是追求品位，追求觉悟，就是追求快乐的人生。

1. **至善楼（综合楼）。**

"善"是前进人的处事原则。师生要用善言、善举、善行去帮助别人，感化别人，做到与人为善；这也是中华民族传统文化中"和"文化的精神追求。

2. **至真楼（教学楼）。**

"真"是前进人的朴实追求。师生以"真课程体系"为载体，借助"真课堂"学习交流平台，学习"探求真知，追求真理，探明世间万物的本原"的精神，学会做真人。

3. 至美楼（艺教楼）。

美是前进人的精神境界。师生在学习生活中，发现美，学习美，表现美，体验生活中的美，创造艺术上的美。

4. 润泽楼（食育楼）。

泽，恩泽，仁慈。寓意为，民以食为天。我们的生命来自大自然的恩赐，要常怀感恩之心，用实际行动来保护我们的大自然。

（三）学校课程体系

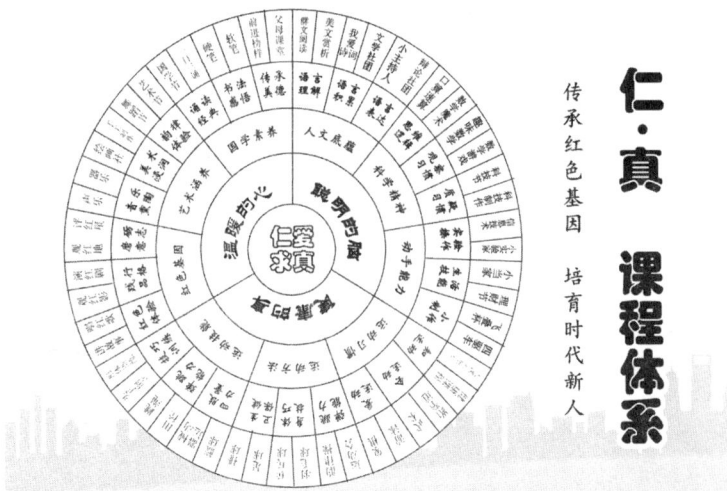

踵武前贤——养仁爱之心
进德修业——育求真之人

仁·真 课程体系
传承红色基因 培育时代新人

进入新时代，学校坚定不移地落实立德树人的根本任务，推进素质教育。在"仁爱求真"办学思想的统领下，构建"仁真课程体系",把国家课程、地方课程和校本课程系统化、具体化。其中,"仁爱求真"思想具体表达为具有"温暖的心,健康的身,聪明的脑"。"温暖的心"就需要有"仁爱精神",就需要心中有他人;"聪明的脑"就需"求真精神"来实现,而这两者的基础就是"健康的身",这也是新时代的学校体育目标。

历经百年沧桑,历代前进人逐渐丰富完善了"仁爱求真"的办学思想,凝练成"爱我前进,永远前进"的立校精神,总结发展"仁真课程体系",形成了"国学教育、科技创新、艺术教育"三大办学特色。

卓尔有大为,前进扬风帆。前进小学正意气风发,推陈出新,循着现代教育的步伐,阔步向前,为基础教育的发展贡献"前进力量"。

让每一朵花儿都精彩绽放

○ 刘列平

长江之滨，高新之畔，一方荷塘，绿意盎然，新荷绽放，朵朵芬芳……

泸师附小教育集团高新区小学，位于泸州市江阳区酒谷大道四段 11 号，占地 40 余亩，建筑面积 17000 余平方米，现有教师 80 人、30 个教学班、1400 余名学生。学校教学用房全部装配了先进的新型电子白板、护眼照明设备，配置了功能齐备的多功能会议厅、千荷厅、印月厅、阅览室、机器人室、陶艺室、心理咨询室、科学实验室，另有藕园餐厅、阳光足球场、水墨篮球场等。整个校园高端而大气，典雅而精致。

新荷文化　浸润校魂

近年来，泸师附小教育集团高新区小学借"高新区"的"新"，结合与"荷"的发祥地长江毗邻之利，以高新区后花园省级示范村 3000 亩荷花的自由生长为学校文化因子，努力打造"新荷文化"，实现"荀日新，日日新，又日新"的样态；学习荷花"出淤泥而不染，濯清涟而不妖"的高洁品格；展现荷花"艳而不俗，迎骄阳而不惧""不畏困难、不怕艰险，勤劳、勇敢、坚强"的优秀品质；传承荷花"香远溢清，亭亭净植"的傲骨精神，树立"自爱、自尊、自强、自立"的自我意识；陶冶荷花"寄水而生，与地不争肥瘠"的高尚情操，涵养"宽容、宽厚、宽大"的博大心胸，养成"艰苦朴素、善良仁慈"的完善人格。秉承"让每一朵花儿都能精彩绽放"的育人理念，以"纯善、正直、坚强、独立"为校风，以"新荷精神，卓越目标"为校训，打造"德艺双馨、才高能卓"的绿叶教师，培养"美德美行、特长显著"的新荷少年，着力构建一所荷香浸润、艺体特色显著的学校。

荷韵书香　润泽生命

学校以"荷"为载体，赋予校园建筑诗意的荷香。例如，"观荷路""听荷路""闻馨路"三条校园大道，"新荷楼""雅荷楼""金荷楼"三幢教学楼，"芳荷楼""雨荷楼""紫荷楼"等办公楼、教师宿舍楼。同时，通过学生"看荷、听荷、说荷、议荷、画荷、写荷、读荷"等路径，引导学生参与到"读书活动"之中。学生先读与荷有关的古诗词、现代文等，继而朗读其他书籍，培养学生的朗读能力和思辨能力，创新发展。

规范阅读时间。学校每日开展"千人晨诵"活动，晴天相聚操场，每周一、三、五千人自由诵读，每周二、四统一诵读经典；雨天相约各班教室，书声琅琅，朗朗乾坤。

推荐阅读书目。学校结合学生的身心发展，借助朱永新教授《小学生阅读书目》的推荐，准备相关阅读书籍，向学生家长提供选读内容，结合自身实际，自由准备阅读书目，并通过"图书漂流"，实现资源共享。

营造阅读氛围。为了让学生随手有书可读，高新区小学在学生学习的各种环境中增设书籍。搭建走廊书架，学生路过可随意阅读；设立门厅书屋，学生课间可任意翻阅；建立学校图书馆，学生中午可自由借书阅读；组织班级阅读角，学生可开展同伴共读；实施家庭读书会，把学校阅读进行拓展，提升家长素质，引导学生养成阅读习惯。

时时可阅读，处处可阅读。纯净的荷香与浓郁的书香携手引导学生在阅读中学会求真、求善、求美，用书籍滋养和润泽他们的心灵。

潜心课改　荷"堂"芬芳

高新区小学追求高品质发展，高品质的发展需要有高品质的课堂，高品质课堂的实现需要进行课堂教学改革。学校抓住"语文、数学、综合"三个教研组的打造，以教研促课改。目前，语文组正在探索"四画语文教学"模式，数学组正在研究"生活化数学"教学，综合组正在实践"学科＋特长"的趣味综合课堂模式研讨，结合"五育融合"的教学理念，积极改革传统课堂。如"四画语文"，即："划"，拟定计划，自学储备；"画"，画图辅助，思维建构；"话"，选点练能，言语表达；"化"，知识内化，能力转化。最终实现"以文化人"的教育功能。学校借助"高级教师示范课、青年教师练兵课、新进教师见面课、校长流动课堂研讨课"等进行探究。师生们在研讨中享受着工作学习的幸福，享受着学习的快乐，自主生长，荷"堂"芬芳。

立德树人　荷"谐"发展

"立德树人"是教育的根本任务，"新荷德育活动"积极践行"社会主义核心价值观"，坚持"为党育人，为国育才"的初心和立场，以培养"独立、正直、纯善和坚强"的新荷少年为己任，开展了一系列的德育活动。开设新荷德育特色课程，开展新荷特色朝会主题活动，建设"一班一品"班级文化，开展"纯善、坚强、正直、独立"四个主题月活动，扎实锤炼学生的优良品质。举行"阳光下成长荷韵艺术节"活动，组织"新荷少年"评选活动，积极推行"家长联动发展"策略，实行"家长进课堂、校外流动的小讲堂、家长会"等，把家长请进学校，共同参与，助力学生成长。学校启动项目化德育品牌打造："为你点赞"项目给学生树立了自信；"新荷超市"项目改变传统的评价方式，以"新荷币"积分到"新荷超市"兑换"对应商品"的方式，把《中小学生守则》和《小学生日常行为规范》的要求作为积分的标准，长期的积极暗示逐渐内化为良好的习惯。

如今，在全体教职员工的共同努力下，校园的美好正在悄悄发生：一年级新生入学闯三关、家长会课程的精心设计、各类执勤人员的坚守、藕园餐厅的细心服务、心理咨询室的喃喃细语、课后服务的特长训练、少年宫的欢声笑语……一个个工作中的细节成就了校园中的一道道风景。

近年来，学校成功创建了"全国规范化家长学校""泸州市文明校园""泸州市优秀少年宫""泸州市中小学生示范食堂"等品牌，并获得了四川省科技创新大赛等级奖、泸州市德育品牌活动二等奖、江阳区第34届科技创新大赛一等奖、江阳区大课间评比一等奖等奖项。

一支支荷箭，一田田荷叶，一簇簇荷花，一圈圈红云，一层层丹霞……青荷盖绿水，芙蓉披红鲜。如今，泸师附小教育集团高新区小学，小荷才露尖尖角，相信在社会各界的关心支持下，全校师生团结一心，携手共进，一定能呈现映日荷花别样红的胜景，书写亭亭净植清香远的意境。

中篇

成长故事

教育之路行走手记

○ 李 霞

时光如白驹过隙，转瞬，已从教28载，一路有欢歌笑语，也经历过挫折、失败；付出了辛劳和汗水，也收获了成长、进步。回顾过往岁月，感慨万千，深感教育之路崎岖漫长又风光旖旎，徜徉其间，回味无穷。

一、初心不改，刻苦钻研、拔节成长

记得考入隆昌师范学校的第一次班会上，同学们纷纷上台做自我介绍，谈起报考师范的原因，大部分同学都说"为了减轻家里负担"或"为了跳出农门"，犹记得，年少的我脆生生地说："因为爷爷是一位受人尊敬的老教师，所以我从小就想当一位好老师！"1993年秋季学期，我被分配到隆昌县中心街小学，全身心投入自己热爱的教育事业，用行动实践着自己的誓言。清晨，烧好开水提到班上，再打扫卫生，用微笑迎接孩子们的到来；上午，一有空堂就端着小凳子到经验丰富的老教师班上或者窗外听课；中午，加班加点修改教学设计，批改作业；深夜，挑灯夜战，备课、反思……一分耕耘，一分收获，每学期，我任教的班级语文成绩都名列前茅！在搞好教学的同时，我努力做好班主任工作，用爱心浇灌一株株幼苗，从不言累，从不放弃。那时班上有个叫婷婷的孩子，天生残疾，智力也有障碍，我一遍遍教读，手把手教她写字，期末考试后，家长捧着考分及格的试卷，泪流满面，孩子也紧紧地抱着我，不肯松手。年复一年，我经历了上百节镇、县、市、省的竞赛课、观摩课、示范课，每一次对教材的深入解读和钻研，每一阶段的反复磨课，每一场面对上百人、上千人的现场竞技，都锻炼了我的心理承受能力；每一张获奖证书都浸透了我的努力，加速了我的成长。终于，功夫不负有心人，我用不断的努力和付出得到了学生的爱戴、家长的信任、社会的赞扬，获得了市、县"优秀教师""优秀班主任"各项荣誉。捧着这些沉甸甸的荣誉，我更加勤勉自律，告诫自己，戒骄戒躁，争取百尺竿头更进一步。

二、潜心科研，助力成长、超越自我

2000 年 9 月，我调入刚成立不久的隆昌县第一实验小学，接手五年级教学班工作，发现班上学生作文水平很差，于是，我和同事合作申报了县级课题"自改作文提升学生习作能力的研究"。开题论证时，我逐渐清晰这项研究的目的意义；制订方案时，一遍遍推演方法和步骤；过程实施中，一丝不苟、认真落实；撰写报告时，不厌其烦，查阅资料，埋头学习。两年以后，课题结题，成果分别获隆昌县、内江市一、二等奖，特别让人惊喜的是，实验班学生参加毕业测试时，语文成绩名列第一，作文水平得到了很大幅度提升。我尝到了搞教育科研的甜头，也感受到了"在日常教学中发现问题""在常态工作中通过研究解决问题""在研究过程中不断反思、总结"进行提炼，就可以形成解决同类问题的一般途径和方法，再通过推广，影响和带动其他老师，起到事半功倍的效果。有感于我对

教育科研的热情，后来，我除了担任原班教学以及班主任工作，还兼任教科室主任，负责学校科研和教研工作。为了推动教科研工作，做好示范引领，我先后承担了省、市、县多项立项课题研究，多项科研成果先后荣获四川省人民政府教学成果二等奖，内江市、隆昌县人民政府教学成果一等奖，在各级各类平台进行经验交流，成果推广，无私分享。分享带来快乐，也带来成长，我先后被评为"四川省优秀教师""四川省特级教师"。有此殊荣，备感任重道远，我不断充电，深入学习前沿教育理论，了解全国最新教育动态，我的教育视角发生了很大变化，不再局限于三尺讲台、方寸之地，不仅低头拉车，也抬头看路，仰望星空，描画心中的教育蓝图；除了偶尔驻足欣赏沿途的美丽风景，更向往理想中的星辰大海。

三、多岗锻炼，虚心学习、取长补短

由于工作需要，前些年，我先后调入隆昌县大北街小学、隆昌县莲峰小学任副校长。两所学校各具特色，大北街小学是一所百年老校，具有深厚的文化底蕴和自身的积淀，从北小团队中，我学习到了工作中兢兢业业，任劳任怨；管理上从容大气，不急不缓。特别让人有幸福感的是校园中的劳动实践基地，按年级、班级认领菜园子，老师定期带领孩子们浇水、施肥、拔草、捉虫，精心照料，收获季共同分享劳动果实：豇豆、苦瓜、茄子、小白菜……孩子们带着灿烂的笑脸把丰收的喜悦带回家里，小小劳动，传递着大大的幸福，让我身在其中，乐此不疲。莲峰小学是一所新组建的学校，成员来自全县各地，平均年龄是全县最小的，踏进校园，就感觉到朝气蓬勃，干劲十足。从老校长那里，我学到了怎么进行团队建设，怎么为师生服务和奉献；从年轻教师们身上，我学到了积极创

新、锐意进取，和大家一起起早贪黑，打磨教师团队，促进教师专业成长，从学生人数的量变到教学成绩的质变，无论经历多少曲折，从不言败。在不断适应环境、调整心态中，虚心学习，更新理念，取长补短，改进方法，内心越来越强大，信念越来越坚定，方法越来越纯熟……

四、化茧成蝶，打破"瓶颈"、奋勇向前

与大北街小学遥遥相望的大南街小学，改扩建后全体师生迁回旧址复学，组织上安排我去担任校长。虽然我在专业上取得了一些成绩，得到了同行及社会的普遍认可，但从事学校全面管理工作，我还是一名新兵。"怎么才能迅速进入角色？""如何在发展中继承学校的办学理念？""怎样合理安排时间精力，实现事务性工作和钟爱的教学工作齐头并进？"一个个前所未有的难题摆在我面前，常常应接不暇，手忙脚乱。正在我痛苦、迷茫的时候，来了一场及时雨，"四川省名校长——李维兵校长工作室"成立，我有幸成为其中一员。第一次筹备会，我见到了李维兵校长，温润儒雅，谈吐不凡，同以他为首的优秀校长团队短短的相聚、浅浅的交流，让我远离"独学而无友"的烦恼，对工作室未来的学习生活充满期待；工作室挂牌仪式上，北京教育学院培养基地的专家、教授莅临现场，面对面地进行诊断式答疑解惑，指点迷津，更让我如沐春风，受益匪浅；为期三年的校长工作室培训学习、互助研修，更是为我以及一大批的校长搭建了一个可遇不可求的平台，提供了宝贵的学习机会、学习资源。其中，印象尤为深刻的是 2019 年"国培计划"名校长领航工程京粤联合研修活动。香山红叶红满天的美好季节，在北京教育学院培养基地的精心组织和安排下，为期一周的海量研修紧张而充实，含金量十足：教育学院

的专家全程陪伴我们问道育英学校，深度体验 12 年一贯制的课程，感悟育人和谐统一的奇妙境界，师生的点滴故事如涓涓细流融汇成育英的独特文化，生生不息的教育智慧，让我们倍加感叹。李希贵校长近距离传道授业更是一份惊喜！这位当代教育家上善若水，利万物而不争，故天下莫能与之争的风骨和魅力让我们感慕、叹服，静心聆听李希贵校长四两拨千斤的管理诀窍更是醍醐灌顶，拨开迷雾："撬动关键驱动点，提高管理杠杆率"的管理诀窍，可操作性极强的三句话工作法、归因法……如此种种，不胜枚举，一句句警句妙语如星星之火，燎原了研修队友的教育热情；如丝丝细雨，涵养了参培校长的教育情怀；如奋进鼓点，催发了来自全国各地的教育者激情！像这样高品质的研修活动在这三年之中还有许许多多，如源头活水，滋养着我，让我打破窠臼，突破"瓶颈"，近年先后获得市、县"领航校长"称号。

回顾自己的教育之路，一路行来，不断学习，不断超越自我，更加坚定了目标和方向，时值中年的我不由得生发出"恰同学少年，风华正茂"的豪情与"雄关漫道真如铁，而今迈步从头越"的勇气！有这么好的平台助力，有这么多优秀的校长引领，我相信自己会在"为党育人，为国育才"的道路上披荆斩棘，勇往直前。

自由呼吸，幸福成长

○ 吴楷斌

1991 年，怀揣教师梦的我从宜宾师范学校毕业，我被分配到离家较近的村小任教，虽然条件艰苦，但有了一个属于自己的"金饭碗"，从此，我就在这条教育的路上一直奔跑。年华似水，岁月飞逝，不知不觉中我已经在这条路上走过了 30 年。蓦然回首，记忆满满。从任教小学语文开始，到任教数学、美术、体育、音乐、道德与法治……从偏僻的村小到乡镇小学、县城小学；从一名教师到兼职副教导主任、教导主任、副校长、支部书记、校长；从中师学历到自考专科、本科毕业，一路荆棘，一路梦想。

2011 年，我担任了叙州区柏溪小学党总支书记、校长。柏溪小学是一所有着 200 年历史的老校，历史悠久，纵跨三代，是当时叙州区教体局唯一的直属小学，是全区乃至全市的示范学校。近年来，学校在"七色阳光，多彩人生"教育理念引领下，走教育均衡和内涵发展之路，着力实施阳光教育，学校发展迈入了快车道。其间，我参加过多次校长培训，去过沿海的广东、厦门、上海，也到过南京晓庄师院学习，我也在培训中不断成长。在这些培训中，国培"全国小学骨干校长高级研修班"和目前参加的"教育部小学名校长李维兵工作室"项目，在我的培训历程中画上了浓墨重彩的一笔，让我在校长专业能力上有了更稳健的步伐。

一、高级研修，拔高境界

2016 年 5 月，我有幸参加了北京师范大学第 79 期教育部小学校长高级研修班。在为期一个月的学习中，我得以近距离地与专家、教育大师接触，感受着大师、专家的魅力与风采，聆听着专家的理论和经验，分享着优秀校长的成功与快乐。通过参观考察全国知名小学——北京市第二实验小学、朝师附小、北京灯市口小学等，我领略到了名校的风采，感悟到了名校的办学思想和校园文化特色，感受到名校浓厚的育人氛围。我在学习中增长了知识，开阔了视野，拓展了思路，提升了管理理念。

1. 大师引领，丰厚理论。

此次培训，我们聆听了《生命视野中的教育观》《以课程建设引领学校内涵发展》等整整 18 个报告；我们还参观了国家博物馆、北师大校史馆、中关村创新示范区，感受中国教育人在中国教育发展中的不懈努力。我们还参观了从现代教育技术到校本课程资源等各种展览，收获颇丰。可以说，这次培训我们全方位、多视角经历了高层次管理理论的引领，高水平专业知识的培训，高实践案例的分享。我和来自全国各地的校长像学生一样坐在一起上课听报告，这种感觉像是回到了学生时代，很是感慨，更是幸福。

2. 名校经验，特色分享。

北京名校的学习让我们每一位校长都特别期待，其中一个重要的原因，就是希望到北京的名校零距离地学习考察。曾经很多次，我反复研究北京名校的网站，通过网上资料学习，思考他们办学中的思维轨迹。这次培训，学院给我们安排了实地考察北京市第二实验小学、朝师附小、北京灯市口小学、八里庄中心小学等。在学校的参观、听课、交流中，丰富而有内涵的管理文化、课程文化让我们目不暇接、流连忘返，而各校极富魅力和个性的校园文化更让我们耳目一新、深为震撼。我感觉到，学名校之精华，重要的是理念上的提升和实践中的坚持。

3. **同学情谊，真诚交流。**

我们这次培训，结识了来自全国 31 个省市、自治区的 64 位朋友。他们的激情、才气、修养，还有那丰富的管理经验，都是我学习的巨大财富。我们开通了班级微信群、QQ 群，开展了多层次的交流学习、研讨、互动，分享各自学校的办学经验和特色。至今我们还通过网络交流情感、学习治校方略，学友的精彩催生了我学习的动力，让我们对彼此的交流感到更加珍惜。

二、领航工程，导航远方

2019 年初，在教育部遴选小学名校长工作室培养对象之际，我再次有幸入选李维兵名校长工作室成员。自我加入学习的第一天起，我就为自己做好了明晰的规划：以校长工作室建设为依托，在工作室这个团队大家庭里，我将智慧共融、协同共进，围绕交流的"展示台"，紧扣工作室这个"孵化器"，提升个人水平，加速学校发展之路。

1. **导师引领，暗室逢灯。**

2019 年 3 月 20 日，教育部校长国培计划卓越校长领航工程——李维兵名校长工作室在泸州市江阳区挂牌成立。挂牌仪式中，我聆听了李维兵校长的主题为"'和雅共育·自主成长'——泸师附小'和雅共育'办学理念体系及实践汇报"的专题发言。我在维兵校长的发言中深深地追问：都是老校，他们究竟是怎样把学校办成了一棵常青树？他们究竟是如何突破了我们难以逾越的"瓶颈"？我们学校该借鉴什么？

带着感叹疑问在接下来的讲座中，我又有新的收获。四川省教育科学研究院院长刘涛带来的讲座"高品质中小学校建设思考"撞击着我的心灵。北京教育学院学术委员会副主任杨雪梅教授带来的"学校文化建设：内涵、路径、策略"的主题讲座，《中小学管理》原主编、教育部名师名校长领航工程导师沙培宁教授带来的"'好领导'成就'好老师'"的专题讲座，更是让我从学校特色文化品牌提升和学校领导团队建设方面进行反思。高品质学校建设、学校文化建设、好领导好教师等关键词充斥了我的耳脉，浸入我的心灵，我在寻找我的学校与这些内容的关联。

讲座结束后我们还参观了泸师附小凤凰艺苑，了解了学校学生部分艺术成果，参观了学校四点半特色课堂。社团、特色课程内容丰富多彩，目不暇接，我不停地按动相机，生怕漏掉了一处、一瞬。我在想：泸师附小的文化特色，我们学校能否复制，我要试试，我也要寻找到适合我校自身发展的文化建设之路。

2. **问诊把脉，引路导航**。

了解到我们柏溪小学有 200 年历史，但目前存在对学校办学理念的深刻解读和个性建构不足等困境后，培养基地专家胡淑云、李雯、沙培宁、杨雪梅四位教授对我校存在的问题进行专题会诊，对学校的办学思路、理念的凝练、办学特色的构建等进行了点对点的悉心指导。我们在交流中丰富了知识，在讨论中感受专家们的热忱，在行动中感激他们的把脉导航。

3. **理论积淀，提升素养**。

2019 年 4 月 22 日上午，时隔三年，我随工作室再次来到了北师大，开启了为期一周的理论培训。北师大杨明全等教授的讲座深入浅出，让我从"政策理解力""课程领导力""教学领导力"等方面对教育内涵有了更深的理解，对课堂教学的本质、功能、评价有了更新的思考，专家的精彩观点，让我对教育有了更深的感悟。

4. 合作争鸣，突破自我。

"李维兵名校长工作室"这个平台给我搭建了很多参观学习的交流平台，我积极参加各类交流研讨活动。2019年11月13—15日，南溪区前进小学牵头承办了名为"课堂渗透数学文化"的主题课堂研讨会。在研讨活动中，八节一线教师的献课，专家点评，让我深深感受到了"课堂渗透数学文化"的魅力。2019年11月26日，受李维兵校长、魏华校长的邀请，我们学校6名教师参加了泸州市教体局举办的学生科技创新方面等专题的讲座活动，参观学习了各个学校的美术工作坊。教师们回来后都说：没想到校长工作室也是我们教师的工作室，也是我们的家。2020年11月4—6日，李维兵校长工作室在乐山市嘉州学校举办了"整本书阅读"主题课堂教学研讨会，专家讲座、教师示范课、团队经验分享，满载充实与满足。

每次活动都有不同地区不同学校的教师献课，每次活动都有当地的教研员对活动主题的解读引领，每次活动我们都能分享学校的文化，每次活动我们都能交流不同地域的教学实践。每次活动，我都带上几个教师，我在学习，教师们也在学习。每参加一次培训活动，我都兴奋不已，我常常细想每次活动的主题与自己学校的联系，思考能否借助别人的成功经验来谋划自己学校的发展。

"教育是没有极限的，但我们可以追求过程的完美。"一路走来，一路学习，我珍惜每一次培训进修的因缘际会，它让我享受学习的快乐，让我在活动中自由呼吸，幸福成长！

破而后立，理应是一种担当和责任

○ 罗　鹏

这是一段非同寻常的相遇，因为遇见了一个"非同寻常"的人，自然，也就有了一段非同寻常的对话。他是泸州师范附属小学的李维兵校长，我也有幸在 2018 年成为"李维兵名校长工作室"的成员之一。自 2018 年以来，通过外出学习、成员校互访、主题研修活动等，作为工作室成员的我们在学校常规管理、特色创建和文化治校等方面都有了较为深刻的理解和认知，在自己所在学校不断实践和改进，也因这段"非同寻常"的相遇不断成长。也因这段成长，我从一所小学调到了乐山城区最大的九年制一贯学校任职。初到这所学校，因各种压力和烦琐的事务曾一度迷茫，也正是在这关键的时刻，与导师李维兵校长的一段对话，让我找到了学校发展方向和个人改进的行动路径。

从一场对话开始

"罗校长，你从一所纯小学到了城区最大的九年制一贯学校，有什么感受？"

"唉，一言难尽吧！首先，在中心城区根本就不适合搞九年制一贯学校，并且是这样大规模的学校；其次，因为学校规模太大，扩容太快，除了管理成本增大外，管理难度也难以想象；还有，教师综合素养亟待提升……学生……"

"罗校，我可以打断一下你吗？"

"嗯！李校有什么高见，你可一定要多指教啊！"

"高见倒谈不上，如果你愿意听，我倒是想说说一些看法。"

"李校请讲，我都快着急了！"

"我想说也想问，为什么九年一贯制学校在中心城区就办不好？除了一些我们认定的教育规律外（如义务教育阶段不宜办大规模学校，更不用说像你们这样近 100 个班的学校），就当下而言，在我们无法改变现状的同时，基于客观理由办不好管不好都有借口且都是借口。而基于教育需求的权重（解决老百姓孩子读书的问题是首要之急，办老百姓认可的有口碑的有质量的教育是学校的生命之本），不乐观的环境，复杂的体系……办好了管好了，才是担当，才是尽责。一所学校之所以需要校长的存在，就是我们肩上应该有担当，更要给自己身上压责任。办好一所学校，是每一位校长的担当与责任所在，跟一贯制、大规模、各种不解与不屑没有多大关系！"

我放下一切，专注而凝重，表情却有些难堪。心，波澜而又感觉幸运！

"罗校，我一直也叫你小罗兄弟，也许我说话不好听，但，我真是这样想的，也希望你做得更好！"

"嗯！"这是最短而又最合适的回应与共鸣。

迄今为止，在非官方的条件下，我认为这是最真诚而又最给我触动的一次类似官方的非正式谈话。

对话过后的思考

"我们一直在努力！"这是我们近年来常说的话，但如果没有与李校的对话，我几乎忽略了这句话背后应该深思和厘清的一个问题：努力什么？

一、努力改变心态

在与李校长对话过后的新学期开学教师会上，我没有重复任何副校长的讲话，因为我知道，重复，除了是一份多余，更是些许不信任。我只是领着教师们诵读了付晓洁校长的一段话："如果一年的工作中你看到的只是500多种文件、300多个会议、200多个紧急通知，不公平的资源分配，让人不理解的政策调整，你一定打不起精神。如果你看到的是一天天进步的孩子，大多数能配合学校工作的学生家长，不用扬鞭自奋蹄的教职员工，一个个具体而鲜活的人，一幕幕生动的画面，你的内心一定会强大很多。不经意间，你那不高的身材也担负起了更重的担子。你才乐意继续坚持，为个人，为家庭，更为学校和教育事业。"还与教师们分享了自己对《八佰》的观影感受，学校应该有精神（嘉州学校应该有其自己的精神，因为这所学校里的每一个生命都有其独特的内在基因和外显气质，尽管，现时还说不好，但作为嘉州学校的教师就应该有其担当和责任的精神所在），教师应该有尊严（嘉州学校的教师因专业而受尊重，因爱心与责任而在重塑一种新的师道尊严）。

新学期，改变，从心态开始，因为我们应该去肩负更多更重的担子，除了坚定，还要在坚持中让彼此变得强大。改变，应该从心态开始，而不是一味的说道、借口和托词。心变了，心态好了，我们才会真正理解责任，才会懂得和敢于去担当。

二、努力重建生态

开学以来，我们认真分析了学校所面临的困难，并基于学校现状，就如何突破大规模、新师资等"瓶颈"，对新学期工作做了相应的规划和行动指向，即如何重建良好的教育生态。

一是学校的管理要变，这是改变学校教育生态的顶层环节。

学校在三年时间内将会从原有的 30 多个班扩容到近 100 个班，原来单一的层级管理模式显然不能跟进和适应这样一种扩容速度与规模，所以，我们在思考、实践和探索层级管理之下的网格化管理，也就是在原有层级管理横向模式下，加入融党建、德育、安全和后勤服务为纵向的交叉管理，纵横连接从而形成网格，点面结合从而落实在每个细枝末梢；还在思考下一步的干部下沉（校级干部一一下沉在年级，实行年级负责制）、年级管理（充分放权于年级组长，实行年级组长负责制和年级管理评比制）和学段对接（中小学部实行年级对接，以实现中小衔接的"无缝"对接）等新的管理模式。

二是师资要提升。

嘉州学校的师资配置有其自身太多的特殊性（年轻教师居多，并且工作时间均在三年内，经验不足等），如何把劣势变优势，是师资提升的破解之道。以工会活动为抓手的凝聚工程；师徒结队背景下的非简单意义的"青蓝工程"，除了传承，更多的是互助共赏意义下的共进；以"造星活动"推波助澜，在活动与竞比中，让年轻教师更亮，让背后的"推手教师"更具价值；更有以九年一贯制得天独厚优势下，三学段、多学科融合意义下的全学科教师培养……

三是学生应该更健康，更具精神。

嘉州学校的学生除了学业之外，更应具嘉州学校的样子和精神：健康的样子，乐观的心态，积极的精神。新学年，如何实现五育并举？一个前提，就是尊重教育规律和尊重孩子生长规律，基于这样一种尊重，让学校里每一个生命彼此影响而主动健康全面地生长。说到影响，我们还会努力建构良好的家校生态。尽管在信息技术高速发展的时代，我们仍会坚持最有温度和最有实效的家访制度。一如既往，面对面地开展家长学校，实施家长积分制，评选合格家长……

我们一直在努力，努力打破格局，重建生态；我们一直在努力，努力担当作为教育人理应承担的责任；我们一直在努力，努力在一段相遇中成就更好的彼此。

感恩遇见

○ 朱发华

　　加入李维兵校长工作室，是一种缘分，更是一种幸福。

　　作为一所建校不到四年的新学校校长，加入李维兵校长工作室，确实是一种莫大的幸福。作为一所城市新建小学，学校承担着更多的责任和担当。作为学校管理者，要梳理学校的文化体系，要建构学校的治理体系，要全面加强教师的专业化成长，要持续提升学校的教育教学质量和社会美誉度，难度不小，困难也很多。在维兵工作室的引领下，学校迈出了快速成长的步伐。

　　加入李维兵校长工作室，给了我前进的动力。曾经与维兵校长共事21年，维兵校长的睿智、担当、勤勉、奋进，给了我极大的影响。加入工作室以来，维兵校长不断地给我提供学校发展的资源和动力支持，让我对学校发展从"生疏"变得"熟稔"。一次次的交流，让我找到了学校发展的方向；一次次提醒，让我在新学校发展的过程中少走了很多弯路。目前，学校着力"新实文化"建设，全力推行"新实教育"，坚持"守正出新，求真务实"的办学理念，坚持"做真实的教育"，坚持"让每一棵新苗拔节生长"的办学目标，在学校建设和发展上迈出了坚实的步伐。

　　加入李维兵校长工作室，使我的经验得到递增。在工作室里，常态化的活动，让我们受益匪浅。一期期电子版的《工作室简报》，让我了解到了最新的教育动态，学习到了工作室成员单位的办学经验和做法。到发达地区的专题学习，让我找到了自己学校存在的差距和问题，让自己及时纠偏和调整。曾记得，2019年4月，工作室所有成员齐聚北京师范大学，与大师对话，与名校结缘，心灵得以激荡，智慧得以共享。2020年11月，工作室在乐山嘉州学校开展"整本书阅读"研讨活动，工作室成员就阅读的有效性问题进行了深入的研讨，并进行了10节课例展示。工作室领衔的省级课题"城市小学课后服务实践"研究，我也是主研人员之一，该课题从课后服务这个切口入手，探寻课后服务中教师成长、课程建设、运行机制、实践智慧等方面的秘密。参与工作室专著《小学课后服务实践探索》的撰写，让我们对"课后服务"这一新鲜事物有了更深的了解。

　　我深切地感受到，立足于一线，服务于一线，是工作室最显著的特点。带着工作室成员做一些实实在在的事情，是工作室追寻的目标。在一次次的活动中，我感受到了，也品味到了这种朴实无华的教育情怀。受工作室的影响，在我所在的学校中，教师教育情怀、教育使命和责任担当的培育，是我经常思考的问题。我们常常引导教师们思考，如何做一名朴实无华的教师，去努力坚守着一份初心和一份责任，为新学校发展和自身成长尽心尽力。通过新教师专题培训、优秀教师事迹展示，每一位教师都激发出最大的能量，做到"潜心教书，静心育人"。

　　大道至简。今天的教育，应该少一些浮华，多一些朴实；少一些喧嚣，多一些平静。维兵校长及其工作室是这样提醒我们的，也是这样去做的。他所在的学校，一所百年名校，仍然保持着青春和活力，这有着他们独特的密码。他坚持思想的引领，让教师保持发展的持续动力。他坚持业务的引领，让教师们保持业务的精进。因为，办好一所学校，成就的不仅是那一批批的孩子，还包括我们的教师和我们自己。

三人行，必有我师。工作室中散发的光辉，给我们照亮了前行的路程。三年多来，在新学校发展过程中，我们坚守着一份责任，那就是"办好一所学校，成就一个梦想"。一路走来，有笑有泪，有花有果，但我觉得这种体验是别人所不能感受的。从借校上课的苦楚到搬入新校园的欣喜，在自己的一亩三分地上去耕耘，多了一些潇洒，多了一些自信。学校教师从建校初的 26 人发展到目前的 111 人，学生从建校初的 500 多人，发展到今天的 2300 多人。学校发展，规模的扩大只是一个外显的状态，内涵的提升、品质的发展，更是我们追求的目标。学校成为江阳区高品质学校建设项目单位，成为"五育融合"实验区项目学校，获得江阳区文明校园、江阳区五一劳动奖状、市级示范食堂等称号。学校建立起教师培养"146 成长模式"，使教师分层、分类地得以成长和提升。学校着手构建的"自导式·新实课堂"，让课堂多了一些灵动，多了一些互动，也常常散发出感动。

作为学校的领头人，我也在不断地努力提升自己。我有多篇管理类文章在省级刊物上发表，多次代表学校做学校经验介绍和专题讲座，主持研究的市级重点科研课题"城市新建小学高品质建设新路径的实践研究"获得市级阶段成果一等奖。

路漫漫其修远兮，吾将上下而求索。感恩遇见，感恩美好。维兵校长及其工作室带给我们的不只是智慧，更是希望。我愿意继续在这个幸福的家园里学习和耕耘，为我们的教育事业添点光，续点力。

一次蜕变的惊喜

○ 魏 华

"魏华，有一个李维兵校长的名校长工作室，你是不是愿意作为一名工作室成员来参加并完成相关的工作？"那次，只是一个电话，我没有犹豫就答应了下来。我刚到梓小——这样一所百年名校，需要太多的学习与提升。

学习感悟

在北京。这是我第一次以名校长工作室成员的身份来北京学习。来的时候，我并不知道，会学什么，会学成什么样。但专家的第一次讲座就吸引了我。来自京城各地的专家和校长、老师，有顶天立地的设计，有高瞻远瞩的安排，有来自公立学校校长务实落实的分享，也有私立学校校长精彩有趣的讲座。走班教学，每一个孩子都有一张不同的课表；分享教学，让每一个孩子都找到自己的成就感。专家的引领，在于思路的领先，在于认识的与众不同。我所在的学校，我才去不到一年，但她的光环却已经在泸州教育上绽放了好多年。从央视舞台的专访，到第一批重点小学……如今城市变革，教育体制变化，学校发展面临新的挑战。就是在这个时候，我得到了一次这样的机会，我突然觉得如同饥饿的人看到了面包，如同沙漠里的人看到了绿洲。我们不缺少优秀教师，我们也不缺少理念，我们缺少的是如何把优秀教师打造成卓越教师的方法，我们缺少的是如何让学校能一直领先发展的先进理念。而这次来到北京，这些缺少的东西，都给了我补充。每一次听专家讲座，我都非常认真，因为我觉得他们可以给予我一些东西，哪怕只有一点，就够了。如果听完讲座后回校能有一点变化，也就足够了。所以每次听了讲座我都在想，哪一点可以用于我的学校，使我的学校发生一点点变化。走进北京市胡同小学的时候，我突然又有了新的想法。在北京这样一个真正寸土寸金的地方，我们的校长多么睿智，既保留了四合院的文化，又建成了新的学校。一所学校，两个校区，一个学校发展"博物馆"，将学校的"前世今生"逐一呈现在我们面前。当历届校长的图片在我面前呈现时，我似乎看到了一个又一个为学校发展而鞠躬尽瘁的前辈。在他们面前，我们是如此渺小。我能为我的学校做些什么？在历史长河中，我不能留下游丝样的痕迹，但我的学校，应该要不断地发声，不断地回响……

在泸州。这已经是我们的第四次专题讨论会了。"大家一定要认真，这些东西，今后我们都是要争取去发表的。"李维兵校长又在反复地和大家强调了。这次，为了帮助大家更好地梳理我们之前的理论，他还专门为我们请了一名老师。我们来自泸州的几名校长，都是新当校长不久，我们还在不断地实践探索过程中，对理念的把握、提升、固化，都还需要有人指导。而李校长作为我们的领头羊，时时把我们记在心间，一刻不停地督促我们前进。"我们既然选择了，就要负责任。""我们好歹也要把它干下去，而且要干好。"虽然没有什么豪言壮语，但每一句话让大家都觉得有力而亲切。我们这一个团队，平常都有自己的工作，能真正安心下来思考、梳理的时间显得那么宝贵。是这个工作室，给了我们这样的一个平台。这种相互讨论、相互交流、相互学习的机会，对一个需要进步和成长的人来说，显得尤其重要。"课后服务是一种大的趋势，我们要把它做好，做成一种范式。"朱发华校长和陈礼超校长一直保持大将风范。"落实在具体操作上，要让人觉得有可操作性。"陈敏校长和周中尧校长追求落实、认真、负责。"还应该让别人看到我们的特色。"舒杨校长年轻、朝气和激情满怀。和这些伙伴在一起，我觉得很舒服，从他们身上，不仅能学到管理学校的理念、策略、方法，也能学到为人处世的风格与情怀。这次我们讨论的，仍然是课后服务在学校的推进工作。这项工作几乎与我们工作室同时推进。李维兵校长凭借敏锐的观察力，洞察到这项工作的持久性、长期性和复杂性，建议大家加强理论与实践的研究，将各校课后服务的情况分门别类进行收集整理，进行提炼，最终形成工作室的成果。我们在李校长的组织下，进行了多次讨论，对成稿进行了多次修改，这次已经是第四次了。每一次都有收获、进步和提高，从被动到主动，从关注到参与，从思考到钻研，看似大家在交流，实则是理念的碰撞与提升，是管理的突破与提质，成长了个人，成就了学校。

在乐山。那一次，我派了我校一名教科处主任前往。

乐山市嘉州学校，参加由李维兵校长工作室组织的"整本书阅读教学"主题课堂研讨会，拉开了学习的序幕。据了解，这是一所农迁社区配套学校，生源主要是本地农转非和外来务工子女。学生家庭经济条件差，70%的家长从事非正式、不固定的工作，85%以上的家长学历水平在初中以下……

可以看出，这所学校起点并不高，生源并不好，人员并不多，建校并不久……但是这所学校，却赫赫上了四川教育新闻网，出了这样厚厚一本书，学校教师团队四处讲学、献课……

"我看到了一名教师，看到了一个团队，看到了一种发展的方向。"参加活动的我校教科处主任杨春燕回校后，急切地告诉我，她觉得我们学校也应该有一点变化。

在这次学习交流活动中，我们看到了一个教师的成长。教师是从发现问题中成长起来的。我们的教师常常被各种繁杂的事务打扰，疲于应付，忙于奔命，几乎没有想过，现在我们身上有什么问题，孩子们身上有什么问题，我们的教育教学有什么问题。而这一次，一个教师，却从她自身发现的问题开始，展开了研究。

在这次的学习交流活动中，我们看到了一个团队的涅槃。当一个教师想做点什么，希望能做点什么的时候，她的团队给予了她无限的支持和无悔的包容。使教师能义无反顾、心无旁骛往前走的，是身后强大的支撑力量。一个团队的老师，都支持她去做自己想做的事情，并且能紧跟着她的脚步，一步一步地踩着走。地上本没有路，走的人多了，也便成了一条路。

在这次的学习交流活动中，我们还看到了一种研究的力量。想做一件事，那是激情，能把这件事一直做下去，那是坚持。有激情，有坚持，过程，就需要我们研究。有专家引领着我们走，也要自己不断地学习。教师的专业素养，除了努力，就是不断地思考。一点一点地积累，一滴一滴地突破，到时候，自然会爆发出新的小宇宙。

这只是一次学习，但学习之后却能通过一个人影响和带动一批人。

结尾

时间过得太快，每一次学习，每一次活动，都充满了意义与温情。与工作室的校长们相聚的时间很短，但大家却通过微信、QQ互通有无，相互学习借鉴。和一群志同道合的人一起走在教育的大道上，觉得幸福而满足。梓橦路小学，作为一所有着悠久历史和深厚底蕴的学校，长久地受着社会各界的关注，如何为她的可持续发展注入新的生机与活力，让她百年而仍年轻，让她经久而充满活力，让她卓然而独立，都是我面临的难题。幸甚，我参加了这个工作室，她给我指明了方向，给我前进的希望和力量，让我再一次经历了蜕变。让自己更优秀，让学校更优秀，这，就是我们的初衷，我们的追求。

成长是一场没有终点的修行

○ 陈　敏

曾经以为，时光难挨岁月纤长，未来离我一定很遥远。然而，斗转星移 30 载，当年的青葱少年早已青丝染白雪，不再年轻。

学科教师：学习、思考与实践是主题

1990 年 8 月，我中师毕业，到合江县一所乡村完小任教。

那时，虽然农村学校条件艰苦，但丝毫不影响我对工作对学生投入的满满热情和充足信心。为了让自己的课堂更生动更高效，我亲自动手做幻灯片，画教学图，用钢板刻蜡纸，印试卷，和孩子们吃在一起玩在一处，利用一切课余时间督促他们学习和锻炼。

但是，效果似乎并不理想，我很多时候甚至常常被淘气的学生气得七窍生烟。那种黔驴技穷、一筹莫展的无力与无奈不止一次席卷凌虐过我的内心。是学生不了解我，还是我不理解学生？是我的教学观念教学方法有问题，还是学生的学习态度学习方法不对呢？于是我常去蹭其他老师的课，虚心向有经验的老师讨教，若是得到同事一招半式的指教，心里的感激，足以铭记一生。

小周老师坚持提前 3 分钟进教室。他觉得教师的充分准备是上好课的前提；小陶老师认为，要达到听写的良好效果，让学生一对一组队，利用每天的休息时间，分任务按要求互相听写，互相监督和批改，已能达到 80% 的效果，隔三岔五再巩固一下，听写的问题即已解决；李老师很"懒"，但她善于引导学生："这件事情你行，交给你！""那个某某，你最乖了，晓得主动为集体做事了！"……孩子们做着做着，老师表扬着表扬着，班上自觉能干的学生就越来越多了。

后来，我幸运地读到魏书生等老师的文章，有幸走进窦桂梅、薛法根等名家课堂。在江阳区教研培训中心组织的历次国培、省培、教材教法培训、专家名师跟岗指导培训等活动中进一步更新了教育教学理念，提高了教育教学能力。因而，我的课堂也在悄悄地改变着，蜕变着，吸引着孩子们。

兼职行政：坚持、坚强与煎熬是过程

1997 年秋季学期，我兼任了学校大队辅导员。1999 年秋季学期，担任了一年级三班的包班工作（全班学生 65 人，既当班主任又兼语文、数学教师）。2003 年春季学期，非典时期，我在担任班主任、语文教师的同时，作为大队辅导员还要亲自编排参加全县"六一"文艺会演的节目。那时，我已怀孕四月余。2011 年，在调入力行路小学两年后，我兼任行政职务，加班熬夜一直是常态。

时间有限，精力有限，工作繁重，要求又高，我也很累，不是没有想过逃避想过撤退，但是逃避和撤退有用吗？现实逼得一向做事磨蹭的我只能设法从提高工作的效率上入手。教学上，我重在教给学生学习的方法，从提高他们的"五自"能力（自理、自立、自学、自强、自省）方面狠下功夫。管理工作

上，一方面积极求助，努力学习，不断总结和提高；另一方面注重求真务实不断创新，把工作做出特色，做出成效。

我认为，这世界上只要你认真做事，就没有一项工作是轻松的，想要把工作做出成绩那就更难更累。若时时把累把烦挂在嘴上，见人就叨叨，那工作也不会因而减少几分，反而影响士气，泄了志气。既然做了，那就努力做好，否则岂不是浪费了已经付出的时间和精力?!

有人说，人生是一场马拉松，关键在于熬。熬是生命最好的磨石，熬是生命赋予的最好礼物。靠着坚持与坚强，在各种煎熬中，笨拙的我，做事磨蹭的我，曾经只沉浸在小世界中的我，渐渐地开阔了眼界，悟出了一些道理，提炼了一些经验，掌握了一些方法，增长了一些智慧，思想、精神、意志和行为都得到了循序渐进的成长。

兼职副校长：定位、沉淀与创新是积累

副校长既是校长的助手，又是各部门工作的分管领导，因此，副校长的定位要准确。作为校长助手，副校长要谨守职责，工作到位，不缺位、不越位，认真对待各项工作。对工作过程中出现的问题要及时向校长请示汇报，提出科学合理的意见和建议。一旦形成决议后就要坚决执行，贯彻到底。作为各部门的分管领导，副校长要具体指导行政人员完成各项工作，及时给他们提供技术、经验和方法上的帮助与支持。很多时候甚至要亲自领着行政干部完成具体的任务。这个过程要讲究策略，注重实效，体现创新的意识和实践行动，得到行政人员和老师们的支持和肯定。

我在力小初任副校长的时候，分管学校宣传工作。我发现上一学年全校的外宣稿件不足20篇，由于缺乏规范的管理，

一到统计上报的时候才慌慌张张地到处搜寻报道信息。我决意改变这种状况，努力构建学校外宣工作制度。对外，我密切联系各报刊网媒，掌握具体负责人的联系方式及投稿要求，及时追踪每一篇稿件的动态；对内，明确各部门的写稿任务，建外宣工作群，适时进行外宣写稿工作培训，及时上传已发表的信息报道。在工作启动之初，我自觉承担了审稿发稿任务，督促各部门写稿，经审核后及时上传各媒体。一天内没有回复，必定追踪查找原因。稿子发表后，截图（网发者）或照相（报纸刊载的），及时编号、保存，并把发表后的稿子传到宣传群，让大家比较和总结。

2014年春季学期，应市、区文明办在中国未成年人网（简称未网）发稿的要求，在督促德育处多次尝试均告失败之后，我认真研究该网站栏目内容，设法联系上了该网编辑，成功注册了江阳区在该网的第一个小记者站，持续不断地在未网参加相关活动，发表校园动态信息。因工作主动出色，学校多次被评为未网年度"优秀小记者站"，相关人员被评为"优秀辅导教师"和"优秀小记者"。

正是因为明确自己的定位，努力工作，长期沉淀与创新，我积累了很多管理工作的经验和方法，有了更大的提升空间。

任职校长：站位、格局与智慧是情怀

政治站位是作为校长情怀的核心问题。校长是一所学校的灵魂，校长的办学思想必须与时俱进，和中共中央的教育方针保持高度一致，"立德树人、五育并举"的指导思想，符合教育教学的客观规律，倡导公平正义、秩序井然、生机盎然的校园风气，以打造优质的师资队伍，培养合格的建设者和接班人为工作的目标。

但是，学校的每一个人都有不同的想法，极易产生内耗，影响团队的发展，所以，校长的格局也是一个重要的课题。校长要站得高，看得远，胸有丘壑、进退有度，心怀教育，关爱每一个教师和学生，不以一时一事一人之得失而纠结。校长要摒除杂念，着力统一团队的思想，引领大家朝着一个目标大步向前。

校长的智慧如何体现？一是依靠各级党委政府，争取人事、经费、技术、文化等各方面的大力支持；二是依靠专家团队，充分发挥智囊团的强大作用；三是依靠全体教职工和家长，增强主人翁意识，激发变革与发展的内驱力；四是依靠社会单位、助教团体，构建积极、和谐的办学关系。

所以，其实校长的智慧也就是集中大家的智慧来办学。曾经，我们认为自己就是乡镇老师，要求不要提得太高；曾经，为了把教学质量的要求列入评优晋级制度，学校开了三次教代会才通过；曾经，老师集体抵抗学校工作，我一个一个找来谈心和聊天……在高新区管委会、江阳区教体局、泰安街道办事处的支持下，我们逐一解决了这些难题，把老师的思想逐渐统一起来。在江阳区教研培训中心领导专家的支持下，在泸师附小、忠山学校、广营路小学、大北街小学等兄弟学校的无私帮助下，学校新荷校园文化、新荷德育、灵荷课堂、美荷艺体、家校共育等各项工作得到长足进步。

在一次次与教师、家长的碰撞中，我们的思想逐渐统一，我们的步伐逐渐一致，我们的成果一个个地呈现。2017年到2020年，学校先后创建了全国规范化家长学校、泸州市文明校园、泸州市优秀少年宫、泸州市中小学生示范性食堂、泸州市学困帮扶工作先进学校、江阳区心理健康教育特色学校等品牌。学校木刻社团、机器人社团、女子足球等特色项目崭露头角，教师、学生在国家、省、市、区级各类赛事中获奖累累。2020 年度，学校素质教育综合评估获一等奖，我个人连续三年的年度考核均为优秀。

感谢众多在我成长的路上给予无私帮助的领导、专家、同事和朋友。纵然刻苦努力、沉淀积累、不断提升，但个人的能力终是有限的，只有依靠集体和团队，借力借智，奔着一个目标而去，学校、教师和学生的同步发展才不会是一句空话。

星光不问赶路人，岁月不负有心人。继续努力，成长的道路没有终点。

"团结齐心求发展"的博雅管理团队

○ 舒 杨

　　随着时间的脚步，从事教育行业已经二十三年。这期间，我担任过八年的班主任，一年少先队辅导员，六年的办公室主任，五年副校长，三年校长。2017年8月，初次任职副校长（主持学校工作），我深知，自己年龄尚小、资历尚浅、经验不足，是个不折不扣的新兵，上级领导还在考验我的能力。经过一年的努力我转正了，现在已经三年了。校长不好当，新校长更不好做。从学校分校，到搭建队伍、搬迁……有好多困惑、好多迷茫、好多无助，幸好有李维兵名校长工作室的帮助，让我坚定了信心和力量，让我收获了校长成长之路上的成功、喜悦和感动。

　　2017年8月学校成立，教师团队是由五个学校的教师整合组成的，教师队伍老化，平均年龄46岁，人际关系复杂，管理松散，教育教学质量低劣，社会评价差。全校54名教师，只有一名女教师比我小。班子成员只有2人，我还是副校长得主持工作，另一个副校长刚从丹林小学过来，对人员根本不熟悉。管理团队要重新搭建，学校要搬迁……一系列的问题接踵而来，我不断地追问自己："我怎么办？""我该怎么做？"老领导告诫我的声音在耳畔回旋：办法总比困难多。骨子里的韧劲在沸腾，不愿服输的我希望有作为，渴望被认可，我暗暗下定决心：我年轻，只要肯学习、反思、总结，我一定会做好。五天的时间，我凭着对老师的了解、对自己的分析、对老师中肯的劝说，终于搭建了全新的管理团队。除了教科室是熟悉工作的，其余各部门管理者都是新上任的。虽说是一支年老的新手团队，但我相信他们会在各自的岗位上发光发热。

　　我坚持"以人为本"的现代管理模式，手把手耐心、细心地讲解、分析和引领。我充分挖掘发挥学校原三厂老一辈的工匠精神，充分发挥每个人的潜能，将劣势转化为优势——虽然我们年龄大，但更有吃苦耐劳的精神，更懂得珍惜来之不易的美丽校园，更懂得感恩各级领导的关心。我经常说："买房要买江景房，我们是江景学校，我们要对得起这一片土地。"

　　2018年1月28日，天下着小雨，我们一边进行期末考试，一边在搬家。两天时间，没分日日夜夜，我们平安搬迁到新校区。因领导重视，迎检工作特别多，本来中午就有午休管理，外加课外服务开展，导致我们各部门许多工作在上班时间已经无法完成，各部门必须下班加班、周末加班才能完成。习惯自由、宽松的行政人员能坚持下来吗？为了激励管理团队认真工作，我放下校长的身份，每次加班我都参加，我必须陪伴大家一起奋斗。有时候我帮他们买吃的，有时候关心交流工作中的难题……这样不知道有多少个夜晚。2018年正月十五刚报名结束，为了确保第一期四点半课堂的顺利实施，傍晚6点我临时电话通知教科室、办公室的行政人员吃过团年饭回校加班到12点半。每年暑假，为了确保新学年的开学正常，所有行政人员都是8月20日就开始上班，从来没有怨言。慢慢地，教师们很体谅、理解和支持管理团队，减少了很多抱怨，各部门安排教师工作都很支持和配合。我们不再是一个松散的集体，我们平均年龄大，但凭借一颗年轻肯拼搏的心带领大家一起奋斗。我们学校的教师团结齐心，大家都说："累并快乐着。"我就这样坚持以情暖心，榜样引领，激励大家积极主动工作。

2019年3月14日，学校食堂接受省委巡视组的督查后，被要求立即进行全面彻底整改。这次食堂迎检整改形势严峻、时间紧迫，只有周末两天时间完成，我们必须全力以赴。先请装修师傅给食堂供餐区安装墙砖，为了节约开支，我通知所有行政人员星期六晚上7点回学校彻底打扫食堂。晚上7点，回到学校的不单单是所有行政人员，所有行政的家属不约而同主动前来，就连当时正生病住院的副校长罗艳，本人无法到场，其家属都挤时间主动参与到我们的整改队伍中来。全部行政人员和家属连续两天熬到深夜12点，洗餐盘、拖地、擦桌子……我们齐心协力把食堂的每一个角落打扫得一尘不染，每一个汤勺擦得发光发亮。我们的管理团队和家属，齐心协力共同战胜了这次困难。

我们的管理团队以"团结出成绩，团结出效益，团结出干部"为指导思想，树立"决策在领导、付出靠教师、成绩属个人、荣誉归集体"的管理理念，以领导班子团结一心、认真工作的作风引领着全校教师，把长江小学带动得有生机，有气势，有精神，有业绩。

坚持"以人为本"，以情暖心，实现"凝心聚力"。"随风潜入夜，润物细无声"，现在的长江小学旧貌换新颜，环境优美、师生团结、教育质量优异、领导认可、社会满意。我在名校长工作室中默默成长，我的校长之路也在悄悄前行。

修身立德，实干笃行

○ 陈礼超

校长是学校文化建设的关键人物，学校管理的各个方面无不渗透着校长的理念、价值观、行为准则等等。每一位校长都希望学校管理和自我发展走向更好，所以加强学习、勤于思考、勇于实践，成为学思研行的践行者，是每一位校长的使命。凡事皆宜思，带着思考去学习，学思结合悟新知；带着思考来工作，思行结合见成效；带着思考谋发展，前行步入黄金道。因此，校长需要有自己的教育理念与办学思想，且思且行是对校长管理学校的最基本的要求。在日常教学管理中，我们要始终将"学"与"研"结合起来，经常思考我们的学校、我们的学生，思考我们的方法改进、我们学校的发展及周边环境的变化；关注师生热点问题，师生想什么、做什么、缺什么、要什么，把握问题的动向，寻求解决问题的切入点；多加强校园文化建设，多注重学校精神凝练，努力将校园文化建设成为文化自觉。

2018 年 8 月，我有幸成为教育部中小学校长领航工程李维兵校长工作室成员，两年多来，除了随工作室到北京师范大学、国家行政学院培训学习，到乐山、南溪成员学校进行交流外，我不失时机地安排教师外出培训学习，参加学科业务培训，骨干教师分别到河南、重庆、成都等地学习、培训达20余人次，有80余人次到区内学校参加高效课堂展示、听课、评课研讨等业务活动，有10余人次到南溪、乐山工作室成员学校进行校际交流研讨，使全体教师都有外出学习的机会。我校还多次邀请区内专家、李维兵校长到校开展专题讲座，邀请区内名师到校上课、听课、评课指导，让教师及时了解教学新信息，学习新教法。

"没有规矩，不成方圆"，通过不断的学习和实践的摸索，我发现只有建立完善的规章制度，规范教师和学生的行为，才能保障学校活动的有序发展。第一，我们要建立规章制度。遵循学校"工作有规范，管理有章法，考核有条例，奖励有力度"的原则，我组织出台了一系列可以调动教职员工热情和创造力的规定和改革方案，以调动广大教职员工的工作积极性和创造性，从而规范学校的办学行为，激励教师的教学热情，丰富学校的文化内涵。例如，教职工的出勤制度、办公室的评比细则、教育教学的考核制度、骨干教师的评比方案及班主任考核细则等等。第二，加强科学管理、组织架构和团队建设。一方面要坚持实践证明符合学校校情的思想原则、精神追求、规章制度的逐步改善，另一方面要改善校园文化。组织培养校园文化队伍的勤奋和能干，使之具有充分的应变能力，能够根据各种新理念、新趋势、新发展，适时有效地调整。比如，教育研究小组的建设、学科骨干建设、家委会的组成等等。

校长也是学校精神的领导者。校园精神文化的构建是校园文化建设的核心内容，是学校全体师生对精神追求和共同价值的具体化。构建独特的教育环境，能够反映积极的精神前景，整合和发展各师生的集体情感，使学生因学校和班级而感到自豪。教师通过设定教学模式，严格教学，创新教育方式，使学生在长期学习和生活中形成良好的学习习惯、生活习惯、卫生习惯和行动习惯，为培养德、智、体、美、劳全面发展打下扎实基础。作为校长，学校的引领者，应该与同事们合作，使其保持新鲜的生命力、蓬勃的生机和可持续发展的态势。例如，深入研究第三代课程改革内容，根据学情构建适合学校发展的课堂文化，根据学校的实际情况开发和设置"五育融合"及综合性的实践课程，开发美术、劳动技术的学校基础课程，并不定期地进行拓展性的课程展示。

实践证明，积极向上的学校文化是一面引导教师奋发有为的旗帜，它引领着师生意气风发地前进；是一种氛围，它熏陶感染，润物无声；是一种向心力，它凝聚人心，形成合力；更是一种宝贵的资源，是学生成长、教师发展的肥沃土壤。只有不断学习，探研源于内容变革的力量，才能有序推进学校创新实践；只有细心挖掘内部优势，合理利用既有资源，才能培养更多的优秀人才，形成学校独具风格的办学特色。我们在探索实践中，更在收获提炼中成长。

在工作中我通过不断的研究和实践，创新立德树人的方法，进行了一系列的德育方法手段的改革，这是科学育人的要求，科学的方法就是符合教育规律、符合学生身心发展规律的方法。不同年龄段青少年学生有着不同的认知能力和身心特点，需要采取教育的方法是不同的，科学的方法和手段就是根据不同年龄段的基本特征，采用不同的方法来进行教育；同时还要特别注重教育规律是由多方面的规律组成的，不能仅仅注重了知识性规律而忽视了能力和道德形成的规律，更不能简单地用知识性规律来代替能力性规律和道德形成的规律，用能力知识和道德知识来代替能力培养和道德养成。

校长是学校德育顶层设计的第一责任人，学校德育是一项系统性工作，整体构建学校德育体系是每一个教育工作者特别是校长必须面对和解决的课题。因此在德育系统的建设中，我注重各德育环节和各要素之间的关系和作用，使德育教育不是空架子，而是真的可以实现育人的价值；使德育教育系统具有可操作性，以增强学校德育工作的科学性、系统性、针对性和实效性。

人生有目标就会充满生长的力量，我坚信教育可以让生活变得更好，使学生全面发展，提升全校的德育教育水平是我一直思考的问题。我常常提醒自己：每个孩子都是家庭的希望，我要让每个孩子的生命因教育变得更加美好。教育不仅仅应该让学生的生命变得更加美好，还应该让每个教师的生命变得更加美好，我同样也在为教师们的美好生活而努力，于是我以"立德树人"发展学校的办学特色，推动教师专业快速成长，推动德育教育。

当年北大校长蔡元培"兼容并包、学术自由"的办学理念，繁荣了北大"百花齐放、百家争鸣"的一代学术新风，铸就了特色的北大；陶行知创办的南京晓庄师范，倡导师生民主平等，鼓励学生积极动手创新，也为后人学习效仿和称道；抗战时期的西南联大，在办学条件极其艰苦的情况下，以其坚韧不拔、艰苦创新成就了我国教育历史上的一个奇迹和神话。因此，确立适合本校特点的、符合时代要求的、鲜明的办学理念，并使之成为全校师生共同追求的奋斗目标，学校才会具有超越自我、追求特色、创建特色的可能。于是我将"立德树人"作为教育的根本任务，培养德智体美劳全面发展的时代新人，给学生心灵埋下真善美的种子，引导学生扣好人生第一粒扣子，把善德融入思想道德教育和文化知识教育以及社会知识教育各环节，培养德智体美劳全面发展的时代新人。

在教师队伍的建设中，我以鼓励激励的方式，提升教师的自信心，激发教师的创造力，及时发现我校的闪光点，发现教师优秀事迹，引导教师打造特色的幸福课堂。扎根课堂，关注课堂，发现课堂中的亮点，并在全校范围内推广，用先进的教育理念更新教师的课堂观念，用自身的教育行动影响教师的教学行为，引导教师树立科学的专业发展观。学校实行民主化管理，重视落实教代会教师代表的提案，鼓励教师通过各种途径与管理者进行对话、交流和沟通，使教师体会到参与学校管理的喜悦，真正体会到自己是学校的主人，进而把学校的事当成自己的事，使全体教师对学校的归属感明显增强，使学校发展目标真正成为学校教师共同追求的愿景。

回想自己走过的道路，有太多需要感谢的人，感谢给我机会、给我鼓励的教育体育局历任领导，感谢人生中的伯乐李维兵校长，感谢一直默默支持我、陪伴我的同事们。

尼采曾说，每一个不曾起舞的日子，都是对生命的辜负。可是我们身处琐碎的生活中，为繁杂的事物忙忙碌碌，生命该如何起舞？"天道酬勤，业精于勤"，每一个生命起舞都不曾离开勤奋、拼搏，当你全力以赴时，时光创造传奇，双手浇铸未来。尽管未来仍会有许多遗憾，但感动的温情盈满我的心间，令我有足够的勇气去再燃激情，再树信心，再攀高峰，实现学校教育教学质量的持续快速提升！

一直行走在路上

○ 周中尧

2018年12月，我有幸成为四川省李维兵名校长工作室成员之一，备感荣幸！三年多来，跟随李维兵校长及工作室其他成员一道，共同学习，共同成长，收获颇多！

三年多来，多次近距离聆听了教育专家的讲座，面对面交流剖析学校管理的真谛，参观了北京育英学校、清华大学附属中学等名校，实地领略了名校风采，感悟了名校的办学思想及其特色，感受了名校浓厚的文化氛围。三年多的学习，启迪了我的智慧，涤荡了我的心灵，增强了我的信心，完全是一次终生难忘的学习之旅。

作为一名九年义务教育学校的校长，要热爱学习。当今时代，面对世界百年未有之大变局，信息化时代的来临，教育必须要适应新的形势，做到与时俱进，任何落后于时代的教育都会被淘汰。学校是育人的地方，作为校长，其思想、意识、知识，必须与时代同步，因此，我们必须热爱学习，在学习中做人，在学习中成长，在学习中发展，在学习中创新，使自己更有智慧，更有眼界，更有力量。"腹有诗书气自华"，学习教育理论，阅读经典，用文来化己，用文来化人，努力打造书香校园。

校长还应该要有一颗宽容与感恩的心。面对教师的失误，校长要以坦荡之胸、包容之心来宽容；校长要常怀感恩之心，给予教师表扬、赞许、微笑，给教师带来工作上的动力和心理上的愉悦，这样，我们的教师就会用心去热爱学生，热爱学校，全身心地投入学习和工作中。

校长是一个学校的灵魂，一个好校长就是一所好学校。作为学校的校长，我们的专业发展与领导力提升对于学校发展、教师成长、学生成才至关重要。校长，说得小些，关系千百人的学业前途；说得大些，关系国与学术之兴衰！所以，我们必须认真做好校长，办好学校，以求对得起学生。尤其是像我们相对偏远的石寨学校，留守儿童居多，孩子父母常年在外面工作，孩子很多时候非常孤独，我们除了做好老师，传道授业解惑之外，还得扮演好孩子的家长角色，关心孩子的学习、生活。我们作为教育工作者，做好校长、办好学校，还得对得起国家、民族，要在思想上领导好教师，要让教职工深知教育是国之大计、党之大计，必须不折不扣地落实立德树人的根本任务，为党育人，为国育才，我们要明白学校教育应当培养什么人，为谁培养人，怎样培养人。作为校长，对待工作，还得精益求精，认真学习实践专业知识、管理知识，每天提升一点点，成为一个有威信的、博学多识的"教师的教师"。

三年多来，我利用学习所得，带领全校教师"撸起袖子加油干"，我和教师们都获得了些许成绩。本人在2019年春，四川省教育科学研究院承办的中小学校长高级研修班中获得"优秀学员"称号；在2019年秋，江阳区"星级"校（园）长培训班中获得"优秀学员"称号；在2019年春，全区教育教学质量分析会上做了经验交流发言；在2018年和2019年，学校连续两年获得泸州市教育质量综合评价"进步学校"荣誉称号；2019年春，学校被泸州市江阳区委教育工作委员会评为"先进基层党组织";2019年春,本人在全区全域阅读工作启动大会上做经验交流发言,学校被评为"江阳区全域师生阅读基地学校";2019年秋,学校获得全区中小学生大课间展示评比一等奖。2018年秋,陈明珠老师在泸州市江阳区班主任风采展评中获得二等奖;2019年春,张启容老师在全区新教师培训会上做题为"做一个有温度的教师"的专题讲座;2019年春,吴冬琴老师在泸州市班主任风采展评活动中获得二等奖;2020年秋,付云、郑艺赟老师分别在江阳区小学数学、语文优质课竞赛中获得二等奖。2020年秋,欧洪伶同学的文章《一株水稻的自述》,在泸州市教育和体育局开展的第40个世界粮食日"爱粮节粮"主题征文中获得一等奖;2020年秋,胡梦佳同学参加共青团泸州市委和泸州市教育和体育局组织的"抗疫情,你最美"演讲比赛,获得三等奖。

三年多来,学校教育教学质量评估均获得一等奖或二等奖,全校教师多篇论文获得国家、省、市、区等级奖励,中小学教师技能大赛获得市区等级奖励,学生在各级各类比赛中也获得了优异的成绩。

三年多的培训学习,使我有了更新的认识,作为校长,要提升专业知识与领导力,要"有政治家的站位,有梦想家的抱负,有慈善家的情怀,有企业家的精神";办好学校,为培养能担当民族复兴大任的时代新人,为培养具有德智体美劳全面发展的社会主义建设者和接班人,为努力让每个孩子享有公平而有质量的教育做出我们应有的贡献。

道阻且长,行则将至,"路漫漫其修远兮,吾将上下而求索"。在未来的日子里,我将继续跟随李维兵校长及工作室其他成员,谦虚好学,不忘初心,砥砺前行,带领全校教师,"说实在话,干实在事,做实在人,敦本躬行课堂,为国教子荣光",为教育高质量发展贡献力量!

在探索中成长

○ 王　敏

　　1995 年刚满 20 岁的我，大专毕业后被分到西昌市樟木中学任教，教了五年的初中语文，当了四年的班主任。在此任教期间，我带着一群比我小不了多少的孩子，怀着对教育的美好期盼和最简单的理解，满身心地投入，那时最大的理想就是当一个自己理想中的语文教师。然而在教学中常常感慨的就是农村的学生们眼界窄，阅读量太少，许多语文当中触类旁通的知识不好讲，需要意会，可孩子们却领会不了，在生硬的讲解中少了许多语文该有的美妙。

　　2000 年，我调入西昌市第一小学，这是一所始建于 1921 年的省重点小学，是当时西昌市最优质的学校，在全州，乃至全省也是数得上的小学。在这所学校里有着严谨的工作作风、优秀的传统和一大批优秀的教师。在这段时间里，我多次在省州市各级承担公开课、交流课，也在各级比赛中获得过奖次。在这所学校里我度过了在教育教学、班主任管理及各项工作中进步最大的 13 年，在 2012 年我被选拔为省级语文骨干教师。

　　2013 年 3 月，我被提拔到西昌市第五小学担任德育副校长，在 2014 年 3 月被凉山州教育局选派到珠海市香洲区第十五小学挂职副校长半年。在这半年中，我看到了我们的教育理念、教育管理方式与沿海发达地区存在的巨大差异，而这种差异不是仅仅通过教育工作者的美好愿望就能改变的。

2015年6月，西昌市首次对二小、五小的校长进行公开遴选，我抱着试一试的想法参与了遴选，经过长达几个月的笔试、面试考察，在2015年10月成了五小校长。虽然担任了两年副校长，但以一种新的身份重新审视学校，我就发现：坐落在西昌古城腹心地带，始建于1941年的西昌市第五小学，是一所有着悠久文化底蕴和光荣传统的历史名校，以"厚德、诚信、求真、务实"作为校训，多年以来，在几任校长的努力下，以求实的作风、良好的学风、过硬的业务素质、斐然的教学成绩，在广大人民群众心中成为具有较强实力的本地名校。这是学校的优势，同时，我也发现了学校的很多不足：西昌五小地处古城深处，交通不便，周边环境复杂，民房破旧，人口素质低下；学校占地面积只有6300多平方米，教室老旧，校园环境差，却容纳了2300多名学生，学生生源素质参差不齐；教师队伍老龄化严重，年轻教师程度不一。特别是学校长期以来以教学质量优异而在社会上得到认可，教师们习惯性地只注重语数教学，也顺应了当地教育的成才观，教师们不愿意做更多的改变，也不愿意尝试新的东西，而这已不再适应新的教育理念下学校的发展。

而我自己，在没有准备的情况下肩负了一所学校的发展和前进方向的重担，缺乏对一所学校未来长远的思考和准确的定位，也没有系统的学习和知识储备。在初为校长期间，我本着对教育的理解，不断地尝试着对学校的改变，但并没有明确的方向和目标，也缺乏对学校的准确定位。特别是当前的教育在不断地发生变革，家长、社会对教育的需求在不断地变化，怎样结合自己学校的实际情况谋求学校的突破口，找到真正适合学校发展的方向以及真正符合社会主义合格接班人的培养目标，一所好学校的样态应该是怎样的，学校的办学理念应当是什么，应当确立怎样的育人目标，都成了需要思考和反复斟酌的问题，也在相当一段时间内困惑着我。

在这样一段迷茫的时间内，我不断地加强学习，提升自己，也不断地反思，让自己不断进步，不断确立自己的办学思路。

学习理论、观摩名校，梳理办学特色

在初当校长这一段时间内，我不放过每一次学习观摩的机会，在加强理论学习的同时也不断地学习成功的办学经验，了解一所优质的学校应当有的状态，也学习成功的办学经验和理念，不断地完善自己，促使自己进步。其中，比较重要的几次学习对我的影响非常大。

2016年，在北师大举办的全国小学绘本教学研讨会上，清华附小窦桂梅校长、北京第二实验小学芦咏莉等全国名校长均在此次研讨会上交流，她们都不约而同地提到了一个在当时很响亮的名词"核心素养"，并且都对学生核心素养的养成提出了自己的解释与观点。

2017年，在北京101中学举办的中国首届学校品牌大会上，教育部发展中心主任张力报告了"中国教育改革发展新趋势"，提出了在2020年之前关于提高教育质量的总体部署，让我们明确了国家所拟定的未来几年学校发展的方向以及教育改革发展的目标。

在此次大会上人大附中联合总校长刘彭芝提出的教育理念让我耳目一新，她认为教育理念最重要的是"爱与尊重"；著名教育家魏书生谈到了学校的发展与校长之间的紧密关系以及作为校长应该担负的责任；谢家湾小学刘希娅校长在交流中也

介绍了谢家湾小学"六年影响一生"的办学理念，"红梅花儿开，朵朵放光彩"的校园文化。特别让我感兴趣的是谢家湾小学的"小梅花课程"以及她的管理理念。

在这两年中，我前后到北京第二实验小学、清华大学附属小学、重庆谢家湾小学等我非常向往的学校，通过实地学习，与校长们的介绍相互印证，从中学到了很多，也深受启发：一所好的学校必须抓住学校的特色，办出学校自己的品牌，有学校自己的样态。正如常说的"一个学校一个样，每个学校都有自己的样"。

基于这些经验的学习、观念的形成，我梳理了五小的特色：学校在 2014 年就入选全国首批"中国传统文化传承学校"，是当时凉山州入选的唯一的一所学校，学校在书法及民族舞蹈上有斐然的成绩。因此，将学校的特色定位在传统文化教育上，围绕传统文化教育这一核心开展学校的教育工作，确立了"微"文化为校园文化的核心，办好"微"教育，力求将校园打造成为"微而美、微而精、微而优"的学校。

加入省级李维兵名校长工作室，不断完善提升学校办学水平

自 2018 年有幸参加教育部国培计划中小学名校长领航工程——李维兵校长工作室学习以来，在李维兵名校长工作室这个优秀的团队里，在李维兵导师的悉心指导下，进行了内容丰富、形式多样的学习、研讨、观摩等活动；聆听了多场高水平的专业理论、教育科研讲座，观摩学习多所名校的教育管理和办学特色。在这个大家庭里与学员们相互交流和学习，相互支持和勉励，并从中得到了许多收获和快乐。参加的每一次活动犹如经历了一次思想和教育理念的洗礼，管理策略、管理层次获得提升，让自己在学校教育管理中视野更开阔，对教育管理的思考更深入。

在此期间，校园环境不断美化，学校的各项管理制度也不断完善，教师发展得到学校关注，不仅不断提升老教师的积极性，也成立"青年教师成长联盟"，促进青年教师迅速成长成才，发扬学校优势，打造学校校本文化，致力于打造书香校园，明确学生的培养目标，有自己独特的办学理念，让学校充满生机和活力。

在不断学习、探索中，学校的进步与发展也得到认可，2019年根据《西昌市中小学名校长工作室建设与管理办法》的有关要求，组建了西昌市王敏名校长工作室，团结了城郊、农村、二半山区的五所学校校长为工作室成员，将自己的学习、思考和学校管理的经验跟兄弟学校分享并共同进步，开展教育办学研究，提高学校管理质量，发挥示范辐射作用，推动民族地区教育事业发展。工作室开展工作以来，工作室成员互相学习、资源共享、取长补短、共同发展，研习探讨提升校长领导力，科学引领学校发展。学习的方式以集体研讨、考察培训、观摩交流、自主研修、示范指导为途径，充分发挥名校长的示范、引领和辐射作用，以校长的办学思想、特色文化设计、核心课程体系建设为重点，进一步提升工作室校长理论水平、管理水平，推动各成员校的特色办学和内涵发展水平，积极探索校长成长及学校发展的途径与方法，总结提炼包括各成员校在内的特色办学经验形成理论，也多次在各级校长培训中举办讲座交流，并在一定区域示范推广。

学而知不足，在不断的学习反思中我越发感受到自己的不足，更加明确了努力的方向，也深感自己肩上的担子沉重，但相信自己会带领着学校不断地进步，还有与志同道合的工作室战友并肩奋斗，通过大家的不懈努力，一定会让祖国的教育事业充满蓬勃的生机。

国培成长故事

○ 土比拉子

1996年，我从凉山民族师范学校毕业，被分配到昭觉县解放沟中心校任教，其间我教过语文、体育、信息技术、书法等学科，但任教时间最长的是语文学科，同时兼职担任过班主任。2000年3月起，我担任昭觉县玛增依乌乡中心校校长、党支部书记，一直没离开过教学一线，由一名教学新兵，成长为中小学高级教师。我现在所任职的昭觉县工农兵小学创建于1951年10月1日，前身为昭觉县城厢民族小学和昭觉县附城汉族小学（简称"汉小"）合并而成，其后改为凉山民族师范学校附属小学，1966年更定今名。

在25年的教学生涯中，我时刻不忘学习与提高。专科、本科的学历提升，不同岗位的资格考试，一样都没落下。这其中的学习，对我影响最大的是参与国培学习"四川省中小学名校长李维兵名校长工作室暨教育部中小学名校长领航工程李维兵校长工作室"。

中小学校长省级培训的故事

2018年11月5日至9日，经四川省教育厅推荐，我有幸参加了四川省教师培训项目办公室举办的"2018年中小学校长省级培训项目"的学习。来自全省各地的 100 多名校长，在省小学校长培训中心相聚。从理论学习到实践分享，从现场教学到展示交流，从自主学习到总结提升，每一项培训活动，都带给我深深的思考和启发。

1. **树立教育科研意识，打造活力课堂。**本次培训展示的活力课堂是提高教育教学质量的第一生产力。办好学校靠什么？方法纵有千万，但依靠教育教学研究，即走"活力课堂"道路，才能使学校不断地有所进步，不断地领教育改革之先。要打造活力课堂，校长应是教育科研的积极践行者。人们常说有怎样的校长就有怎样的学校，校长的践行，不在于其本身搞几个课题的研究，而在于把现代教育科学的理论要求，根据学校具体情况，设计出具体的方案，提出可操作性的要求，建立以学生为中心的多种课堂教学模式，让教师按照要求去实践去发展。要以课题为载体做抓手，积极开展实验研究，更新教学思想，改革教学方法，探索教学模式，提高教学质量。最好是人人都有研究的课题，这样才能使每个教师科学而有效地开展工作，才能使课堂活起来。校长要把课题研究作为重要工作，定期召开课题工作会议，每学年都举行课题研究成果报告会，促使全校上下形成以参与研究课题为荣、以商谈课题研究为誉的风尚。

2. **坚持办学特色，提升学校文化品位。**培训专家指出一所学校影响最长久、最醉人的莫过于独特的办学特色，它好比药力强大的缓释胶囊，不知不觉地长期发挥着良好的教育作用。办学特色不仅是学校文化的重要组成部分，而且是重建和发展学校文化的基本源点。校长要紧紧扣住特色，通过活动育人，活动感人，使大家由生到熟，由小到大，由被动到主动，由徘徊羞涩到成功喜悦，体验到劳动的价值。应该说，办学特色坚持越长久，发扬越光大，就越能促使学校文化品位的提升。学校文化孕育着名师与"大家"，名师又使学校得以发展与光大。一支好的教师队伍是学校形成品牌的关键，也是学校文化的本质体现。过去的一些名校不仅出好教师，还出科学家，出教授。今天，校长抓教师特色建设不能再简单地把它放在一个普通的地位上去认识，去思考，而应放在学校发展的战略地位上去全面考虑。未来学校的竞争，归根到底是特色文化的竞争，出类拔萃的学校，都有强而有力的特色文化。

3. **在理论学习培训活动中，四川省广播电视大学为我们准备了大量的专家讲座。**这些专家富于思考，精于实践，讲座既有鲜明的案例又有理论的阐述，既有观点的交锋又有智慧的碰撞。专题讲座涉及教育基本理论及教育形势与政策，学校发展规划与学校管理，课程、课堂教学与评价，教师学生发展与学校德育等内容。每一位专家都紧扣实际，娓娓道来，让我们开阔了眼界，拓宽了思维，提高了素质，明确了使命。

4. **本次培训活动中，我们先后到各知名学校等重要教育场所参观学习。**这些名校场所与学校的教育设施、教学管理、校园文化建设、阳光大课间、特色课堂、校本研修、学生社团活动等都给我们留下了深刻的印象，值得我们学习借鉴。

5. **在实践分享的培训活动中，我们进行了为期30余次的专题研讨、交流分享、体验课程的培训活动。**内容包括自我介绍与学校介绍、如何面对课程整合、培育学校文化品格与引领学校特色发展、学校管理变革中的校长领导力、课前精彩三分钟、教育案例分享等。大家克服工作的繁忙，抽出时间认真思考，夯实知识底蕴。理论与实践的进一步结合，让我们受益匪浅。我们也真切地感受到学无涯、思无涯，其乐也无涯的学习乐趣。

李维兵校长工作室的培训故事

2019年3月19—21日，教育部校长国培计划卓越校长领航工程——李维兵校长工作室挂牌仪式在四川省泸州市举行。北京教育学院培养基地负责人胡淑云教授带领9名教育专家莅临指导，四川省教育科学研究院刘涛院长，泸州市、江阳区相关领导出席活动。北京教育学院培养基地7名校长领航班学员，李维兵校长工作室16所成员学校校长、教师，泸州市、江阳区各中小学校长共计300余人参加活动。北京教育学院培养基地、四川省教育科学研究院专家为与会人员做了4场专题报告，我有幸参加了此次活动。

1. 2020年度，因受疫情的影响，没有办法进行集中统一学习，我们也按国培办的指导要求，开展了线上学习与线下的自主学习。一年里，我认真学习了相关书籍，对中国教育家的办学思想进行了深入研究，以指导自己的办学实践。一年一度的学习集中研修活动，旨在让自己在前行的道路上不迷失方向。

2. 为贯彻中共中央、国务院关于打赢脱贫攻坚战的决策部署，按照县委县政府的部署，我们学校从2015年起对帮扶乡进行教育帮扶。我作为一名教育人，更当义不容辞做好这项帮扶工作。学校派出学校管理队伍、班主任队伍、学科教师队伍近20人到帮扶乡开展专题讲座、课堂教学指导，多次邀请对口支教学校的领导、教师50余人到我校交流学习，帮助帮扶学校提高教育教学质量。

3. 2020年，因为新冠肺炎肆虐全球，为了做好疫情防控，各级各类学校不得不延迟开学，改变学习和生活的方式。这场来势汹汹的战"疫"，给教育提出了全新的挑战。教育部办公厅、工业和信息化部办公厅于2020年2月联合印发了《关于中小学延期开学期间"停课不停学"有关工作安排的通知》。我根据校长工作室制订的新冠肺炎疫情防控期间"停课不停学"实施方案，加强了"战疫课程群"项目化学习内容；积极参加"中国梦·我的梦"生涯规划综合实践课、"战疫·智育课"的研发和实施；根据名师坊工作要求完成了疫情期间在线学习的各项任务。

总之，无论是从教育教学的理论还是实践上，国培平台这片沃土给了我和平台同伴一个锻炼和进步的良机。在今后的教学管理工作中，我们会把在这片沃土上的丰收果实与本校教师分享，发挥其巨大的延伸作用。我将从自身做起，树立终身学习的理念，在工作实践中不断学习与探索，不断提高自身素质，为教育事业的明天做出应有的贡献。

我的成长故事

○ 陈光元

　　我于 1983 年从内江县师范毕业，被分配到一所边远乡村的村小任教，从事教育工作 37 年，经历了从村小到乡中心校到镇中心校再到城区学校，从农村学校到城市好的学校，从普通教师到省优秀教师，从普通校长到市领航校长、省李维兵名校长工作室成员，一路艰辛、一路风雨、一路成长，留下几多回忆，也留下几多故事。

一、代家沟村小的故事

　　代家沟村小是我毕业后工作分配到的一所村小学校，也是我工作经历的第一所学校，是一个三县交界的地方，也是一个一脚踏三县的地方，学校属石木结构的四合院，与老百姓的房屋相邻，当时规模为 7 个班，其中一至六年级各一个班，一个学前班，教师共 8 人，平均年龄 23.5 岁，一至四年级几乎是包班。我当时接的是二年级，除了音乐课外，其余的课程都由我上，每周 6 天，每周课时为 28 课时，同时，我还兼职学校后勤工作。说实话，当时的工作、生活、学习条件很差，过了一年没有电灯的日子。一年后有了电灯，一间教室只有一盏40W 的日光灯，窗户没有玻璃，教室地面是泥土地面，课桌没有放书包的地方。8个人的教师团队，充满了青春、朝气、活力、阳光、开朗、积极向上，在学校校长的带领下，有很强的凝聚力、战斗力、备课、上课、批改作业、单元考试、辅导学生，回想起来，那时的"六认真"真的做得很到位，间周一次到中心校进行政治、业务学习，每月进行一次家访，工作紧张、忙碌、充实、快乐。

放学后就是几位男教师与社里的体育爱好者打篮球，打乒乓球，下象棋。我印象最深的一件事是，工作的第二学期，村里的会议桌被捐给学校做成了乒乓球台，因村干部、民兵连长都喜欢打乒乓球，第一次村干部、民兵连长到学校先是与高年级的学生打，学生根本不是他们的对手，就对学生说："你们的老师都不是对手。"我的一名学生对民兵连长说："我们的陈老师很得行，能打赢你。"于是便把我叫过去，我也很低调地说："我打不赢民兵连长。"说完，我便与民兵连长开始了比赛，很多学生在旁观战。开始是我发球，我便发了一个教鞭老实球，装作不是很内行的样子，接了几板后，我赢了，第二个球我又赢了，学生开始鼓掌助威。第三个球对方发过来，我顺势一个下旋球过去，对方未接住，第四个、第五个、第六个我都赢了，结果以6：0赢了对方，学生立刻欢呼起来。第二节我又赢了，我班的学生便说："还提虚劲吗！老师中有没有对手？"民兵连长说道："陈老师真行，把我都打赢了！老师中有对手。"这样我们与村干部增进了友情，经常在学校一起参加体育锻炼。第二年，村支书记出面，争取经费，买回钢材等，亲自为学校制作、安装了一副新的、标准的篮球架。当时，村小安装标准的篮球架，是一件不可想象的事，学校也很感激村干部。后来，学校的乒乓球、篮球便成了我们与村干部和村民友情交往的桥梁，中心校的爱好者有时也到我们村来打球，学生中也掀起了打乒乓球、篮球的热潮，促进了学校体育运动的发展。我班学生陈锡源，在1986年全乡乒乓球比赛中获第二名。我爱好体育的名气也提高了，1988年调到乡中心校，便担任初中4个班的体育课教学工作。

在生活上，最不方便的就是交通，公交车一天只有两班，且只能坐到当时的朝阳镇。朝阳镇距学校还有1小时的路程，只能步行，经常是3个同路的同事一起，乘车到永安，步行约2.5小时的路程到学校，因班车人多，就不乘班车。若遇到雨天，就更难了，有1.5小时的路是泥石路，还有1小时的路也多是泥土路。冬天的雨有时一下就是几天，到学校这1小时的路就成了烂泥路，泥浆要没过小腿的一半，行走十分艰难。有几次，学校的女教师都走哭了。在村小时，曾经多少个晚上，我和几位男教师围坐在石头砌的乒乓球台上想出了一副对联：代家沟沟深深不可测，朝阳山山高高不可攀。横批是：路难行。这副对联真实地道出了我们在代家沟村小的辛酸和愿望。

二、四川省李维兵名校长工作室引领成长

在李维兵名校长工作室的引领下，内江十小开展了5次活动，覆盖全省各市、县（区），涉及800多人次；聚焦了基础教育、道德与法治、核心素养背景下小学生习作方法探究等主题，采取了现场汇报、课堂观摩等形式。

（一）活动开展

1. 亲自带领学校团队开展活动3次，覆盖全省各市州、县（区）领导，市中区学校校长、分管副校长及相关教师代表，涉及500人次；聚焦了基础教育、道德与法治等主题，采取了现场解说、专题汇报等形式。举办区级活动6次，协办省级活动7次，外出（省内）交流学习8次，涉及成都、泸州、

峨眉山等地方。

2. 由于受疫情的影响，很多时间我是参加线上的学习，开展"停课不停教、停课不停学"线上活动。11月4—6日，参加了四川省中小学名校长李维兵工作室组织的乐山嘉州学校"整本书阅读教学"主题课堂研讨会，十小推送了一节由郭秀红老师执教的《童年》整本书阅读课堂教学，同时分享了兄弟学校7节整本书阅读课堂教学，聆听了专家的精彩点评，提高了对整本书阅读教学的认识、理解，为今后如何上好此类课积累了知识、经验。

3.《教育科学论坛》在2020年9月中旬刊登的李维兵校长撰写的《城市小学课后服务的校本实践》，对学校课后服务提供了宝贵的经验指导，很好地推进了学校课后服务的有效实施，为市中区课后服务的试点校工作积累了很好的经验。本人参加了区第29期领导干部（党支部书记）培训、内江市教育体制改革培训，均获得结业证。

4. 学校组织学生参加各类活动获国家级奖项4项，省级奖项13项，市级奖项56项。其中2019年学生参加机器人大赛获全国一等奖，省冠军、亚军、季军；2020年学生参加省机器人大赛获冠军、季军，参加市、区篮球比赛，均获男女双冠军。

5. 学校为全区学校提供课后服务现场观摩。

6. 学校开展主题教育活动10次，班队活动24次。

7. 与省少工委等五个部门共同举办了"护苗2020·绿书签行动"云赠书活动。6月18日上午，市政协社法委主任林文、共青团内江市委书记肖卫波一行，到学校调研青少年思想引领工作，肯定了学校好的做法，建议在全市推广。

8. 学校于2019年获评"全国少先队优秀大队"，2020年获评"全国红十字会模范单位"。

（二）校本研修

1. 论文获奖。组织推荐教师参加各级各类教育部门组织的评比，积极向各级教育刊物投稿，教师共计撰写论文31篇，各级各类刊物发表10篇，获各级各类奖项26篇。2019年本人撰写的论文《浅谈小学科学如何培养学生的创新精神》在中国基础教育研究会主办的"第十五届全国中青年教师（基教）论文大赛"活动中荣获二等奖，论文《中小学应急救护专题教育路径及策略》在《四川教育》2019年第4期综合版发表。2020年本人课堂实录"声音的产生"获国家级二等奖、市级二等奖，课件"校园里的植物"获国家级二等奖。

2. 科研课题。本人作为课题负责人在研的省级课题两项，分别是"少先队集体品质养成教育实践研究""小学应急救护教育策略研究"；本人作为课题负责人结题的省级课题1项，即"信息化环境下小学数学课堂有效教学的方法和策略研究"。同时，省级重点课题"小学应急救护教育策略研究"获省级阶段性成果三等奖，"信息化环境下小学数学课堂有效教学的方法和策略研究"获区科研成果一等奖。

国培校长培训促成长

○ 曾龙先

我从事教育教学工作三十年来，虽然两次担任校长，但是工作的时间比较短暂，对学校、教师和学生管理方面经验尚欠缺。2019年度我有幸在"李维兵名校长工作室"这个优秀团队里研修，在领导的悉心指导下进行了内容丰富、形式多样的学习活动，先后参加了多次专业理论、教育科研讲座的学习，并且到名校观摩和进行社会考察。大家相互交流和学习，相互支持和勉励，收获了许多快乐。参加一次次活动就如同经历了一次次教育思想、教育理念的洗礼，一次次管理策略、管理层次的提升，使自己的教育管理视野更开阔了，教育管理思考更深入了。一年来，在工作室领衔人李维兵校长的引领下，我按照自己制订的发展规划不断地学习。培训中我们学员聆听了许多专家讲授的教育管理理论，学校发展管理与规划，新课程与教师专业发展，校本培训与家庭教育、社会教育的联系，如何做才能当好校长、好教师等知识，受益匪浅；实地参观考察了泸师附小等优秀学校，我们身临其境，理论与实践相结合，亲身感受到了先进的教育教学管理气息，学到了新课改新课程理念指导下学校的教育教学管理知识。虽然很忙碌，但更多的是体会到了成长的欣喜，收获的快乐。

一、理论学习，提升了水平

做一位业务精良、有管理能力的好校长，做一位有思想、有抱负的好校长——这是我追求的理想。为了实现自己的管理梦想，我潜心学习作为校长应具有的教育思想、教育理论、教育方法和管理经验等。本年度我认真阅读了《中小学校管理评价》一书，此书在学校管理、学校教育、学校发展等方面给予了我们指导和方向，让我们在学校管理评价方面有了清晰的认识，为我们今后如何更好地进行管理、评价等工作指明了方向。

同时，在李维兵校长身上我看到了什么是"教育梦想"，他管理的榜样力量启发了我的工作思路和工作方法，指导我积极实践，用实际行动告诉我，管理者要有大爱，要能高瞻远瞩，要有较强的领导力。作为工作室的成员，虽然平时工作繁忙，但我却在这里体会到了浓烈的学习氛围，体会到了学习的快乐。在工作中我们交流谈心，畅所欲言。通过互动，研讨交流，我们相互促进，共同进步。

通过学习、体验、消化，我们充分认识到教育的基础性、先导性和战略性作用，从感性认识上升到理性认识，对当前的教育改革、新课程理念下实施素质教育做了理性的思考，从内涵上做正确的把握，使在教育理论、教育管理、新课程理念下实施素质教育等方面的理论知识得到了提高，为下一步指导我校教育教学实践提供了扎实的理论依据。

二、在研修中探索成长

一年来我们考察了江苏如师附小、成都泡桐树小学等知名学校，这些学校高远的视野和先进的教育思想观念使我们受益匪浅。名校长的经验分享以及学校考察活动，让我如沐春风，如饮甘泉。我深深体会到开放的理念，精细化、科学化的管理模式，是学校成功办学的基本模式。我不断总结，不断反思，不断探索和改进，重新整理了自己的教育和管理思路，扎扎实实做了一些实践和摸索，并结合自身多年的教育管理经验，从不同角度对学校管理的策略和方法进行了比较透彻的论述。

学校秉承"潜心教育，一言一行育人"的理念，创新"勤·成文化"德育新篇。

一是针对自身的实际情况，我校积极开展"三礼"教育取得阶段性成果。针对小学生成长的不同年龄特征，学校实施"三礼"教育活动，即一年级新生入学第一个月的"入学礼"（主题为认识我们的学校，学习习惯、行为习惯的养成），四年级学生的"成长礼"（主题为树立远大理想，养成良好习惯），六年级学生的"毕业礼"（主题为学习成长、理想与感恩）。每一个礼为期一个多月，学生、老师、家长全员参与，做到周周有主题，将德育常规融入其中。学生、家长、老师都经历一次次情感的升华，深受社会好评。

二是创新升旗仪式模式。师生齐唱国歌、校歌——《勤懒歌》，唱毕，全体师生举起右手庄严宣誓："我是中国人，我热爱我的祖国，我要努力学习，让我的祖国更美丽。勤以立身，积微成著！"

三是创新德育信息反馈模式。每日利用学校教师 QQ 群进行德育常规通报，表扬优点，发现问题，做到及时反馈，积极整改，精准高效。

四是家校共育——家长满意的育人模式。家长护校队、家长讲师团、家长开放日、亲子运动会、亲子阅读会、家长师德监督岗等，让家长、学生、学校共同成长。

五是班级和学生多元化评价模式。摒弃了以单一成绩作为唯一评价标准的老旧方式，采用多元化评价让每个班级、每个学生都有闪光点，都有发展的希望。

三、积极培训，开阔视野

加入李维兵名校长工作室一年以来，我积极参加工作室开展的各类交流研讨活动。特别是在北京师范大学学习，听取了多位专家、名校长的报告，我深深体会到了什么是有智慧的校长，怎样才是最科学的管理模式。我相信，这将会对我以后的工作起到很大的促进作用。

每参加一次活动，都让我兴奋不已。我常常细想每次活动的主题与自己学校的联系，思考能否借助别人的成功经验来谋划自己学校的发展。"李维兵名校长工作室"给我提供了很多学习的机会，让我在学习中不断成长着。我将会更加珍惜以后的学习机会，并将所学所得所获与自己的教育实践相结合，查不足，找差距，以提高自身的灵性、理性、悟性，构建先进的办学思想，不断提升自己的理论水平和管理水平。

四、在研修中提升自己的办学水平

"真正有眼光、有远见、有责任感的校长，要加强学校的制度建设，要培育一个良好的机制，以利于学校的长远发展"，引入深层次思考教育的本真问题：小学教育更应该注重学生的实践，注重学生的感性认识，其从实践中取得的直接经验，全面实施素质教育尤为重要。

结合我们山区学校教育实际，我们开展了打造"3+X"素质教育特色活动，一年来成果显著，深受学生、家长、领导好评。"3+X"中的"3"是指：每位孩子在米易一小学习的六年中，要会弹奏一件乐器（竖笛为主）；每班都是一个全员参与的合唱队；每个学生都会篮球、足球、排球运动中的一项。"X"是指：除3以外，学生自选一项素质教育（重点是艺术体育）课程学习，形成自己的爱好。

几年来在李维兵名校长工作室的学习，为我提高教育与教学管理水平提供了一个非常好的平台，让我取得了较好的学习效果，在以后的工作中我将从以下几个方面努力：

一是用学校发展愿景凝聚全体教职工。靠制度、靠人情、靠奖金福利对教师的凝聚都是表层的、肤浅的，真正能吸引教师的是学校给其成长的一段经历，使其在学校发展中自我价值的体现以及受到的尊重，把学校现状及发展愿景内化为教师工作的驱动力，实现学校发展最大化。加强教师队伍建设，全面提升教育质量。目前要尽最大能力让孩子们接受优质教育，加强培训学习，实施温暖教师工程、基本功验收、课堂教学过关、师德提升工程等，让每一位教师在充实工作之余，都能体现自己的成功，能感受来自学生家长及社会各界的赞誉。教师技能提高要有实质改进，基本功训练要加强，听评课、教案备写要重实效，每年要听专家多少场讲座，观摩多少节名家课堂实录，备出多少节精品教案，写出多少篇心得，每学期撰写多少篇教学论文等都要有明确计划和规定，教师帮扶结对要有奖惩制度，强力实施青蓝工程。

二是认真研究梳理办学思想、一训三风，制订学校中长期发展规划。下一步要静心思考，认真梳理提炼，多方论证，使其具有科学性、延展性、实效性，成为师生、家长熟知并付诸行动的抓手。

三是走课改兴校之路。以科研立校，课改促发展，围绕抓紧学校教学中心工作、打造高效课堂、切实减轻师生学业负担这个关键点进行课题立项，以期用科研成果推动学校教育教学工作更上一层楼。

四是充分开发校本课程。充分尊重个性，还要进一步遵循规律，以人为本，寻求发展的切入点、结合点，充分利用课程及其他资源，为师生成长提供好的发展空间；学生课外社会实践活动要有社会效应，要有详细规划及指定负责人。

五是深化多元评价和家校共育新模式。学校善于发现班级、学生闪光点，让每一个班级、学生都有发展的希望，在学习中都有自信；让家长适当参与学校教育活动，让家长、学生、学校共同成长共同进步，办家长满意的教育。

"路漫漫其修远兮，吾将上下而求索"，在以后的工作中我将更进一步开拓创新，不断提高自己，让学校不断发展进步。

和着师生的脉搏一起律动

○ 代麒麟

时光交错，人到中年，感叹时光易逝，年华易老。恍然间，我已从教 26 年余。"人民教师"这光辉的职业不断地激励我在教育教学改革的道路上执着向前，内心的那份自豪、快意油然而生。

26 年来，我经历了乡村小学、乡镇初中、乡镇九年一贯制学校和城区小学等 5 个不同的单位，其中，在村小工作 4 年，在乡镇初中工作 9 年，在九年制学校工作 8 年，在城区小学工作 5 年半。26 年来，我在教育路上不断摸索前进，从一位初生牛犊式的普通教师成长为一名四川省骨干教师（初中数学学科）。26 年来，我坚定教育初心，不断追求进步，从教学一线成长到管理服务岗位，先后经历了教研组长、教科室主任、教务处主任、副校长（工会主席）以及主持学校全面工作的"一把手"校长兼书记等多种岗位的锻炼成长。

不同的单位，让我体验了不同的工作环境，结识了教育人生的许多"贵人"，他们给我不断的引领帮助；不同的角色，让我肩负着不同的使命担当，与同人们一起在教育路上勤耕不辍；不同的时代，让我深知时代赋予教育的伟大使命，逐渐清晰教育"逐本悟道，应时生长"的深刻内涵。

自 2013 年 10 月走上校长岗位以来，我先后经历过地处农村的九年一贯制学校和城区的两所小学。我始终坚定"和着师生的脉搏一起律动"的工作理念，坚持"让孩子成长为最好的自己""让教师享受职业的幸福""让家长满意学校的教育"的教育信念，心存敬畏，心怀感恩，紧扣新时代教育改革发展要求，顺应时代发展潮流，认真调研分析校情，确定学校的办学思路，以开拓进取、务实勤奋的作风，带领全体教职工坚守教育初心，坚定理想信仰，扎实推进学校工作不断超越，不断突破。

一、牢记初心使命，坚守律动信仰

记得在 1994 年 6 月的师范毕业会上，校长以陶行知先生的"捧着一颗心来，不带半根草去"寄语我们。带着校长的嘱托，还未满 19 岁的我，怀揣对教育的满腔热忱，踏上了教育征程。

26 年来，我始终坚信"笨鸟先飞、精诚所至、金石为开"，并以此为座右铭。也是它促使我在教学工作中逐步形成了严谨务实、勤奋向上的敬业奉献精神，从而也得到了领导、同事、学生及其家长的信任和好评。在 7 年的校长岗位中，我经历了从普通到优秀，再到"宜宾市首届名校长培养人选""四川省李维兵名校长工作室成员""四川省李维兵名校长工作室代麒麟工作站领衔人"……一路走来，都源自我始终坚定政治立场不动摇，坚决服从组织安排，坚守教育的初心使命。

尤其是在 2020 年初的新冠疫情防控阻击战中，我更是用自己的担当、坚守、勤谨和温情，践行着一名普通共产党员的教育铁军形象。我第一时间响应上级的疫情防控指示，从 1

月 28 日开始，每天利用网络媒体向全体教师、学生及家长发出疫情防控预警，号召大家"居家隔离不乱窜，宅家学习保平安"；带领班子成员坚守校园，严防死守，不让病毒侵入校园；组织全体教师勇敢作为，积极配合社区参与三无小区的劝导值守，耐心细致地劝导社区居民自觉居家隔离；组织教师们克服困难，千方百计向全校学生开启线上教学，保障每一位孩子"停课不停学"；及时通过媒体向全校学生开展线上心理疏导，鼓励孩子们在老师和家长的带领下，规划好富有特色的宅家学习"五育活动"，共克时艰；组织别具一格的网络开学典礼，让全校师生相聚"云"端，享受着教育的温情与快乐；同时，积极筹备校园抗疫物资，不顾危险，戴上口罩，亲临一线，亲自上阵，参与校园、社区点位值守和校园清洁卫生大扫除……近两个半月的时间里，我每天早出晚归，迎着寒风，冒着细雨，妻子都戏谑说"我看你比正常上班都还要忙，干脆搬到学校去住算了"。每天出门时的"我和儿子都支持你，在外千万注意安全"，让我备感温暖，信心倍增。

作为校长，我深知在带好班子队伍，发展师生，带好学校的同时，还要关注教育扶贫。近年来，我先后 10 余次带队深入贵州毕节市长春小学、甘孜州雅江县三道桥小学和区内的农村薄弱小学等，把前进小学的教育智慧和力量播撒在云贵高原和川西大地。

2019 年 8 月 21 日（那天正是我的生日），为了响应省教科院对凉山州的教育扶贫号召，我连夜自驾赶往西昌市委党校，为凉山州的校长们送去一场两个半小时的讲座"学校文化建设路径实践探索"。讲座一结束，我又马不停蹄地赶回单位组织好本校教师的暑期学习。往返 1000 多公里行程，中途以方便面充饥，虽累但很幸福，因为我有生以来过了一个特别的生日。为了做好这场讲座，我用了足足一个月的时间查阅资料，整理素材，进行充分备课，做课件，成功应对了我教育人生的一大挑战。

二、常怀空杯意识，丰富律动内涵

"学然后知不足，教然后知困。"担任校长以来，我深知校长的状态决定着一所学校师生的状态，也决定着一所学校的状态。因此，我常怀空杯意识，不断寻找学习机会，努力捕捉最前沿的教育思想理念信息，努力探索教育真谛，带领全校师生一起不断追赶、跨越、突破。

成都、绵阳、重庆、深圳、北京、上海、杭州……不管是省内还是省外，沿海还是内地，只要有助于我们理念更新的名优特学校都是我学习的榜样。我带领着老师们克服舟车劳顿，不顾路途遥远，亲临这些学校触摸名校的文化，倾听校长们的治学理念，感悟老师们的敬业精神，内心在一次次的学习观摩中受到震撼，也一次次地引领着我和我的团队蜕变更新。

近年来，我先后到过北京师范大学、华东师范大学、四川师范大学和四川省教科院、宜宾市教师培训中心组织的各类校长高级研修班培训。教授、专家们的讲授内容让我如获至宝，我被深深地吸引着、触动着。每一次外出培训我都反复比对行程，尽力减少旅差开支。

记得 2019 年 4 月，我第一次去北京师范大学参加培训，为了减少差旅开支，我放弃了宜宾直飞北京的行程，而选择了从成都飞往北京的夜班航班。原本 20:35 起飞的航班延误了，最后抵达首都机场时已经是凌晨 2 点半。在返程时，也遇到了同样的问题，抵达成都双流机场时已经是凌晨 1 点多，为了节约一次住宿开支，硬是连夜赶回南溪（当晚遇到暴风雨，高速路封闭），最后在路上整整用了一个晚上的时间，第二天准时出现在学校工作岗位上。

除了不断研修业务能力水平，我还带头深入学习习近平新时代中国特色社会主义思想，并通过媒体随时关注党的重要方针政策，及时向教职工进行广泛宣传；及时关注教育的最新发展动态，带头抓实教育科研课题研究，先后主持完成1个区级课题、1个市级课题的研究结题，参与1个省级课题研究并结题，主持1个省级课题"构建完善的城区小学课后服务体系的实践研究"正在结题过程中，撰写了《"两学一做"带来的素质教育思考》《逐本悟道，应时生长》《学在南溪，学陶助力》《构建"五化"生活课程发展学生综合素养实践》《抑恶扬善立德树人——从陶行知的〈两只口袋〉说起》等10余篇文章在各类杂志和网络媒体上刊载并获奖。

三、常念师生所需，搭建律动舞台

我始终坚持"文化立校，文化养校"理念。每到一所学校，我特别注重办学思想的提炼、传承、丰富和发展，在办学思想的指导下构建完善课程体系，坚持"五育并举"，始终围绕学生的发展推进素质教育落地落实，如长庆学校的"爱满天下，知真行美"，丽雅小学的"美丽人生·博雅教育"，前进小学的"仁爱求真""踔武前贤，进德修业"，等等。注重校园文化和学校文化元素符号的打造，亲自设计并制作校徽校旗，创编校歌《丽雅路上快乐成长》和《如歌向前》等。

因地制宜、因生所需，以"一个都不能少，人人参与""人人都是艺术者，人人都是表演者"为理念，策划校园文化活动。尤其是每一届学生毕业之际，我都要以书信的方式向全体学子送去母校的牵挂和期待，让毕业学生怀着感恩和眷恋奔向未来。

重视教师团队文化建设，着力教师素质能力梯级提升，提振教师精神气质。每年元旦、春节、"三八"、"七一"、教师节等重大节日，我都要策划好一次精彩的工会活动，并以书信的形式向教师们表达节日的祝福，肯定他们的工作，表扬团队中的先进，传递组织的温暖，让他们在收获感动温馨中体验职业的幸福。

四、把握时代旋律，奏响律动乐章

时代在发展，教育任更艰。我将始终牢记组织重托，肩负师生发展、学校发展、教育发展的历史使命，以兼济天下的情怀，站在民族复兴，国家未来的高度，守住自己的教育初心，仰望星空，脚踏实地。未来，我将继续依托四川省李维兵名校长工作室资源，把全市第一个小学名校长工作站——"四川省李维兵名校长工作室成员代麒麟工作站"建设好，引领好。与工作室（站）的成员一起共情共生，共话教育，带领工作站成员为全市小学教育的改革发展"逐本悟道，应时生长"。

下篇

论文集萃

修身、琢玉、弘道

——浅谈校长对教师的培养路径

○ 李 霞

一所学校有一支优秀的教师队伍是学校的核心竞争力，也是学校的软实力，而作为校长，"培养教师队伍"是一门必修课，从某种意义上来说，也是检验是否成为一位合格的管理者的"试金石"。作为从一线教师成长为管理者的我，本着"己欲达而达人"的思想，积极探索对教师的培养之道，偶有所得：修身、琢玉、弘道，既是教育人的修行之路，也可以作为校长对教师的培养路径。

古语有云"修身，齐家，治国，平天下"，作为教育者，更应该注重操守，培养教师的首要任务，就是助力教师"修身养性"。

首先，养心性

养心性的途径很多，正所谓"诗歌花茶酒，琴棋书画剑"均可修身养性；而众多途径中，有一样最容易，那就是读书。

大南街小学作为百年老校，具有深厚的文化底蕴。一到大南街小学，我就抓住"全民阅读"这一契机，进一步推进"书香校园建设"，除了开放图书馆，还设立了"图书漂流架""心理驿站茶歇室"，定期举办"教师读书沙龙"，开展"图书漂流""一缕书香"等活动，不惜重金购买各类书籍，写上亲笔签名和赠语送给大家，自己也带头读，带头分享阅读所得。渐渐地，老师们空余时间都喜欢手捧书卷，徜徉其间。"悦读·共享"活动中，老师们谈起阅读的好处如数家珍。有一位性格内向的老师敞开心扉，她说："有时候困扰自己很久的繁难，突然在一本书、一页纸、一行字里就找到了答案。"另一位性格有些急躁的老师赞成地说，"这一点我也深有体会，当我读到'知止而后有定，定而后能静，静而后能安，安而后能虑，虑而后能得'时，茅塞顿开，细品此间深意，助我心境平和，意志坚定，许多难题迎刃而解。我现在面对教育教学中的困难时，都能平心静气地处理，跟学生交流也更有耐心，更温和了，这样一来，跟学生的关系得到了改善，孩子们比原来更喜欢亲近我，特别有成就感。"

在阅读中，引导老师们发现，中华典籍浩如烟海，蕴藏着古老的哲学思想和深远的智慧。而"教育就是要将知识转化为智慧"，作为教育者，首先就要具备这样的智慧。智慧何来？由后天的学习、思考而来。当然，"尽信书不如无书"，我常常提醒大家，务必选择性吸收，去粗取精，内化于心。

其次，养党性

教师队伍中有一大批党员，对党员教师，还要引导大家养党性。"党建工作与常态教学活动深度融合"，开展"做养心教师，向党献礼""学先贤，学名师，做优秀教育人"等活动，教育引导党员教师要亮身份，牢牢记住：坚定不移拥护以习近平同志为核心的中国共产党的领导，矢志不渝贯彻党的教育思想是我们义不容辞的责任！选派部分优秀党员去首都北京参观了"砥砺奋进的五年"成果展。作为其中一名成员，回到学校我和全体老师分享参观过程及心得，老师们内心的激动和震撼无以言表。通过我的宣讲，全体老师作为中国人前所未有的自豪感、安全感油然而生，深刻体会到"道路自信""文化自信"等四个自信。会后大家都说，我们这代人非常幸运，近距离了解"站起来"，经历了"富起来"，正参与和创造"强起来"的历史进程。趁热打铁，作为支部书记，我带领大家开展了大讨论：作为新时代教育人，我们应该有怎样的责任和担当？这是叩问我们心灵的时代之问。通过深入讨论，无论是党员教师还是普通教师，思想境界都得到了大幅度提升，积极响应习近平总书记的号召，立志做"有理想信念，有道德情操，有扎实学识，有仁爱之心"的四有好教师。

修身奠基，方可琢玉。于我而言，琢玉情结，源于《大学》一书，"有匪君子，如切如磋，如琢如磨"，让人心生向往。且深知，玉不琢不成器。作为学校的管理者，促进教师的专业成长为重中之重。

把专业成长作为琢玉的"试金石"

首先，摸清每一位教师的专业需求，量身定制"职业生涯规划"，要求新教师一年之内"站稳讲台"，三年之内成为"校内骨干教师"，五年之内成"镇县名师"；已经是骨干的中青年教师，就向着"省市名师"目标前进，特别优秀的鼓励评"高级教师"创"特级教师"；助力德艺双馨的老教师成为榜样和标兵，张会、彭斌等分别荣获市、县师德标兵、教学标兵称号。职业生涯规划初具模型后，根据不同性格、特长，为教师们"压担子""搭台子""铺路子"，实施"五大工程"，开展"六课活动"，落实"七重七促"等。其中，最重要的是建立各学科专业成长打磨团队，语文由我、罗仲全和语文教研组组长负责；数学由陈刚副校长、雷珍主任和数学教研组组长负责；英语及艺体综合学科由王纯方副校长负责，成员是各科骨干教师，辐射了各年段、各学科。任何一次竞赛和活动，呈现的都是南小的集体智慧，参赛的能得到提高；观课、磨课的也有收获，教学相长，共同进步；这次是我，下次是你，是他，进行爱心的传递、智慧的分享、习惯的传承。我们的约定是：不做评价性议课，只做指导性评课。人人都是主角，既是传授者，又是获得者，心与心的吸引，智慧与智慧的激发与碰撞，怀揣共同的教育梦想，深耕在这片土地上。

近年来，学校承办各级各类教师培训、竞赛课、教研活动二十多场次，三十多人次参与献课、赛课以及示范教学。其中，罗仲全、夏芳先参加了四川省群文阅读优质课竞赛，取得优异成绩；兰昕老师代表内江参加四川省语文优质课竞赛和科学优质课竞赛，均获二等奖；余筱莉老师参加内江市道法优质课竞赛获第一名，将代表内江赴省上参赛；张萍老师获内江市数学优质课竞赛一等奖，李自丽老师获内江市少先队活动课展评特等奖，张晓英老师在英语微课比赛中获内江市一等奖……如此种种，不胜枚举，每一次登台亮相，每一次竞技角逐，都是对老师最好的锻炼，团队最有效的成长，不断获得专业自信和职业幸福感、自豪感，一块块璞玉越磨越亮，成为隆昌教育星空璀璨的群星。

琢玉是过程，弘道是目的，天下为公，大道至简。有此前提，其道必弘。

向行政团队弘管理之道

中国式管理颇具中国特色，除了讲制度，有原则，还要讲情感，有温度；更要率先垂范，以德服人；示范引领，以技服人。我对自己及行政团队有要求：站得住讲台，下得去深水，看得出门道，讲得出名堂。老师生病，陈刚副校长顶岗上课；学生受伤，王纯方副校长送教上门；教科所视导，雷珍主任打头阵；开学季和毕业季，我亲自上课。还记得，上毕业季课程时，几百师生共聚一堂，伴随"长亭外，古道边，芳草碧连天"音乐响起，"友情篇""师恩篇"感人肺腑，"同学，我想对你说""老师，请您听我说"道不尽声声珍重，诉不完滴滴感动；"成长篇""励志篇"催人奋发，在"灿烂星空，谁是真的英雄……把握生命里的每一分钟，全力以赴我们心中的梦"歌声中结束，祝福孩子们成为学校、家庭、社会的真心英雄，感染了孩子，感动了老师……还有什么比用行动更能诠释管理之道的精髓呢？

向教师们弘"育人之道"

每次教师大会上我都会做分享，引导大家弄清楚"为谁培养人""培养什么人""怎样培养人"系列问题，统一培养德智体美劳全面发展的社会主义建设者和接班人的育人思想，结合我校"大艺养心，立文化人"理念，以课程建设为抓手，使"全面育人思想"落地。

以师德育人：加强教师自身师德修养，做到为人师表，身教重于言教，以自己的言行引领学生、感化学生，走进学生心灵，关爱每一个学生。正如陶行知先生所说："真教育是心心相印的活动，唯独从心里发出来的，才能打到心灵的深处。"

办学理念，体现了学校的发展方向。隆昌老八景：弘扬传统文化，全面进行文化熏陶和渗透。艺术走廊：书画并举，展示传统文化魅力，为学生提供学习的榜样。班级文化，倡导个性。办公室文化，名言警句、诗词书画，弘扬和谐、励志、清新、高雅。

书香文化育人：课前5分钟，学生分享自己的阅读收获；学校统一制作读书笔记要求学生写一写自己的读书心得；举办诗词大会、朗读比赛，参与面广，气氛热烈。开放图书室，阅读课进图书室，班级、校园内图书漂流，丰富了学生阅读形式。

健康文化育人：重视心理疏导，促教师幸福生活，促学生健康成长。兴建心理辅导室、减压室，配置设施设备，展开心理辅导活动，帮助教师学生树立健康心理和积极心态。建立困难教师的管理和帮扶机制，与教师交流谈心，对教师进行心理疏导，培养教师积极向上的心态。

以活动育人

校园艺术节活动：为了更好地展示学生的艺术才能，体现在普及中提高，学校广泛开展"艺术节"活动，要求人人参与、班班发动，在以年级组为单位展示汇报活动的基础上选拔优秀节目参加学校层面的会演；并举办书法、绘画、摄影、文学作品、科技制作等艺术作品的展览，使学生受到潜移默化的艺术熏陶。我校已连续举办了二十八届校园艺术节，年年有新意，届届有成果。

国旗下展示活动：每周一个班级展示，让班级轮流成为主角，让每位学生成为整个升旗仪式的主体，让学生内心深处的情感得以激发，精神得以洗礼。将升旗这个大的舞台变成一个展示的舞台、学习的平台。通过这一展示平台，更大地发挥升旗仪式的激励作用，增强全体同学的集体荣誉感、自豪感；更多地推介班级经验，促进各班相互学习、共同提高。

科技创新活动：活动旨在提高学生的科技素质和科学创新意识，让学生在活动中充分体验学习、创造、动手、动脑的乐趣，促进我校的科普教育工作，培养学生"勇于探索、敢于创新"的精神。

以各类活动为载体，让"全面育人思想"开花结果，老师们在育人的同时，自己也在不断成长。

在孜孜不倦的教育大道上，披荆斩棘，渐渐探索出培养促进老师专业成长的路径：修身、琢玉、弘道。南小的每一位老师都深知作为新时代的教育人任重道远，都能做到心中有信念，手里有蓝图，脚下有大道，修身正己，兼济天下；琢玉成器，功在千秋；弘道授业，责无旁贷。

开展主题式德育活动，
践行立德树人根本任务

○ 吴楷斌

2014 年，教育部印发的《关于培育和践行社会主义核心价值观进一步加强中小学德育工作的意见》要求中指出："切实把立德树人作为教育的根本任务，针对当前的新形势新要求，培育和践行社会主义核心价值观，进一步增强中小学德育的时代性、规律性、实效性。"

一、开展主题式德育活动的背景
（一）问题的缘起

在一次班主任经验交流会上，班主任们普遍反映学生的行为习惯越来越差，主要的现象有：纪律涣散，作业拖拉或不完成；爱吃零食，乱扔垃圾；脏话频出，动辄打人骂人；自私任性，对他人漠不关心；行为霸道，不懂礼貌；孤僻胆小，依赖性强等问题。虽然表现在各个班级和学生个体身上的多少和程度不同，但对校风、班风造成了比较大的影响。如何改进和加强德育工作，养成学生良好的品行，成为当时柏溪小学面临的重大课题。

（二）问题的分析

针对学生思想品行存在的问题，我们对学校的德育工作进行了分析解剖，发现主要存在以下问题：

内容空大。德育内容注重思想意识熏陶，德育题材往往是大而空的英模事迹，远离学生丰富、生动的现实生活，学生很难从自身的需要中找到与之相一致的契合点，很难内化为自己的信念，外化为自己的行动。

方法陈旧。普通的品德教育以"说教"为主，限于班队会、品德课、朝会课等途径，形式单一，学生缺乏兴趣，缺少实践活动，因而德育活动的实效性不高。

知行脱节。学校德育往往通过道德知识的灌输来"教化"学生，把成人的价值观强加给学生，忽视让学生通过道德实践活动来体验、感悟和构建自己的道德认识，造成知行脱节。

评价单一。小学品德评价普遍存在评价目的狭隘（规范学生的言行举止）、评价方式单一（一般是教师评价学生，学生被动接受评价）、评价手段陈旧（一般是平时表扬批评，期末下一个评语）、评价功能不强（不能充分发挥评价的导向激励作用，尤其是过程性评价的及时引导作用）等问题。

（三）主题式德育活动的提出

通过对问题的深入分析，我们认为学校德育必须遵循德育规律和学生身心发展规律，让学生在生活中体验，在活动中熏陶，在实践中成长。

针对我校德育工作中存在的问题，在活动理论、生活德育理念、建构主义理论等现代教育理论指导下，我们提出了主题式德育活动改革措施，进行了历时六年的实践研究。

二、主题式德育活动的内涵

小学主题式德育活动，指在小学德育工作中，为了达到期望的德育目标，在一定的德育思想理论的指导下，结合学生和学校的实际，把德育目标分解为结构化的若干德育主题，围绕德育主题，把德育教育过程转化为一系列蕴含德育功能的活动过程，由此而制订出若干对应的方案并付诸实施。这个定义包含着理论指导、结构化主题的确定、活动的结构与程序、实施原则、操作要领等诸因素统一结合构成的德育活动形式。

三、主题式德育活动的实施策略

（一）德育活动主题化

德育主题活动不仅是适合小学德育特点的一种新的教学思想和教学方式，同时还是提高德育实效性和针对性的有效手段和途径。德育活动日益强化活动主题，采取主题活动的运作方式。相较传统教学活动而言，"成功的主题活动犹如生活中的浪花、记忆中的亮点，在学生的生命发展历程中会留下鲜明的痕迹，在关键时期还能成为学生发展阶段转换的敏锐出发点"。

在斯金纳"强化理论"和朱永新"新教育理念"启发下，我们结合本校学生的实际，把德育目标进行具体化，分解、融入学校的教育教学工作和学生的日常生活中，每月确定一个德育活动主题，每周围绕主题开展活动，并落实到每天的教育教学活动中。

德育活动主题化，有效地克服了活动的随意性、零散性，使活动的目的更加明确，对学生的德育影响更加持久、深入和有针对性。主题式德育活动的循环开展，对学生的外在习惯、内在品质产生持续的良性引导，从而使其逐步习得一个合格小公民应具备的基本素养。

柏溪小学德育活动"每月一主题"安排表

月份	活动主题	活动目标一 （习惯养成）	活动目标二 （品质培养）
1	中国传统文化月	养成节俭过新年的习惯	热爱中华优秀传统文化
2	中国传统文化月	养成节俭过新年的习惯	热爱中华优秀传统文化
3	公民道德宣传活动月（雷锋节）	文明礼仪习惯	诚信、友善、宽容、博爱之心
4	经典诵读活动月（读书节）	自觉阅读的习惯	热爱学习、积极向上
5	劳动实践活动月（劳动节）	劳动的习惯	热爱劳动、艰苦奋斗
6	音乐文化活动月（音乐节）	鉴赏美、欣赏美的习惯	和谐、快乐、阳光、自信
7	科技实践活动月	学科学、用科学的习惯	崇尚科学、热爱科学
8	社会实践活动月（科技节）	学科学、用科学的习惯	崇尚科学、热爱科学
9	孝老敬亲活动月（敬老节）	尊老爱幼的习惯	珍爱亲情友情，懂得感恩回报
10	爱国爱家活动月（国庆节）	文明和谐的习惯	爱祖国、爱人民、爱社会主义
11	法制安全教育月（体育节）	养成学法守法的习惯	学法、守法，珍爱生命
12	美术文化活动月（美术节）	鉴赏美、欣赏美的习惯	怡情养志、涵育文明

（二）活动主题序列化

德育主题序列化，是指按学生品德的不同发展阶段将德育基本稳定的内容，组织成为连续有序的系列的过程。其特点是内容按由低到高，由浅入深，由个别到一般，由简单到复杂，分层次分阶段、连续有序地排列，呈螺旋式上升趋势。各个内容序列在德育要求上略高于学生已有发展水平。

序列化主题设计既要强调阶段性，又要重视连续性，两者的结合具有理论的科学性、客观的必要性、现实的迫切性和效果的优越性。实现"分段"与"连续"的有机结合来构建序列化的活动主题，就应坚持生本理念为主题确立来源依据；明确课程责任主体，提升主题设计水平；分解细化课程目标，建立主题筛选机制。

首先，序列化表现为一个"主题"适用于几个年级。例如，"争做合格小公民"这一主题活动，可以在学校一至六年级全面展开。在使用时，不同年级的教师可以根据本年龄段的队员对活动计划进行重组、筛选或是降低活动内容的要求和操作难度。

其次，序列化还体现了分层化，即在一个主题下适合不同年龄的队员。例如，以"我劳动我光荣争章"为主题开展的体验活动，低年级小朋友争"家务章"开展的"小鬼当家"活动，中、高年级争"社会实践章"时开展的各种各类社会实践活动，如"义务清洁工""环保小卫士"等。这样使小队活动内容形成系列，显得完整、有序。

（三）主题活动模式化

德育模式是在一定的德育思想理论的指导下，经长期德育实践而定型的德育活动结构及其配套的实施策略。月主题活动模式化，是指根据德育目标，优化德育主题内容，整合学校各德育要素，科学设置德育流程并相对固化，以提高德育效能，利于总结推广。

围绕每月的活动主题，学校和家长相互配合，组织学生开展相关的校内外活动，通过活动凸显主题意图，实现德育目标。月主题活动从大德育观出发，立足于校园，渗透于学生的学习生活全过程，实现学校教育、家庭教育和社会教育的有机互补。

1. **优化月主题活动实施流程。**

每年一重点（活动计划）→每月一主题（活动方案）→周周有活动（第一周，启动仪式，召开学校集会、主题班会；第二周，社会实践，集体活动、个人活动；第三周，展示交流，主题班会、作品展示；第四周，评比表彰，评选表彰校级、班级活动明星）。

2. **开展"阳光德育·家校共育"月主题"123"活动。**

每月的主题活动，按照活动方案、活动流程组织开展校内外活动。以"厉行节约，从我做起"主题活动为例，其程序是：由学校印发"告家长书"，告知活动的目标、内容和要求。第一周：启动仪式，召开学校集会、班会，明确活动的目的意义，并对活动进行安排部署。第二周：分组或个人开展实践活动，要求学生做好活动记录（图片、文字），准备好交流展示材料（包括活动记录、活动体会、家长反馈意见）。第三周：交流展示（召开主题班会，交流汇报活动情况、体会或作品）。第四周：总结表彰（召开主题班会，开展学生互评，结合教师评价、家长评价，确定校级、班级活动明星并予以表彰）。

（四）活动途径多样化

学校德育教育的途径丰富多样，既有显性课程，也有隐性课程，既有学校教育，也有社会和家庭教育，学校德育途径应该多样化。

1. **充分发挥少先队工作的德育功能。**

少先队工作是开展德育活动的重要载体。主要做法：坚持每周星期一升旗仪式、建队日仪式、新队员入队仪式等，增强学生的仪式感和角色意识；从2015年春期起，每周升旗仪式才艺展演内容为"社会主义核心价值观展演"，每周一个班级依次展示（全班学生上台），评委当场评分，每学年轮完一次后表彰先进班级，之后再进入第二轮展示。建立校园电视台、广播站，每天大课间后播放 5 分钟节目，内容包括歌曲、表扬好人好事、优秀学生作文欣赏等。校园电视台每周一下午第一、二节班会课播放 20 分钟左右的专题电视节目，节目内容围绕当月活动主题；开展阳光小志愿者行动，学校大队部组织成立了数十人的阳光小志愿者队伍，制作小红帽作为特殊而光荣的标志。每学期，大队辅导员都要组织小志愿者到街道、社区，集体开展宣传、服务、引导、义务劳动等形式多样的公益活动。此外，学校充分发挥少先队大队、班级干部作用，开展一日常规自主管理。

2. 开展学校少年宫活动。

学校少年宫项目分为德育类、体育类、音乐类、美术类、科技类、语言类、数学类等，各类又分为若干组别，组织形式分校级特长队和年级兴趣组，现建有校级特长队和年级兴趣组，每周二、周三下午各开展 40 分钟活动。每次活动由校行政人员逐一检查评分，每学期各组别集中展示，过程评分和展示评分综合即为各组别的最后得分，根据最后得分评出一、二、三等，由学校予以表彰奖励。

3. 学科教学渗透德育。

在学科教学中，教师依据《课程标准》和《小学德育纲要》对每节课制定德育目标（情感、态度、价值观，学习、做人的态度和价值取向等），在组织教学、知识传授、方法指导等各个教学环节进行渗透，以期对学生的思想品行产生积极的影响和强化。主要包括以下途径：制定课堂教学的德育目标，在课堂组织教学中渗透德育，利用教学内容和素材渗透德育。

4. 运用现代信息技术实施德育。

互联网是当今社会信息交流的主要平台，在为人们的生产生活带来便捷的同时，网络诈骗、网络病毒、黄色信息等也给人们带来干扰甚至伤害，对涉世未深的少年儿童来说，面临的风险和考验尤甚。为了教育孩子安全、文明上网，树立正确的是非观念，增强抗风险意识和能力，学校通过建立校园微信公众号、班级微信群（QQ群）开展了"网络文明伴我成长"的活动，活动贯穿每个孩子的小学阶段。

（五）德育评价多元化

德育评价多元化是指对德育活动的全过程、多维度实施评价，评价主体包含学生、教师和家长，其中又特别突出学生的自主评价，以此来培养学生自主管理意识和能力。

1. 月主题活动评价。

月主题活动每月一评价，实行学生、教师、家长三维评价，主要评价学生参与活动的态度、效果、认识，评选表彰班级明星、校园明星。

2. 班级评价。

班级评价采取过程评价和结果评价相结合、学校评价和学生自主评价相结合，以培养学生的自主管理能力。学校完善相关的评价方案，设置评价栏如校园常规检查评比公示栏、班级自主评价栏，每日一检查，每周一小结，每月一评比（评选卫生班级、文明班级，授予流动红旗），每期一总评，评选优秀班级、优秀班主任。

3. 品德素养测评。

每学期，学校还要对学生思想品德水平进行抽样检测，具体方式有设置德育情景问题现场考核、设置问卷进行调查统计。

4. 表彰先进榜样。

每年六一儿童节，学校评选表彰三好学生、优秀班队干部、优秀辅导员、优秀家长，发挥榜样的示范带头作用。

四、主题式德育活动取得的效果

养成了学生良好的品行。从前后两次思想道德状况调查问卷数据对比来看，学生在"爱国意识""价值取向""守法自律""文明素养""孝亲敬老""好学上进"等六个维度上有明显进步，得分率提高值在 20% 左右。大部分学生常规习惯越来越好，文明风气更加浓厚，孩子们懂得了感恩、敬老、关爱别人，积极参加志愿者服务，涌现了很多拾金不昧、为灾区献爱心的典型。

改进了德育方法。构建了学校、家庭、社区的德育网络，树立了大德育观，促进了家校共育，改进了德育评价方法，形成了全过程育人的良好氛围。教师和家长通过总结、分享自己的教育故事，撰写经验文章，促进了育人能力的提升。

提升了学校品位。学校在阳光教育办学理念指导下，以主题式德育活动为切入口，构建阳光教育"五位一体"教育平台，全面推进素质教育，着力培养阳光学生。学校连续十四年荣获市、区（县）义务教育质量一等奖，被授予全国少先队先进集体、四川省义务教育先进集体、四川省文明校园等荣誉称号。

以劳动教育为钥匙，
轻叩"五育融合"的大门

——新时代小学劳动教育的校本实践智慧

○ 朱发华

长期以来，崇尚劳动、勤于劳动，就是中华民族的传统美德。在新时代，如何进一步加强对学生的劳动教育，让学生掌握一些基本的劳动技能，体验劳动的价值和意义，分享劳动的快乐和幸福，培养德智体美劳全面发展的时代新人，成了新时代教育的一个新命题。中共中央、国务院也出台了《关于全面加强新时代大中小学劳动教育的意见》，对中小学开展劳动教育提出了纲领性的规划和部署，让学校劳动教育的实施，有了更加明确的方向。

一、精准把握小学劳动教育的价值意义

1. 以劳树德。

在劳动教育的实施过程中，我们要让学生懂得劳动的价值和意义。知道劳动创造美，劳动创造幸福，树立劳动最光荣、劳动最崇高、劳动最伟大、劳动最美丽的观念；体会劳动创造美好生活，体会劳动不分贵贱，热爱劳动，尊重普通劳动者，培养勤俭、奋斗、创新、奉献的劳动精神；具备满足生存发展需要的基本劳动能力，形成良好的劳动习惯。

2. **以劳增智**。

劳动的过程，也是学生智力开发和提升的过程。在劳动中，如何合理使用劳动工具，如何提高劳动的效率，如何感知劳动的价值和意义，如何在劳动中做好自我安全防护工作，都需要学生去参与、体验和感悟。这个过程，即学生开启智慧、增长才干的过程。

3. **以劳强体**。

人类参与劳动的过程，需要手脑并用，并付出心血和汗水。通过劳动教育，让学生远离"四体不勤、五谷不分"的尴尬。学生通过适当的家务、班务、校务以及社会实践活动，可以让体能、耐力、心智等得以增强，进一步减少"温室的幼苗长不好"的不良倾向。

4. **以劳育美**。

劳动是一件辛苦但美好的事情，通过劳动，让孩子们体验劳动中的美感，分享劳动后的成功喜悦。在劳动中培育集体意识和奋斗精神，这些劳动品质的养成，是学生终生受用的资源。同时，劳动中创造的价值，让孩子们产生成功感、愉悦感、幸福感，这是以劳育美的精髓所在。

二、潜心挖掘小学劳动教育的课程资源

要实施好劳动教育，课程资源的建设是必不可少的。学校可根据学生来源、所处区域、当地文化等诸多因素，结合学校实际，来挖掘和构建学校自身的劳动教育课程资源体系。

我所在学校的绝大多数学生来源于城市家庭，存在对劳动知识、农业知识、生产知识较缺乏的现实情况。学校因地制宜，结合校园文化建设的整体部署和开展劳动教育的实际需要，利用边角地块建设了果园和菜园，作为学校的校内劳动实

践基地，解决了学生参与劳动实践场地不足的难题。

结合学校实际和学情，在劳动教育的开展上，学校精心谋划，开设了以下门类的劳动课程。

自我管理课程。根据学生年龄特点和身心发展规律，分年段制定日常生活劳动清单，根据学生年龄特点，我们在一、二年级开展"自己的事情自己做"系列课程。我校分为春秋两期，采用难度系数递增的方式，每期让学生学会并巩固4种技能，形成劳动习惯，等学生二年级结束后，至少学会16种自我管理的技能。

项目及内容安排	自我管理技能1	自我管理技能2	自我管理技能3	自我管理技能4
一年级上期	我会整理小书包	我会系鞋带	我会扣纽扣	我会削铅笔
一年级下期	我会整理书桌	我会系红领巾	我会洗鞋袜	我会叠被子
二年级上期	我会剪指甲	我会洗头发	我会洗澡啦	我会布置小房间
二年级下期	我会包书皮	我会晾衣服	我会调牛奶	我会接待客人

家务劳动课程。随着孩子的年龄逐渐增长，有了为家人服务的意识，于是在三、四年级形成"小鬼当家"系列课程。

学校要求学生每期在家需要完成3~4项家务活动技能，以自主劳动和亲子活动的形式，让学生独立完成，或者与家长共同完成，内容包括居室整理、洗衣扫地、简单烹饪等。学校制作了《学生家务手册》，学生完成相关项目后，只需在手册上做简单填写即可。学校德育处定期进行检查评比。

项目及内容 安排	家务劳动 技能 1	家务劳动 技能 2	家务劳动 技能 3	家务劳动 技能 4
三年级上期	我来拖地	我来整理衣柜	我来整理厨房用具	我来煮鸡蛋
三年级下期	我会包汤圆	我会包饺子	我会蒸鸡蛋羹	我会做蛋炒饭
四年级上期	买菜	择菜	切菜	炒菜
四年级下期	我会使用电饭煲	我会使用洗衣机	我会使用榨汁机	我会使用电熨斗

班务整理课程。即学生要参与班级劳动事务，如地面打扫、课桌椅清洁、班级物品收纳、午休用品整理、班级花草养护、各班门前三包等事务。将此项工作纳入学校文明班级评选，并定期进行表扬。

校务实践课程。即各班学生在学校的统一安排下，参与学校公共区域的劳动或公共岗位的服务工作，如公区打扫、苗圃管理、公共岗位值守等，让学生树立"人人为我，我为人人"的劳动理念，珍惜别人的劳动成果。学生通过校务劳动课程的实施，懂得了劳动的艰辛，知晓了学校保洁工人工作的繁重和琐屑。在学校里，孩子们更加懂得了不乱丢乱吐，自觉规范自己的行为，成了"美好校园"的劳动者和维护者。

田园劳作课程。为了田园课程的实施，学校专门开辟了校园农场，配备了劳动工具。学校建立了菜园和果园，菜园里的常规蔬菜品种达 10 种以上，果园里的果树也达 11 种之多。学校邀请资深农业指导师和"老农民"作为学生的实践指导教师，指导学生们锄土、施肥、浇水、修枝；同时，对学生进行植物品种的认识、四季知识以及时令农时知识的教育。学校田园课程的开设，让学生不需要走出校园，即可体验农场劳动的场景。在丰收季，学校隆重举行瓜果分享会、义卖活动等，在充满仪式感的活动中，让学生体验劳动的成果，分享劳动的价值。

在平时的教育教学活动中，我们以劳动实践基地"乐耕园"为依托，充分将各学科融合，开展体验式、主题式学习。语文老师带领孩子们到"乐耕园"进行写作活动，将劳动与写作相融合；数学老师则带孩子们到菜园子进行测量、计算，将劳动与创新计算相融合；美术老师带孩子们开展绘画活动，劳动美育体现得淋漓尽致；科学老师则带孩子们观察蔬菜的生长过程。同时体育组老师编排《缤纷童年 律动人生》之校园乐耕操，让学生在跳操锻炼身体的同时，也逐渐养成爱劳动、节约粮食的好习惯；音乐组老师创编科普文艺节目《乐耕园里趣事多——毛毛虫的蜕变》参加省、市展演以及泸州市少儿春晚节目展播，真正做到了以劳树德、以劳增智、以劳强体、以劳育美。劳动与艺术创造、文化传承相结合，一场以"乐耕园"为载体的跨学科的综合性课程正散发生机与活力。

社会实践课程。在学校的精心组织下，学生可轮换参与农耕类的研学实践活动。在活动中，学生可参与插秧、捉鱼、推豆花、竹编、木工等项目的劳作活动。此外，在学校和学生家庭的组织下，学生还参加植树、农村生活体验等活动。在社会实践活动中，学生的视野得以拓展，劳动意识和劳动能力也得以不断提升。

协同育人课程。学校充分利用朝会、班队会等时段，邀请劳动模范、技能大师、知名工匠、一线劳动者等到校，给孩子们讲祖国的辉煌成就、劳动者的故事、工作经历、取得的工作业绩，让孩子们懂得劳动的意义和价值，激发他们劳动的自觉性和主动性。同时，学校还充分利用家长资源，通过"家长进课堂"的形式，让家长讲述他们的职业故事、经历以及现场授课等；通过"三百六十行，行行都精彩"的职业故事传播，孩子们懂得了"劳动创造价值，劳动创造美好"的真切含义。

志愿服务课程。社会志愿服务劳动具有明显的时代性，注重利用知识、技能等为他人、为社会服务，鼓励学生就近到社区进行志愿服务、公益劳动，如到泸州市图书馆当义工，为广大读者整理图书；周末到邻近的社区服务中心，为弟弟妹妹讲故事、辅导作业。这样的活动强化了学生的社会责任意识，培养了他们良好的社会公德。

通过参与各层面的服务性劳动，学生切身感受到了劳动的魅力、劳动创造精神财富和物质财富的含义。

三、科学谋划小学劳动教育的管理机制
1. 整体规划。

学校要根据上级要求和学校实际，拟订学校劳动教育实施方案，以理论和实践、校内和校外、学校和家庭相结合等多种形式，从目标定位、原则把握、课程设计、课时安排、师资配备、活动部署、效果评估等方面对学校劳动教育的实施进行全面的规划和部署，充分考量方案的科学性、可操作性和实效性。

2. 项目推进。

学校的劳动教育活动，要在具体的实践活动中去实施，要避免简单的说教和"口号式"的要求。要根据学校实际情况，对学生的家务劳动、班务活动、校务活动、实践活动等予以科学安排，以活动项目的形式予以推进。做到每周劳动教育不少于1课时的刚性安排，同时根据学校实际情况，进行更加科学的安排和部署。

3. 过程管理。

学校的劳动教育，应做到课时保底，即每周不少于1课时

的劳动教育时间，更要做到课程化思考，劳动教育要进课表，要以课程的形式来推动劳动教育的有效实施。要进一步加强师资的培养，让劳动课程任课教师懂劳动、爱劳动，做到言传身教，推动劳动教育的可持续实施。要积极开展好劳动教育的专题教研活动，对劳动教育的内容、形式、组织、评估等进行全面深入的研讨，形成学校劳动教育的经验和智慧。要进一步做好学校和校外劳动基地的规划、建设和管理，让学生有去处，有干处，让学生在劳动中收获乐趣，体验成长。

4. **效益评估**。

学校开展的劳动教育，要纳入对学生的综合评价之中，让劳动教育成为"五育融合"的重要推手。注重对学生劳动意识、劳动习惯、劳动技能、劳动效果的综合性评估。在学校中，可定期开展劳动技能大比拼、"劳动小标兵"评选等活动；同时，要积极参考家庭、社区等领域的评估意见，形成学校、家庭、社区"三维一体"的工作机制，让学生的劳动教育形成"人人管、人人抓"的良好局面。

四、有效规整小学劳动教育的操作策略

1. **课程化策略**。

学校的劳动教育，要取得实效，需坚持走课程化之路。学校将根据校情和学情，走校本化劳动教育课程之路。学校可根据学生来源、场地保障、师资配备等因素综合考虑学校的劳动课程开发和实施。

2. **课题化策略**。

学校要组织教师团队，对劳动教育的保底要求、课程开发、实施策略、活动组织、效果评估等进行研究，以科研的视角，对劳动教育的有效开展进行理性的思辨。

3. **情境化策略**。

这是针对劳动教育的课堂学习而言的。在进行劳动教育的过程中，我们要避免简单的说教，而应该通过生动的情境、可视化的场景，让学生去感知劳动的意义和价值，去学习基本的劳动技能。在教学过程中，体验式、项目式的学习必不可少；同时，现代教育技术手段的运用，让学生对劳动更加可观可感，也会达到事半功倍的效果。

4. **知行化策略**。

纸上得来终觉浅，绝知此事要躬行。在劳动教育的实施过程中，我们要做到"学思并重，知行合一"。我们既要让学生懂得劳动的价值和意义，更要通过大量的实践性的活动，让学生参与其中，少一些说教，多一些行动。努力克服工作中可能会遇到的各种难题，将学生的劳动教育进行到底。

五育融合：课堂生根，活动铸魂

——泸州市梓橦路小学"五育融合"初探

○ 魏 华

习近平总书记指出，教育要培养德智体美劳全面发展的社会主义建设者和接班人。《中国教育现代化 2035》进一步提出，更加注重学生德智体美劳全面发展，发展中国特色世界先进水平的优质教育。至此，立德树人、五育并举成为全体教育人的共同目标。梓橦路小学作为一所百年名校，在"五育融合"的道路上不断摸索，不断前进。

一、"五育融合"，抓好课堂主阵地

（一）抓全员，统一思想，明确目标

思想决定行动。对一所学校而言，最重要的是齐人心。"五育融合"的路，我们一直在走，在新的时代背景下，如何让教师们重新认识，重新定位？如何让"五育融合"焕发新的生机与活力？学校通过校长、分管校长、教科处主任分别在行政会、组长会、教师大会上组织学习，组织大家参与讨论，新时代的"五育融合"，是什么样态，我们需要做些什么？用学习、讨论进一步统一思想，明确思路，厘清发展方向，构建"五育融合"学习共同体。针对"五育融合"是什么、为什么，课堂怎么办等核心问题，学校组织开展全校教师线上、线

下问卷，将理念层面逐渐过渡到操作层面，又将操作层面逐渐提升到理念层面，用理论指导实践，用实践提炼理论，针对教师们的认识、操作等层面，梳理了我校"五育融合发展"存在的问题，寻求对策，触发深层思考。

（二）抓关键，加强研讨，重视常规

学校推动工作，最重要的是抓住20%。这20%就是学校的中层、年级组长、学科组长。"五育融合"的推进，是一个从顶层设计到基层落地的过程，要让指导教师的教师首先更新思想，静心研究。学校组织学科组长、年级组长这类课堂"五育融合"的领头人，召开组长专题会。每一名组长提前收集本年级、本学科教师们的想法、疑问和探索，一一分析本年级、本学科的认识和实操。通过专题会可以进一步了解这批关键人员对"五育融合"思想的认识、理解与参与度，在分析交流的过程中，大家相互学习、相互促进，便于进步提高。随后可以组织开展答辩会，校级领导现场抽问，厘清思路，明确方向，指引行动。以点带面，将关键少数抓住，便抓住了绝大多数。当然，"五育融合"，指向点是学生，关键点是教师。学校抓"五育融合"，要从备课开始抓，从教师的新基本功开始抓。新时代背景下，需要"新教师"。学校要从新时代"五育融合"需要什么样的学生，反推我们需要什么样的教师。学校专门利用假期组织教师开展集体备课讨论。从分析教材的可融点，到落实教学过程中的能融点，逐渐明确"五育融合"的关键在于"融"，而不在于"强加"。备课的背后，组织教师从设计最好的一堂"五育融合"课，到每周写一篇小字；参加"五育并举、融合育人"征文写作赛；从教师答卷竞赛到共读《第56号教室的奇迹》《非暴力沟通》……培养"五育融合"的教学新基本功。

（三）抓骨干，立于课堂，促进融合

　　五育并举，融合育人，最终落实在课堂上。在推进"五育融合"的过程中，要抓住骨干队伍。因为不可能一所学校，所有教师、所有学科都能有统一的定位、全面的认识。教师思想与能力，决定了学校推进"五育融合"的品质和效果，应该抓骨干起带动作用。我校全面践行"五育融合"，打造精品课堂的"卓立杯"教师赛课历时2个月。从说课到预赛、决赛，层层选择，个个总结，场场突破。教师课堂落实"五育融合"，向40分钟要质量。同学科、空堂教师全员听课。锤炼教师执行力、思考力、研究力、创新力，磨砺教师立足课堂探寻"五育融合"路。在学校管理的过程中，有人简单地把育人活动等同于德育活动，认为德育活动就是育人活动，而忽略了或忽视了其他活动。最常见的就是忽视教学活动。在现实生活中，我们往往把教学当成一种手段，而不是活动，把教学当成实现分数的手段，而忽略其育人的功能。其实教学的育人功能是非常明显的。在"道德与法治"教学中，教学生认识国旗，就是教学生热爱祖国；"科学"教学中，教学生认识植物，就是教学生与大自然和谐相处……还有语文，学习李白、杜甫、王维，就是诗中有画，画中有诗；数学，对称图形就是美学欣赏……每一堂看似简单的课堂活动，就是一堂生动的"五育融合"课程。而除此之外，我们还可以设计学科、年级、学校的各种教学主题活动。讲述数学故事，制作数学日历，收集科学家故事，办二十四节气小报，这些教学主题活动，蕴含着深刻的育人道理。将德、智、体、美、劳五育并举，融合育人。教学活动不仅是一种育人活动，而且是最常见的、最有效的，与学生接触最多的育人路径。"五育融合"的背景下，我们能更清晰、更准确地定位：育人活动是全面推进，促进学生全面发

展。除了德育活动，还有教学活动、艺术活动、体育活动、劳动活动，都是育人活动。"五育融合"更关注学生全面发展与能力提升，立足于学生长远发展和终身发展，回答了培养什么人的问题。学校要进一步提高思考能力，转变思维方式，扩大视野，放宽眼界。"五育融合"背景下育人活动应该是全面推进，"育育"结合，"育育"融入，打破活动与活动之间的壁垒，深化活动与活动之间的交融性、丰富性，全面推进育人活动。

二、"五育融合"，抓好活动主阵地
（一）"五育融合"背景下应系统推进育人活动

"五育融合"，是一种育人理念，是一种育人实践，是一种育人目标，是一种育人方向。所以，它需要一个循序渐进的过程，不是一次两次、一回两回就能实现的，它应该是一个综合的、全面的、系统的工程。每所学校都有大型活动：运动会、艺术节、学科节和各种各样丰富的育人活动。但在实际的工作中，我们会发现如果只是单纯地举行这样的活动，那学生的参与面比较窄，只有学生有兴趣或者有这方面的特长或优势，才能有机会融合并参与其中。也就是说，在单项活动中，往往只能发挥部分学生某一方面的才能，无法实现更多学生的全面发展。"五育融合"背景下，迫使我们对学生参与度、实施度和效度进行进一步思考：如何系统推进育人活动，让更多学生能实现五育培养下的整体提升？我们想到学校的足球联赛。可能很多人都认为，足球联赛就是踢几脚球，而我们可以这样去调整：开学伊始，学校就购置儿童篮球架、儿童足球网，摆放近百个篮球、足球、排球。学生可以根据自己的兴趣选择性地玩耍、了解、对抗和活动。在比赛开始前两个月，体育老师利用体育课，带领学生看足球比赛，了解足球比赛的规则，分析双方队员的策略。随后布置家庭作业：和爸爸妈妈看一场球，踢一场球。比赛前一个月，开始公开选拔家长裁判员，把家长参与感变成学生荣誉感、集体主义感，最终变成学生的参与感，形成家校互助、互通、互融的育人立体板块。比赛前一个月，运动员购置好自己的参赛服，班主任和运动员向全班同学阐述服装的意义和作用，从德、智、美上进一步与体融合，潜移默化渗透五育。比赛前两周，美术老师组织全班学生设计啦啦队的"加油牌"，让没有"体育细胞"的孩子在美术上也能找到自信，愿意参与到足球比赛中去。比赛结束后，班主任会召开班会，讨论输赢的原因，讨论如何面对，特别是如何正确面对输赢，在德育、智育上进一步提升。随后，语文老师会出日记，我们会发现几乎所有的学生都会写精彩的足球比赛。而数学老师会计算足球场地的面积、周长、比赛时间等。形成系统化育人活动，实现"五育融合"，其作用已经远远大于踢几场球。"五育融合"的背景下，我们要把育人活动上升到系列性、系统化，从思想上打破五育各自为政的边界，让学生得到全面、综合、长远发展。

（二）"五育融合"背景下务实推进育人活动

我们的育人活动，不仅仅是大型活动，更多的是"细节育人"。要真抓实干地落实到每一个地方、每一件事情、每一个细节。学校处处是育人。"五育融合"，就是要突破和改变"偏于智、疏于德、弱于体、抑于美、缺于劳"，要关注到每一个细节，回归教育的初心，把美好还给孩子。比如，在学校铺上地垫，放上靠背，让学生能坐着看书，躺着聊天，让学生在轻松和谐的环境中去放松心态，去感受书的美、学习的美、交流的美、生活的美。学校走廊上，除了放课外书，还放各种篮子，全部装上玩具：拼图、雪花片、小型科学作品……让孩子们下课就去自由玩耍。游戏就是最好的老师，玩耍就是实现知识突破的最好途径。在这个过程中，要相互谦让，要与人合作，这就是品质。学生要制作"作品"，要创新，这就是能力。玩耍过后要收拾干净，这就是习惯。真正的"五育融合"，不是好高骛远，而是要立足实际。要有大型活动、主题活动，也要把更多的时间和落脚点放到日常细节之中去。不是说仅要组织学生去敬老院，而更要让学生懂得如何尊重家人；不仅要组织学生参加创文的街道清扫，也要让学生学会保持自己桌面的清洁；不仅要让学生懂得欣赏音乐会，也要让学生懂得欣赏校园银杏张贴画的美……"五育融合"，对学生的德、智、体、美、劳的培养，不仅是一种教育价值观，也是一种教育实践的新范式。而这种新范式，要融入和贯穿到我们教学的每一个细节：每一幅画、每一堂课、每一次大课间、每一台钢琴……关注每一个细节，把五育落实到每一个人、每一件事，这样才能让五育落地，才能起到育人的效果，才能达到融合的目标。

（三）"五育融合"背景下项目化开展育人活动

"五育融合"，要找到地生根。全面推进素质教育，培养全面发展的人，这是我们的需求，也是我们的目标。人类命运共同体的构建，需要更多真正有学识、有能力、有情怀、有干劲、敢创造的人。对于学校来说，就是要把这些要求与平常的活动相结合，开展项目化的育人活动。比如我们的班级文化，如何在班级文化中落实、践行"五育融合"？我们要构建"五育融合"的班级建设体系和学校文化体系。立足于家校联系，我校的班级文化墙交由学生、家长和老师共同设计、共同完成、共同展示、共同分享。学校审核设计稿，班主任阐述设计理念，需要答辩的班主任参加答辩。随后，各班培养解说员，人人参与，人人展示。然后，行政和年级组长到各班进行检查，各班解说员进行解说。再然后班主任进行班级文化解读竞赛，优秀的班级到全校进行展示。这个过程，不是简单张贴，更不是一锤定音。系列化、项目化地推进育人环境的外显，让每一面墙都承载着班级在"五育融合"中的管理方式、育人细节、整体氛围，在活动中促进师生成长。像这种项目化的活动，还体现在学校科技节的呈现、班级童话节的展示中。提前一学期，做好项目设计与安排，配合着学生对科技的热爱，发现生活中的小发明、小创造、小惊喜，开始自己去收集整理科学家的故事，探究科学现象，教师组织参与科学实验，家长配合完成科学挑战，通过参观流动科技车，种植小作物，开始尝试写科学观察日记、科学体验作品，完成科学小报。学校提供平台，让学生和家长展示自己的科技作品，并进行有价回收，让科技体现价值。这些项目化的设计，让更多的人认识到"五育融合"，其实就与我们的每一项活动息息相关。

时代发展，教育变革，不忘初心立德树人，潜心教育做好"五育融合"。

创建"德道"学堂，培养"德才"少年

○ 陈　敏

　　泸州市大北街小学创建于 1951 年，是一所传统文化底蕴深厚、办学成果显著的老城区学校。近年来，学校贯彻习近平总书记"立德树人""五育并举"的教育方针，结合学校实际，以创建"德道学堂"，传承"德道文化"为特色，全面培养"德才"少年，持续开展了一系列特色创建活动，取得了显著的成果。

一、"德道学堂"简介

　　"德"，源于传统美德"孝、信、礼、义、仁"之精髓，结合社会主义核心价值观，去伪存真，去粗取精，形成新时代之"五德"，谓之"新五德"。

"新五德"内涵

新五德	核心思想	具体内涵
孝	感恩孝敬	热爱祖国、孝敬父母、尊敬长辈、保护环境生态
信	诚实守信	真诚信实、践诺履约、敬业尽责
礼	尚礼守法	儒雅谦恭、文明礼貌、遵纪守法
义	正义奉公	持正重义、利群济困、奉公守法
仁	仁爱慈善	仁爱宽容、平等人道、和谐合作

"道"，即"学、识、智、能、艺"，谓之"五道"。"五道"是以"学"为基础，形成个人"才学、才识、才智、才能、才艺"五个层面的能力，是循序渐进、不断提升的过程。

"德道学堂"传承德道文化，创建以"孝"为先，以"学"为始，"德道合一"的一流小学，培养"五德人美，五道才高"的德才少年，最终实现"德化之地，道润之天"的美好愿景。

二、培"根"育"五德"

为了全面培养"德美"少年，学校秉承德道文化理念，以"孝"为核心，积极开展了培"根"育"五德"的工作。

（一）成立德育工作室

学校成立了"润德育才德育工作室"。校长任领衔人，德育处及全体班主任组成核心成员。工作室间周召开一次例会，集体研讨德育工作事宜。积极邀请市内外的专家领导指点迷津，不断完善德育工作体系。

（二）开展理论研究

1. 完善理论体系。

学校作为老城区窗口学校，教师敬业，学生好学，文化氛围非常浓厚。但由于建筑面积小，活动场地窄，教学条件逐渐落后，生源逐渐减少，师资逐渐老化，学校发展受地域、空间的限制越来越明显。2013年，学校遵循习近平总书记"立德树人"的指导思想，结合本校实际情况，提出了"德道文化"理念，把创建"德道学堂"作为学校办学特色。

这些年，学校一直致力于"德道文化"理念的研究和实践。学校邀市内外多个知名专家教授，对"德道学堂"办学特色进行有针对性的指导，同时就德道校园文化设计与实施方案进行反复的修改、调整和磋商，最终形成了比较完善的文化体系及打造方案。

同时，学校成立了"德道学堂"创建领导组，下设校园文化建设实施小组、特色活动实施小组和特色课程实施小组，指定相应的部门负责和协调具体的工作。通过氛围营造、特色活动及课堂课程几个方面，朝着学校发展"规范＋特色"、学生发展"合格＋特长"的目标，进一步从"德美"和"才高"两个方面组织开展特色教育工作，全面培养"德美才高"师生，全力打造"德道合一"的"德道学堂"。

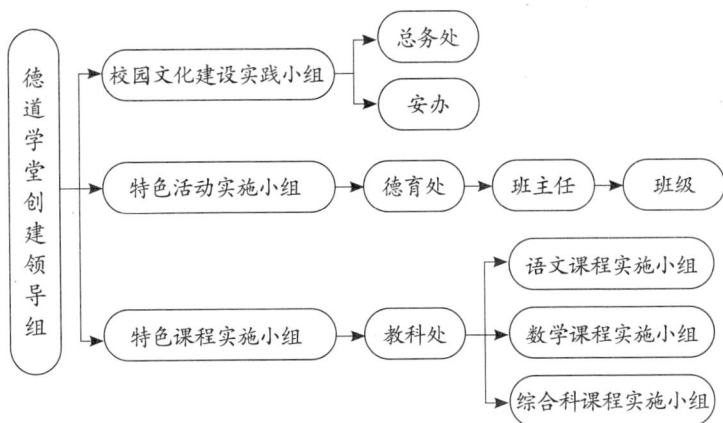

德道学堂管理机制

2. 开展课题研究。

为了构建系统的文化理念，促进"德道学堂"的构建，由工作室牵头，学校开展大课题研究，还组织各教研组、年级组、备课组进行小课题探索，使大课题对小课题起到指导作用，小课题又服务于大课题，为大课题的研究提供坚实的基础。比如，工作室承担了大课题"诵读经典，促进学校'五德'特色建设实施研究"和"小学'新五德'文化育人的路径与方法"的研究，各教研组、年级组、备课组在大课题的指导下，开展了"传承美德，培养知孝行礼小学生""语文教学中'义'的体验""'孝'文化教育在班队活动中的实效性""'守信'在日常行为之中的体现"等子课题的研究。2020年秋期，工作室再度申报市级课题"城区小学'新五德文化'培育体系实践研究"，持续深入地对"德道"文化进行研究，进一步推动学校办学特色的发展。

（三）营造"德道"文化氛围

学校聘请专家学者对学校德道文化氛围进行了系统的、深入的、全方位的打造。学校有自己的标识，设计了吉祥物"贝贝"，创作了《北小赋》和《德道学堂·双馨人才》校歌，改造了以川西传统牌坊形式和现代元素有机结合的校门，对学校围墙、旗台、教学楼、过道、教室、书香走廊等处进行"五德""五才"文化带打造，充分体现"让校园里每一面墙壁都能说话"的效果。学校及各班提炼了《三字经》《弟子规》《千字文》等国学经典中的精彩文段，遴选了古诗、童谣、儿歌和美德故事内容，以学生喜闻乐见的形式，进行长期、常态的读、诵、演、唱活动。经典叩启童心，美德融入学生的学习生活，浓厚的文化氛围潜移默化地熏陶着学生的情感，滋养着他们的心灵。

（四）构建"新五德"保障体系

制度建设、师资培养与课程开发，构成了"新五德"的保障体系。

1. **实施制度保障。**

学校建立健全了《五德五才管理制度》《五德五才评价制

度》《教师培训制度》《班级精细化管理制度》《特色朝会制度》等制度体系，进一步把制度的执行和考核列入教师与学生的工作管理过程，和相应的评优晋级与绩效工资挂钩，为"德道学堂"的发展保驾护航。

2. 强化师资培养。

学校通过各级各主题的教师培训，以及线上、线下、自培自练等多种形式培养教师队伍。除了上级部门组织的统一培训，学校还采取"请进来，走出去"的方式积极开展自主培训。在专家名师的指导及名师名家的课堂中不断地学习和提升。同时，学校建立教师专业成长档案，组织开展青蓝工程结对、教师道德讲堂、北小论坛等活动，努力为大家提供展示的平台，进一步促进教师专业化发展，为"德道学堂"的创建打造了一支爱岗敬业、具有良好师德的骨干队伍。

3. 实施课程开发。

根据"德道"文化特色，德育工作室创编了两套校本教材。第一套校本教材《〈弟子规〉少年读本》，以《弟子规》为主要内容，将《弟子规》中的"孝悌、谨信、泛爱众、亲仁、余力学文"等方面内容进行分课编写，每一课包括"我会读""我会问""我会讲""我会做"四个内容。该教材获泸州市科研成果二等奖。第二套教材以第一套教材为基础，谓之《五德润百才》。其内容更加丰富，形式更加新颖和多样，增加了当代优秀诗文及歌谣。

（五）开展育"德"活动

活动是文化理念的载体。在工作室的组织下，学校主要开展了校内和校外的育"德"活动。工作室主导设计每一项育德活动，全校师生与家长共同参与，方案新颖、内容丰富、形式多样、效果显著，深受学生和家长的喜爱。其中的"五德月"

活动最为突出。

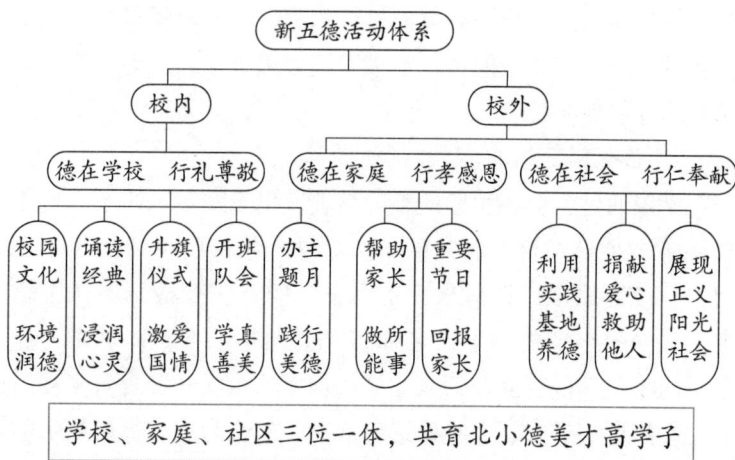

"新五德"活动体系

学校围绕"孝、信、礼、义、仁"的"新五德"，提出了"五德月"这一独具特色的德育活动，把每学期分为"行孝月""学礼月""守信月""仁义月"四个活动月（每年的3月和9月为"学礼月"，4月和11月为"仁义月"，5月和10月为"行孝月"，6月和12月为"守信月"）。"五德月"活动彰显我校德育特色亮点，已取得丰硕成果。

1. 形成"五德月"目标体系。

经过德育工作室成员的反复实践与深入研究，形成了"大北街小学五德月目标体系"，每一个月都有总目标和年段目标，而这些目标为我们编写校本教材和拟定学生品德发展评价标准提供了依据，指明了方向。

2. 形成"五德"评价体系。

把"五德"评价与学生品德发展评价相结合，形成了大北街小学独特的评价方式。"五德"评价以班为单位，每月小结、每期总结，期中、期末向家长反馈，学校大队部对各班考核情况进行检查、督促。通过评价，在"五德月"分别评出"礼仪之星""孝敬之星""仁义之星""诚信之星"，期末再综合评出"德美之星""才高之星""科技之星"。

3. 形成"五德月"活动模式。

（1）常规＋创新。

常规指开学典礼、朝会、主题班队会、大课间、集会、家长会、家长学校、实践活动等常规德育活动。这些活动虽然属常规活动，但每次活动都结合当前形势进行不同程度的创新。学生乐于参与，教育效果好。如2016年秋，泸州市委宣传部提出了"崇尚美德、践行美德、做文明学子"，这一主题与我校的"学礼月"主题一致，学校开学典礼便以"崇德尚礼"为主题，进一步开展了国旗下的演讲、特色主题班队会竞赛等活动。同时各班收集优秀主题活动补充校本教材，汇编学生五德故事集，掀起了全校师生"学礼"的热潮。

（2）精品＋创新。

"五德月"活动不仅形成常规，而且每月都有精品活动，每次精品活动都有所创新，每一次活动都触及学生的心灵。

比如，"学礼月"之"开笔启蒙、德道人生"开笔礼精品活动，创设了江阳区开笔礼之先河。"行孝月"之"冬至慰问孤老活动"精品活动，现已坚持8年之久，得到了家庭和社会的大力支持。"行孝月"之"毕业典礼暨感恩活动"，由"感恩父母""感恩同学""感恩老师""感恩学校"四个部分组成，层层递进，既有传承又有创新。"行孝月"之"永言思孝，思孝唯则"道德讲堂活动，采用诵读和演讲两种形式，以孩子为主角，入情入境地演讲"把孝心带回家""孝心无价——争做孝心少年""心怀感恩——弘扬中华美德""弘扬孝道——传承中华美德"等主题内容，让孩子们深受启迪。

三、"四节"促五才

为继承和发扬中华民族优秀传统文化，培养北小"才高"少年，学校主要通过每年举办诵读节、书法节、科技节、艺术节来实现培养目标。

1. **诵读节**。

诵读活动长期举行，集中展示时间为每年的 10 月。诵读活动主要以语文学科教学、诵读课、课外阅读为主阵地，认真择选古代及现代优秀诗文，如唐诗宋词，《百家姓》《弟子规》《三字经》《千字文》《大学》《中庸》等优秀篇目，渗透"孝、信、礼、义、仁"的思想精髓，积极营造浓郁的读书氛围，让"德道"文化发扬光大。

2. **书法节**。

书法节在每年 9 月举办。为弘扬中华传统文化，学校开设了每周一节的书法课，邀请著名书法家田祥增老师等亲临现场进行书法指导。师生在学习与研讨中充分感受到中国书法的博大精深，产生了强烈的民族自豪感和价值观，养成"端端正正写字，踏踏实实做人"的人生观念。

3. **科技节**。

每年 5 月为我校科技节。开展科技小论文、科技小制作、科技手抄报等竞赛，展示机器人设计、机器人现场竞赛等内容。学校成立了科技教研组，组建了多个机器人、科幻画和科技小制作社团。培养了老、中、青三代科技辅导员，确保科技教育工作衔接紧密、后继有人。同时，大胆开发机器人编程、机器人竞赛等课程。主动承办市、区级机器人竞赛分会场，积极组队参加国家、省、市、区各级机器人竞赛。

4. 艺术节。

每年 6 月，学校召开"德道艺术节"，给师生和家长提供一个多方展示自己音乐、美术、舞蹈等才艺的舞台，促进师生艺术修养的发展和提高。

四、品牌铸辉煌

近年来，泸州市大北街小学依托于德道学堂的创建，学生的"五德"水平、"五才"能力和教师的专业素养均得到了显著提高。科研课题"诵读经典，促进学校'五德'，促进教师专业发展"获全国一等奖，"小学'新五德'文化育人的路径与方法"获泸州市教学成果奖，多次接待来自市内外领导老师的参观学习。

学校文化品位、育人质量和社会声誉不断提高。学校先后被评为泸州市德育十佳品牌学校、四川省德育先进单位、四川省未成年人思想道德先进学校、四川省文明校园、全国德育先进单位、全国小公民道德建设实验学校、全国红旗大队、全国规范化家长学校等，成为德育品牌学校。

"小浪花"学雷锋志愿活动实践探索

○ 舒 杨

　　学生是祖国未来的建设者，是中国特色社会主义事业的接班人。当前，广大中小学生的思想道德状况如何，直接关系到中华民族的整体素质，关系到国家前途和民族命运。

一、活动背景

　　当前，中小学生的道德状况不容乐观，主要表现在五个方面。一是缺乏良好的道德意识，公德意识差，不讲文明礼貌，不守社会公德，破坏公物等。二是道德意志薄弱，经受不住利益或金钱的诱惑，未成年人犯罪现象呈逐年上升的趋势。三是学生自我控制能力差，尚未具备辨别是非能力和行为自律能力，一旦受到不良环境的影响，很容易形成道德问题。四是有些中小学生性格内向、孤僻，不善与人交际，产生自卑心理，容易做出一些不道德行为，甚至反社会行为。五是家长重智育轻德育，看重分数，轻视品德教育。

二、指导思想

　　《中小学德育工作指南》强调，要广泛开展与学生年龄、智力相适应的学雷锋志愿服务活动。党的十八大以来，习近平总书记高度重视学习弘扬雷锋精神，特别是习近平总书记在参观抚顺市雷锋纪念馆时指出，雷锋是时代的楷模，雷锋精神是永恒的。实现中华民族伟大复兴，需要更多时代楷模。我们既要学习雷锋的精神，也要学习雷锋的做法，把崇高理想信念和道德品质追求转化为具体行动，体现在平凡的工作生活中，做出自己应有的贡献，把雷锋精神代代传承下去。

三、社会意义

青少年学生是学雷锋活动的重要主体，学校是学雷锋活动的重要阵地。新形势下在学校深入开展学雷锋活动，对于推进社会主义核心价值体系融入学生教育，对于加强青少年学生思想道德教育，提高他们的社会责任感、创新精神和实践能力，成为新时期雷锋精神的传播者、弘扬者和践行者；对于凝聚师生员工的意志和力量，培养中国特色社会主义事业合格建设者和可靠接班人，办好人民满意的教育，为全面建成小康社会，实现中华民族伟大复兴做贡献，具有十分重要的意义。

作为学校，深入开展学雷锋活动，通过"活动式"实践体验，大力弘扬雷锋热爱党、热爱祖国、热爱社会主义的崇高理想和坚定信念，弘扬雷锋服务人民、助人为乐的奉献精神，干一行爱一行、专一行精一行的敬业精神，锐意进取、自强不息的创新精神，艰苦奋斗、勤俭节约的创业精神。

四、活动对象

全校师生、家长。

五、活动目标
（一）学生方面

1. 让学生脱离舒适区，学会做力所能及的事情，提升自我价值。

2．让学生在志愿服务中，感受社会的责任，从小树立社会责任意识。

3．让学生懂得珍惜当下，培养学生的劳动精神。

4．让学生在活动中认识家乡，热爱家长，提升爱国爱家意识。

5．让学生在活动中体验、感悟、收获、成长，提升文明素养，培养合作能力、交际能力。

（二）教师方面

1．创新德育方式，项目化、课程化、品牌化推进志愿活动，根据学生年龄，坚持活动贴近实际、贴近生活、贴近师生，提升学生文明素养。

2．通过倡导学生学雷锋，争当"小浪花"志愿者，践行社会主义核心价值观，做新时代好少年。

3．根据学校文化，长江小学的学生是一朵朵小浪花，经过六年培育成长为一朵朵大浪花。这些浪花汇合一起，形成长江之花，形成巨浪，为建设家乡、建设祖国贡献自己的力量。

（三）家长方面

搭建亲子活动平台，家长陪伴孩子一起参加志愿活动，融合亲子关系，让家长和孩子在活动中感悟、收获、成长，潜移默化提升家长素质，融合家校共育。

六、活动要求

（一）建立组织机构

学校成立"小浪花"学雷锋志愿活动领导组和工作组，邀请江阳区安心社工组织一起合作实施，形成联盟。

泸州市长江小学"小浪花"学雷锋志愿品牌活动组织机构名单

小组职务与分工		姓名	学校职务
组长	全面实施	舒杨	校长
副组长	合作实施	夏玉娟	社区社工
副组长	组织实施	罗艳	副校长
副组长	方案执笔	舒杨	校长
成员	考核评价	周慧	德育主任
	宣传衔接	粟深艳	德育副主任
	志愿导师	吴津晶	班主任

（二）任务分工

1. 学校和安心社工共同研究各年级志愿活动目标和主题，课程化制订活动实施方案。

2. 学校负责活动方案的审核，活动的监控、管理和评价追踪。

3. 安心社工负责活动开展相关工作的协调、组织、策划、实施。

（三）打造活动课程体系

1. 根据学生的年龄特点，课程化设计志愿服务的内容，以行动策划的方式进行。

2. 课题引领，细化打造品牌。申报了共青团泸州市委与泸州市社科联联合 2021 年志愿服务课题——"'小浪花'学雷锋志愿活动'品牌化'研究"。

3. 结合我校的校园文化，成立长江小学"小浪花"志愿者大队，将志愿者公益实践活动纳入学生每学期成长记录评价。基本考核指标：要求全校师生每学期利用周末完成 2 次活动，暑假完成 2 次，寒假完成 1 次，一年完成 7 次，6 年完成 42 次志愿者社会实践。每学期对学生进行考核评价：待合格、合格、优秀。评选"小浪花"志愿者之星。

4. 各班级成立志愿服务中队，由班主任担任队长，家委会委员担任志愿服务常务副队长，具体组织安排活动。

5. 每年12月5日，选择在志愿者日来临之际，隆重举行泸州市长江小学一年级新生和新教师加入"小浪花"学雷锋志愿活动的入队仪式。

七、活动内容

根据学生的年龄特点，课程化设计志愿服务的内容，以行动策划的方式进行。主要有五大行动设计：

活动名称	活动内容	活动目的	活动补充说明
蓝色行动	1. 拾捡城市垃圾。 2. 学会垃圾分类知识。 3. 利用拾捡的树叶等制作标本。 4. 绘画环保画作。	1. 培养保护环境的意识。 2. 体会劳动的艰辛。 3. 培养想象力和动手能力。	
微笑行动	1. 文明倡导，给予帮助。 2. 微笑问好环卫工人、城市建设者。 3. 给环卫工人、城市建设者送达爱心物资。	1. 传播安全、环保知识。 2. 培养爱心，学会助人为乐。 3. 体会劳动工作者的艰辛。培养劳动精神。	1. 每次活动结束后都要学生和家长在活动现场分享感悟。回家完成《雷锋日记》或者绘画作品。 2. 每次活动都能提升学生的口语交际能力、合作能力、反思能力。 3. 融合亲子关系，培养家长的文明素养，融合家校共育。
银发行动	带上爱心物资和才艺表演到敬老院关心看望老人。	培养爱心、学会孝敬老人。懂得感恩。	
旧衣行动	1. 向居民家庭收集旧衣。 2. 发放旧衣回收倡导卡。	1. 学会低碳生活，学会旧衣循环利用。 2. 培养勤俭节约的精神，提高科学环保观念。	
义卖行动	1. 旧物公益义卖。 2. 筹集资金帮助贫困山区。	1. 合理利用可回收资源。 2. 培养勤俭节约的精神。 3. 培养爱心。	

德育为先，砥砺前行

○ 陈礼超

经过长期的艰苦努力，中华民族迎来了从站起来、富起来到强起来的伟大飞跃。这个历史定位，是对我国经济、社会、政治、文化发展的总体定位，当然也包括学校德育体系的历史定位。新时代既对学校德育体系建设提供了良好的经济基础、物质基础、文化基础和道德基础，也理所当然地提出了更高的期待与要求。

培养社会主义合格公民与培养社会主义"建设者"和"接班人"是根本一致的。国家合格公民的政治取向就是社会主义事业接班人，合格公民的社会取向就是社会主义事业建设者。

培养公民在德育工作中还具有方法论意义。一方面，可以用"公民"来概括系统丰富的学校德育内容，用"公民道德"来建构新时期学校德育的基础性内容。另一方面，用公民参与、公民实践来培养合格公民。因为，公民是在"做公民"过程中成为公民的，引导学生做"合格公民"，就意味着每个人不再是民主国家的旁观者，而是在亲身参与政治、参与司法，履行公民义务。

对于学生而言，从时空范围、重要程度等维度衡量，最为重要的教育场域就是学校公共生活。学生是在学校公共生活中学习如何做公民的，这就意味着要建设制度化的民主校园，使民主成为学校师生的生活方式，让师生在民主化、制度化的学校教育生活中学习如何做一个合格公民，其核心是参与能力，包括公民意识与参与态度、公民参与的认知能力、公民参与的行动能力等。

德育是学校实施素质教育的重要组成部分。我校始终坚持贯彻德育为首，全员育人的思想，进一步整合德育资源，构建德育体系，以德育人，严抓常规，形成特色，着力创新德育活动形式，提高德育工作成效，重视培养学生的创新精神和实践能力，为学生全面发展和终身发展奠定坚实基础，形成了"立德树人"的办学特色。

以儒家伦理传统为主要内容的道德精华，是中华民族极其宝贵的优秀文化遗产，是民族的魂、民族的根，在新时代也是社会主义核心价值的体现。实施"读圣贤书、立君子品、做有德人"的德育建设，可以有效地培养学生的良好行为习惯和健康人格。因此，我校从素质教育出发，立德树人，使学生养成爱国守法、明礼诚信、勤奋好学、自律孝顺的品格，从而促进学生的全面发展。

一、立德树人

一个学生无论将来成就大小，他首先必须是一个完整的"人"，是一个合格的公民。在金钱至上、物欲膨胀的当今社会，更加迫切地呼唤人类善良的本性，更需要在内心深处寻找一块纯净的天地，因此，"学会做人"应该成为学校教育的首要任务。学校实施"读圣贤书、立君子品、做有德人"的德育工程，对学生进行传统美德教育，就是希望找回古人善良的本性，把它继承下来，为学生今后做体面的人、幸福的人奠定基础。

以人为本，立德树人，不仅仅是一句口号，还需要我们一起去践行，去坚守！德育如花。每一个春天，播下育人的种子，迎来收获的秋天，看每一朵生命之花灿烂绽放，教育者的心空一片晴朗亮丽。学生是所有教育元素中的核心元素。我校在学生中广泛开展德育教育，确立德育校本课程的结构框架，建立德育校本课程管理体系，形成了德育制度规范生活、德育榜样引导生活、德育文化渗入生活、德育课堂融入生活、德育活动践行生活、德育环境美化生活的基本经验，从而积淀浓郁的校园文化底蕴，为学生终身发展奠基，为学校发展铸就了雄浑厚重的德育基础。

在教育工作中，我们关注每一个细节，做好每一件小事，持之以恒地反复抓，提高管理的针对性、时效性，努力做到抓细节不含糊，抓问题不手软，优化育人情境，提升学生文明形象。经过几年的努力，全体学生的行为养成呈令人喜悦的进步趋势。

二、以身作则

教师是德育工作的典范，教师的礼德教养可以浸润学生美好的礼德境界。我校每学期会与教师签署德育承诺书，并组织全校教师集中学习《中小学教师职业道德规范》，然后举行师德承诺活动。每位教师郑重宣誓，并在承诺书上签字，承诺书上要求教师做到：依法执教，规范行为；爱校如家，乐于奉献；尊重学生，因材施教；身正为范，讲究礼仪；严于律己，廉洁从教；家校联系，主动沟通；爱心育人，健康成长；终身学习，勇于创新。使教师的言行成为一种无声的德育教育。每天在校门口和班级门口，老师会着装整齐迎接学生的到来，面带微笑，主动问好，良好的礼德形象潜移默化地影响着每个学生和每位家长。我校还将礼德渗入到老师在校的每个举动中，在课堂上每个细微的动作，都是言传身教的"润物细无声"的教育。

先进的理论是班主任工作和德育科研的先导。因此，加强学习，不断提高理论修养，始终占领我校工作的"制高点"。我校组织成员采取集中学习和分散自学相结合、自主研修和专家引领相结合的形式，以理论熏陶的方式提升工作室成员的专业素养。我校不定期地向全体成员推荐阅读书目和文章，开展读书交流活动。我校老师每学期至少研读一本班主任工作专著并撰写读书心得，定期开展读书交流，定期上交教育随笔或德育叙事案例。

通过我校每位教师的不懈努力，学生行为得到了改善。学校整个学生群体的外显行为有了较为明显的变化，大多数学生养成了良好的基本礼仪行为：仪容仪表好了，卫生习惯也变了，扔垃圾的现象减少了；语言也文明了，听不到脏话粗话了。

三、德育体系

开发校本课程。我校的德育建设以学圣贤为主，学习《论语》为主干的儒家经典、诸子百家代表著作及其他优秀古典经文，也包括新课程标准规定背诵和阅读的诗文，结合学生的实际情况，构建具有专题教育思想的框架体系，有针对性地选取爱国忧民、诚实守信、文明礼仪、博学笃行、仁爱孝心等精华片段，开发成校本课程，充实了学校的课程体系，也为学校的德育工程特色深化、强化奠定了基础。

渗透到学校环境特别是校园文化环境中去。即德育工作中学校内部诸要素的结合，与家庭教育相结合，与学生自主教育相结合，引导学生在反复念诵句、段或短篇经典诗文中，随时写下自己的感受，在日常行为和集体活动中实践自己的道德感悟，在实践中升华自己的思想道德情感。

搭建德育平台。建设德育专栏，建设道德文化板报等，展示古今中外的名人名言、美德故事，如孔子、孟子、歌德等的美德名言，"孔融让梨""程门立雪""铁杵磨针"等美德故事，通过图文并茂的形式，引导学生做一个道德高尚的人，为学生成人奠定坚实的基础。给每个教师搭建美德小屋，粘贴本月美德之星学生的照片及事迹，以弘扬正气，激发学生知礼、明礼、行礼的热情。利用线上平台，引导学生主动上传小视频，讲述美德小故事并进行定期评选，通过故事让学生明理，最终做到行德。引导学生制作美德标语宣传小报，在传递美德的同时，也时刻提醒学生学礼、明礼、知礼。开设丰富多彩的德育活动，在学生中开展"学礼知礼"比赛，如古今中外名人讲文明讲礼貌故事比赛；"树文明形象，展礼仪风采"师生演讲比赛。在比赛中营造浓厚的学礼氛围，学生耳濡目染，接受熏陶，从而培养良好的礼仪个性。开展绘画、讲故事、演小品等多种形式的德育教育活动，在活动中荡涤学生心灵，发展学生美德品性。举办体育节，使学生在体育运动中体会运动精神，在培养学生坚强、活泼的性格及健壮的体魄的同时，也培养了学生良好的观赛美德、赛场美德等。举办读书分享节，引导学生阅读和分享关于美德的读物，使学生感受拥有中华五千年历史的礼仪之邦的独特魅力，体会美德对于个人成长的帮助，使学生在分享中感受到美德对于人全面发展的重要性。

四、三位一体

为促进学校德育工作的全方位进行，学校通过向教师延伸，促进教师队伍健康成长；向家长辐射、服务社会为新农村建设添砖加瓦，创造性地开展德育建设，进一步提升了学校的特色建设。

向教师延伸。通过"正师风，铸师魂"的教师队伍建设工程开展教师的系列师德师风建设活动，通过"树旗子，给场子，扬鞭子"的教师人才培养策略促进青年教师队伍的专业成长，通过"教好书，先读书"的教师读书工程使教师积极迎接新课程改革的挑战。学校的德育工程有效地实现了向教师的延伸。

向家长辐射。良好的家庭氛围、和谐的家庭成员关系、父母的言传身教，都对孩子的道德教育构成重要的影响。加强家教指导，改善家教质量十分重要。据此，学校成立了由家长组成的家长委员会，加强与家庭的联系，家校形成教育合力。使学生参与评价，设计家庭德育反馈表，根据不同年级设定不同目标，家长根据目标每天对孩子的德育进行评价，一个月对家长的评价反馈进行统计、总结，家校携手共促学生德育发展，更具针对性、实效性。评价方式的多元化，使评价从平面走向立体，从个体走向集体，从校内走向校外。

向社会服务。学校的教育活动强调学生的德育实践，立足于家校联合，使德育建设既是学生观察社会的一个窗口，也是宣传和谐发展观的一个平台，还是一条辐射、带动社会主义建设的纽带。使德育教育成为促进社会和谐发展的载体。建构教师、学生、社会三位一体的德育教育体系，加强学校、家庭、社会三方教育的沟通、合作、共享，而非相互抵消，成为"高效德育场"。使学生告别陋习，走向文明。从而规范学生的行为习惯，滋养学生的心灵，提升素养，丰富内涵，为夯实德育特色注入生命活力。

五、科学发展

我校在德育教育教学中，注重运用科研引领，发挥科研在学校特色建设中的引导作用，学校成立了以校长为组长的课题研究小组，制订德育建设规划和实施方案，并分阶段确定研究的工作重点。

我校的德育教育建设也得益于教育学、心理学等多学科的研究，我们概括出了如下一些规律：其一，学生的品德是包含了知情信意行等多因素、多维度的复杂综合整体；其二，归根到底，学生是在生活中形成自己的品德，在生活中改变自己的情感态度价值观，生活是学生品德形成与发展的源泉，而生活是综合的、整体的、内在的；其三，是学生而不是别的什么人，才是其品德发展的主体；其四，学生的品德发展是一个过程，是由知到行，由行到思，反复循环，阶段上升的动态过程。

所以，德育教育仅凭一节课或者几门课是远远不够的，而是需要渗入到各个学科，渗入到校园的各个地方，才能完成德育的重任。正如王道俊先生所指出的："如果有意识地引导，有意识地作为，人的全部生活都可以说是德育或都具德育价值，所有行为都可以视为是道德行为或都是具有道德性质的行为。在这个意义上，德育无处不在，德行无处不在。"因此德育教育要采用全方位的更立体的教育模式。

对小学教师专业成长的思考

○ 周中尧

小学阶段的教育是学生接受教育的基础，教师需要在小学阶段培养学生德智体美劳全面发展，所以教师需要具备较高的专业知识和职业素养，这样才能帮助学生更好地学习知识，构建良好的道德品质。学生也只有学好最基础的知识，才能学习更复杂和难度更大的知识。小学教师在基础教育中发挥着重要的引导作用，所以教师需要注重自身的专业成长，学校也要能为教师提供更多的专业成长的机会，在学校和教师的共同努力下，做好教师的专业成长，做好学生的基础教育。

一、小学优秀教师专业成长的重要性

首先，小学教育是基础教育，是学生今后接受一切教育的基础。重视基础教育，就意味着要重视基础教育的主导者——小学教师，小学教师的专业性对学生基础教育的开展有着极大的影响。小学阶段是学生对知识从陌生到逐渐认识、熟悉的阶段，如果小学教师缺乏专业性，那么学生学到的知识就是不准确或是有偏差的，例如小学一年级拼音的读音是否准确，是否熟练认识拼音，对学生接下来认识汉字、学习普通话都是有影响的，所以在小学阶段，教师一定要有足够的专业知识，来帮助学生更好地学习基础知识，同时也更好地开展基础教育。其次，小学优秀教师不仅仅要具备足够的专业知识，同时应兼具教育和教学的相关知识和技能，能够在了解小学生思维发展水平和心理发展特点的基础上，充分运用教育教学知识，设计高效的课堂，否则再专业的知识也无法成为学生的知识，无法帮助学生学会学习。最后，小学教师也需要身体力行地教给学生做人的道理。由于小学生非常容易被影响，所以教师需要有较高的道德素养，才能培养小学生健全的人格。

二、小学优秀教师专业成长的策略
（一）在学习中提升专业水平

小学教师要意识到自身的专业性对学生基础知识的准确掌握起着关键的作用，所以小学教师在开展教学时，要先丰富自己的专业知识，提升自身的专业水平。随着时间的推移，每一个学科都不断地有最新的研究成果出现，教师需要不断学习，与时俱进，不能认为小学知识难度较小，就止步不前。另外，随着小学生生活环境的变化，教师也需要不断地根据学生感兴趣的内容开展教学，所以小学教师也要不断地学习教育学和心理学的知识，以便能够运用更适合小学生的教学方式来开展教学，帮助学生学好知识。为了提升小学教师的专业水平，学校有必要定期开展专业知识讲座，采取"请进来，走出去"的方式来培训教师，邀请专业水平较高的教师进行学科前沿知识的讲解。由于小学教师工作繁忙，有些教师没有时间学习，通过这种类型的讲座，可以帮助教师了解学科的发展，同时也可以启发教师根据自己感兴趣的部分开展学术研究，提升专业水平。另外，学校也可以组织学科带头人，带领本学科专职教师定期开展学习，并能在总结学生学习状况的基础上开展教学研究，进一步提升专业水平，同时也能更高效地开展教学。

（二）在实践中提升教学质量

小学教师具有较高的专业理论水平，但是也需要在实践中互相学习，提升专业水平，锻炼自己的教学能力。对学生而言，传统的教学方式很难引起其参与学习的主动性和积极性，所以教师要在教学中因材施教。也就是说小学教师在课前应该结合课程标准的要求，根据学生学习情况，以及学生的需要，在科学、可行的基础上，制订不同类型学生的教学计划和教学方案。学校可以组织公开课评比活动，各个学科分别制订相应的听课计划，然后根据评分推选本学科教学效果和专业能力都比较强的教师，在全校范围内开展公开课展示。这种活动一方面可以促进教师之间的互相学习，另一方面也可以帮助教师在实践中不断锻炼个人的能力，提升专业素养。另外，学校也可以组织教师代表去其他学校参观优秀教师课堂，与优秀教师交流经验，然后再和本校教师进行交流。这样一方面可以帮助他们学习更多更丰富的经验，另一方面也能通过与更多优秀教师的交流，提升本校教师积极投身教学工作和专业成长的意识和动力。学校需要通过各种实践活动使小学教师意识到，不能因为小学教学内容相对简单就忽视了提升自身专业能力的重要性，就任何行业和职务而言，故步自封就会被淘汰，所以小学教师也要不断学习，不断在实践中锻炼自己，提升自身的教学水平。

（三）在研讨中提高教学技能

学校应该重视对小学教师的教学技能的培养，可以通过开展教学比赛，一方面帮助教师在竞争中提高自己的教学水平，另一方面也能通过互相学习，取长补短，不断创新教学方法。学校可以开展教师技能大赛，一方面考察教师的专业水平和业务能力，另一方面通过这种竞争的形式，鼓励小学教师将更多的精力投放在提升个人能力上。另外，学校可以重点培养专业能力较强的教师，参加更高级别的比赛，在更多的平台锻炼自己，同时也能学习更多的更丰富的经验，然后再将这些经验和其他教师分享。通过这种方式，以赛促学，提升本校教师的整体水平。学校通过组建优秀的教师团队，来带动全体教职工的专业能力和教学水平的提升，是培养优秀教师专业成长的重要途径，同时也能帮助小学教师在不断提升自身水平的基础上实现自身的价值。目前，我们石寨学校"蒲公英"练能小组教师团队的建设、发展，对整个小学语文组乃至其他学科教师教学水平的提高，起到了至关重要的作用。

（四）在评价中提升专业情意

为鼓励教师积极提升自身的专业水平，学校可以制定多元化的评价方式，以评价促进教师专业能力的提升。学校可以将教师每学年的学术成果和参与专业学习或开展专业讲座纳入教师的评价标准中。学校需要量化教师评价体系，如可以将教师的公开课展示、发表学术成果论文、参与专业技能比赛等量化成具体的分数，鼓励教师能够积极参与各种提升自身专业水平的活动。另外，学期末学校也要组织相应的评委团队，通过听课来对教师进行教学技能和专业能力的考核和评分。学生成绩提升状况也是小学教师的专业能力和教学水平的体现，所以学校需要将教师所带班级学生成绩提升情况作为标准之一。同时学校要能对教师的努力及时给予肯定，如对在比赛中获奖、学年末评价分数较高的教师，应该予以相应的奖励，以鼓励教师们积极参加。通过多元化的评价标准，让小学教师在日常工作中注重参与各类有利于专业素养提升的活动，教师主动地参与比被动地要求能学习到更多的知识，所以在小学优秀教师的专业培养中，需要优化并构建多元化的评价体系。

随着教育的改革，教师综合素质的提高和专业水平的成长已经成为我们学校迫切需要开展的任务，为了培养适应新时代发展的人才，做好基础教育，小学教师的专业成长更需要引起学校和教师个人的重视。小学阶段是学生基础知识学习和基础能力掌握的重要阶段，而小学教师在教育中起着重要的引导作用，小学教师的专业能力、教学技能和个人素质等，对学生的成长都有很大的影响，所以学校要关注小学教师专业、优秀地成长，以帮助学生更好地接受基础教育。

以语言文字为载体，打造书香校园

○ 王　敏　李建森

习近平总书记曾强调，"民族文化是一个民族区别于其他民族的独特标识"，汉字必然是其中的重要组成部分。在中华民族的文明进程中，语言文字更是我们独特的精神标识和文化印记。我们应该清醒地看到，语言文字是文化的基础要素和鲜明标志，是文化传承、发展、繁荣的重要载体。无论是构建中华民族共有的精神家园，还是提高我们的文化软实力，都需要做好语言文字工作，为更基础、更广泛、更深厚的文化自信提供有力源泉。学校利用丰富多彩的活动，将语言文字工作渗透到教育教学活动之中。注重实效，从实际出发，依据说普通话、写规范字的实施途径，优化教育结构，拓宽育人载体，引导师生在愉快的生活、工作中热爱、感受、运用规范的语言文字。

一、以阅读教育为载体打好特色教育的底色

1. 营造浓烈的"悦读"氛围。

学校图书室（采微书屋）及时对照课程标准推荐的小学生必读书目添置书籍，分年级开辟必读书目图书区域，便于学生查找、阅读、借阅。充分发挥采微书屋功能，坚持开展学校传

统午间阅读活动，极大地促进了"书香校园"活动的开展，为全民阅读起到推动和促进作用。学校图书室还要继续分年级、分班级组织开展午间阅读，每班每期至少安排两次午间阅读，各班语文老师要进行阅读指导，激发学生浓厚的阅读兴趣，努力把全民阅读变成一种自觉行为。

建设学校开放或半开放性公共阅读分享区域，如采微书屋门口、教学楼各楼道，完善阅读功能，筹集阅读材料，制定公共阅读分享区域文明阅读管理制度，让公共阅读分享区域成为最吸引学生的角落之一，让公共阅读分享区域成为彰显我校"书香校园"独特文化特色的窗口。随时完善更新班级图书角，对照课程标准推荐的小学生必读书目添置书籍，充实书籍，丰富图书，建立健全班级图书角管理制度，改善班级读书条件，保障班级图书分享效果和读书活动的顺利实施。

学校根据各班级教室情况，教室外墙、走廊情况，统一规划，张贴名人字画、读书名言，完善"书香班级"硬件设施，如"书香班级"园地、"书香班级"成果展示墙等，让各班级的读书活动实施变成可能。各班设立一个专题性阅读学习园地（墙报、板报、文化栏），汇集学生读书所得。类似"读书手抄报""每周诵读""美文赏析""亲子阅读卡"等栏目，展示于班级"书香班级"园地或"书香班级"成果展示墙上。

同时，将"国学"引进课堂，让学生感受中华经典文化。

重视环境建设，营造育人氛围。我校高度重视环境育人，学校以国学经典《三字经》《弟子规》等为载体创建儒雅的校园文化。我们开设古诗词校本课程。学校组织教师编写了《国学导读》教材，将《三字经》《千家诗》《弟子规》《增广贤文》《劝学》《笠翁对韵》等经典国学内容作为五小学生必读教材。低年级诵读《百家姓》《三字经》等，中年级诵读《弟子规》《笠翁对韵》等，高年级诵读《增广贤文》《千家诗》《劝学》等。在全校范围内开展人人参与国学经典诵读实践、班班参与国学经典诵读的普及性活动，并把传统文化的普及教育活动一直延续至今。各班利用早读课、班队活动课、语文课，全面开展了国学经典诵读活动，唱歌、跳舞、吟唱、快板、情景剧表演等形式活泼多样，还充分利用办黑板报、手抄报，讲经典故事，讨论传统美德等活动，让孩子们深入领会诵读国学经典的重要意义。低年级的老师还充分发动家长，让家长教孩子诵读国学经典，以学生为主体，实践为主线，心灵塑造为宗旨，从习惯抓起，促进学生养成教育的进一步升华。学校组织开展了丰富多彩的文化社团活动，一年级同学们的围棋学得聚精会神；高年级同学的书法，同学们观看了汉字演变的视频，感受到中国汉字的博大精深；国画部分，同学们在观看视频中感受了墨的韵味。学校多次以各种形式开展了传统文化教育展示与比赛，取得了可喜的成绩。参加西昌市精神文明办主办的全市中小学生国学经典诵读大赛总决赛，我校节目《满江红》获得小学组特等奖；参加西昌市"感党恩，跟党走，爱西昌，建家乡"中小学生经典诵读比赛获得了一等奖。我校学生王炳人参加中国青少年国学大会全国总决赛荣获"国学达人""全民国学网络推广大使"等称号，为西昌五小赢得了荣誉。通过活动，引导学生诵读中华经典，主动吸收传统文化中博大厚重的精华，提升道德修养，接受五千年文明智慧的熏陶，成为有经典、有文化、有道德、有理想、有希望的合格学生，承担起弘扬中华文明的历史重任。

2. 以教学活动为平台，促进语言文字工作更加规范。

一是我校经常组织师生开展各种类型的有关规范使用语言文字的比赛。例如，组织低年级学生开展儿歌诵读比赛、讲故事比赛，组织中年级学生开展诗歌朗诵比赛、读书演讲比赛，组织高年级学生开展主题演讲比赛、班级辩论赛等活动。为了使学生通过训练，能更好地进行发展、应用，锻炼每个人的能力，我校确立了"3分钟演讲"的特色活动。

每天晨读之前的2~3分钟，由一位同学进行演讲，每个年级都有不同的演讲要求和演讲主题。要求演讲者站姿正、不乱动，大方得体看前方，声音响亮口齿清，说话完整意思明。各年级演讲主题包括我的祖国、快乐生活、我爱运动、古诗欣赏、励志故事、寓言故事、珍惜时间、珍爱生命、家风家训等。

二是把读书活动与语文阅读教学结合起来。在语文阅读教学中，教师要根据教学内容，有意识地对学生进行阅读兴趣激发、阅读方法指导、阅读书目推荐与内容简介、阅读范围拓展延伸、阅读成果展示分享，把读书活动融合到语文课堂教学之中，让读书活动变成课堂学习的延伸，反过来促进阅读教学质量的提高。开展有效读书及展示活动，各个班级利用每天上午语文早课课前5~10分钟开展"读书博览会"，通过"名人名言""书海拾贝""好书推荐"等小板块，向同学们介绍看过的新书、好书，交流自己在读书活动中的心得体会，在班级中形成良好的读书氛围。每个班级每位学生在老师或家长的帮助下，收集有关书报小资料、格言和读书的心得体会等，每学期办一期读书小报或手抄报并在班级进行评比，在展示区展示读书成果。在学期末，各班举行以"书香浸润人生，悦读成就未来"为主题的班队读书成果展示活动，如故事会、演讲比赛、调查报告、书签制作、小小报、读书征文比赛、报刊剪辑等。学校大队部每期在学期末组织一次以年段为单位的读书展示活动，并开展班级"读书之星""书香班级""书香家庭""优秀图书管理员"评选表彰活动。低段举行儿歌朗读、诗歌表演读、诗歌颂唱、讲故事等比赛。中段举行"颂古诗品人生、美文诵读"古诗词知识夺擂竞赛比赛、课本情景剧、成语寓言童话剧等活动。高段举行展演四大名著、中外名著情节，展示读书成果竞赛、作文竞赛等活动。

二、以书法教育为载体丰富特色教育的内涵

书法是我国的国粹之一，是中华民族传统艺术的瑰宝。写好汉字是小学阶段一项重要的基本功训练，规范、端正、整洁地书写汉字是有效进行书面交流的基本保证，是学生学习语文和其他课程，形成终身学习能力的基础。随着新课程改革的不断推进和深化，当前小学写字教学已经被提到了一个崭新的高度。如今，学生当中字迹潦草，书写态度马虎的众多，而能写一手好字的却凤毛麟角，因此积极研究探索一整套有利于引导绝大多数学生对写字、书法产生兴趣，有利于形成正确的写字姿势和具有基本规范的写字技能的评价方法和策略，从而较大程度地提高小学写字教学水平，就显得尤为重要。学校努力完善以下工作：

1. **针对学生实际，结合《小学语文教学大纲》，我们制定了各年级具体的教育目标。**

一年级：认识田字格各部位名称，练习用铅笔写字，执笔方法、坐姿正确，掌握基本笔画、常用偏旁部首。简单结构的字的写法，按照笔顺规则书写，同时选择规范美观的教材为范本，进行蒙帖练习。要求字写得正确、端正、整洁，会整理保管学具。

二年级：继续练习用铅笔写字，由田字格过渡到方格进行书写，保持正确的执笔方法和写字坐姿，掌握基本笔画、常用

偏旁部首、常见结构的字的写法，能按笔顺规则书写，注意间架结构的合理安排、行款格式的整齐规范，平时辅以仿影练习，在反复的模仿中加深印象，逐步达到正确、熟练、美观地写出汉字，同时培养学生对写字的兴趣和持之以恒的精神。

三年级：除写好铅笔字外，练习用钢笔写字，写得正确、端正、整洁，并练习用毛笔写字（描红），要求学会正确的执笔方法和写字坐姿。学会运用毛笔描写基本笔画、独体字、常用偏旁和含有这些偏旁的合体字，点画要描得圆满、规范，一笔到位，字要描写得端正、整洁，懂得笔、墨、纸、砚的使用和保管知识，了解书法是我国传统文化艺术，知道写好毛笔字的意义，激发写字兴趣。

四年级：能比较熟练地用钢笔写字，自觉保持正确的书写姿势，掌握各种笔画和常见结构的字的写法；字写得正确、端正、整洁；懂得钢笔的使用技巧和保管知识。掌握毛笔的执笔、运笔方法，保持正确的写字姿势，学习用双钩填墨法和单钩扩墨法写正确、端正、整洁的基本笔画和含有这些笔画的毛笔字，学习按米字格读帖，掌握相应的读帖方法和技巧，继续激发练字兴趣，培养持之以恒练好字的毅力。

五年级：继续练习用方格进行钢笔字书写，掌握基本写法，要求写得正确、端正、整洁；学习横条格书写，力求字体端正、大小匀称，字距适当，有一定的速度，有良好的书写习惯。开始用毛笔临帖，学会读帖、临帖，做到"眼中有格，心中有字"，把握点画的形态特征、字形结构特点，字写得正确、端正、整洁，与范字基本相像。掌握各种基本笔画的运笔技能，提高毛笔的运笔技能。使学生品尝到成功的喜悦，让学生乐学爱练。

六年级：能比较熟练地写钢笔字，掌握各种字形的结体方法,字写得正确、端正、整洁、匀称;会用横条格书写,写得端正匀称,行款整齐,有一定的速度;有良好的书写习惯。继续学习用毛笔临帖,通过米字格的临写,培养学生读帖目测能力。能较正确地辨认字的形体结构、比例大小、笔画位置,力求运笔正确、结构合理,写得与范字形神相似。同时,培养学生良好的审美情操、坚韧的意志品质等。

2. 加强队伍建设,树立育人典范。

我们注重了汉字书写教育队伍建设,建立了一支汉字书写教育骨干队伍,并加强汉字书写知识和技能的培训,制订了汉字书写教育骨干培训规划和计划,把汉字书写纳入了教师业绩考核评价,并体现在职务评聘和评优、评先中,激发全体教师的热情,使全体教职工都能积极参与,履职尽责,为学生树立良好的育人典范。

一是抓好组织培训。由教导处牵头,组织教师参加有关书法教育的讲座,观看相关的电教录像,请有写字经验的教师为大家讲解汉字、写字教学的知识和技能。讲解写字要注意的坐姿、握笔姿势、字体的形成过程、笔画结构章法、写字教学等相关知识。

二是开展"三字"竞赛。我们高度重视教师规范汉字书写基本功训练,积极开展粉笔、钢笔、毛笔字书写练习,要求教师每期利用假期练习钢笔、毛笔字并上交规定的作业,每天练习粉笔字,每周由教导处统一检查,了解教师"三笔字"的基本功掌握情况,每期进行评比表彰,促进教师勤练"三笔字",提高了教师书写汉字的能力和技巧。

3. 抓课堂教学,落实写字教学活动。

写字是一项重要的语文基本功,是儿童文化素养的重要方面。为进一步传承祖国优秀传统文化,丰富学生的文化底蕴,提高学生的汉字书写能力，培养学生良好的学习习惯和高雅的审美情趣，切实提高写字教学水平，我校语文老师结合语文课本中的生字、词语以及古诗，指导学生进行硬笔书法的练习。学校成立写字教学领导小组，领导小组采取定期与不定期抽查的方式，检查写字教学落实情况。把学生书写问题作为平日教学检查的重要内容，随时给予关注，发现问题及时纠正。教师设计生动、活泼的写字活动，培养学生的写字兴趣，调动学生练字的积极性。针对不同班级学生的实际书写状况，加强习字指导，通过示范、比较、观摩、展示成果等方法，帮助学生克服困难，提高写字的兴趣，增强习字的成功感。学校定期对教师们进行钢笔字、毛笔字培训，以规范、美观、整洁的书写做学生的表率，包括板书、作业批语等，同时每学年要组织两次面向全体学生的写字展览。

4. 抓书写练习，培养学生良好的意志品质。

学生写字技能的提高，光有兴趣和爱好是不行的，还必须经过持之以恒的练习，讲究练习的方法和策略，我们通过"三会""三结合"学生书写练习，教会学生掌握汉字书写的架构，培养学生良好的意志品质。

"三会"：一是学会用眼练字。教会学生要从整体上观察字的结构，体会其姿态韵味，即字的高低、宽窄、斜正等，从局部观察笔画、位置、长短、角度变化等，在头脑中形成轮廓印象后，再下笔。二是学会用手临字。教会学生从模仿开始，手握笔要稳，强调对格临写落笔的位置要找准，行笔中，要练手的"轻、重"，长而细的笔画要轻，短而粗的笔画要重，还要练习"提、顿"。三是学会用心总结。教会学生举一反三，触类旁通的能力。教师精教一点，学生能悟出一片，发展了学生思维，写字教学的课堂效率也就提高了。

　　"三结合"：一是课内练与课外练相结合。要让学生写好字，仅靠写字课显然是不够的，课内教师要选择精当的字例，讲要点、难点，引导学生悟规律，让学生懂得运笔方法和写字规律，课后鼓励学生每天练习10分钟，字不要过多，要认真练习，持之以恒。二是专门练习与平时作业相结合。就是要让学生懂得"提笔就是练字时"。专门练习时，老师提出的要求，在学生写作业时要同样严格要求。初学写字，用最容易做到的"整洁、干净"来要求学生，随着年级的升高，逐步把要求提高，最终达到"端正匀称、整齐美观"。三是学和用相结合。学生掌握了一定的写字技巧，字逐渐写得端正美观后，教师就应创造一切给学生展现的机会，班级的板报、墙报、班队活动标题的书写等，放手交给学生去做，让他们学以致用。

　　"一个国家文化的魅力、一个民族的凝聚力主要通过语言表达和传递。"应该清醒地看到，语言文字是文化的基础要素和鲜明标志，是文化传承、发展、繁荣的重要载体。无论是构建中华民族共有的精神家园，还是提高我们的文化软实力，都需要做好语言文字工作，为更基础、更广泛、更深厚的文化自信提供有力源泉。

传承创新优秀传统文化，
在民族地区绽放奇艺之花

○ 土比拉子

昭觉县工农兵小学位于四川省凉山彝族自治州昭觉县，学校地处偏远高寒山区，气候寒冷，交通不便，是彝族聚居区。学校创建于1951年，办学历史悠久，文化积淀厚重，前身为昭觉县民族小学，1981年被列为四川省首批办好的重点小学。

一、活动背景

大山里的孩子们见识少，学校教育比起内地沿海经济发达地区，落后很多。改革开放的春风吹到了大凉山，近年来，国家精准扶贫各种政策措施更是让昭觉县呈现出经济、科技、教育稳定发展的大好局面。习近平总书记对凉山脱贫攻坚高度重视，深入大凉山腹地考察指导，关心看望彝区群众，给我们极大的鼓舞鞭策，我们依据精准扶贫、均衡发展教育的好政策，努力发展为极具民族特色的规模较大的国学书香县城小学。

中华上下五千年的历史给我们留下了丰富优秀的传统文化，国学经典已经深植于中国人的精神家园里，流淌在每个炎黄子孙的血脉中。正如习近平总书记所说，文化自信是一个国家、一个民族发展中更基本、更深沉、更持久的力量，我们要坚持"四个自信"，更好地构筑中国精神、中国价值、中国力量。随着素质教育的进一步推进，我们清醒地认识到素质教育的重要性，在我校全面开展国学教育，塑造学生良好的思想品行，提高学生个人人格修养，帮助他们增强民族意识，推动中华民族传统美德代代相传，让孩子们以更加昂扬的斗志、更加自信的风貌面向社会，面向世界，面向未来，所以在学校领导的重视下，老师努力普及国学知识，全校形成爱国学、学国学、用国学的良好氛围。

二、主要做法
（一）承华夏文明

中华优秀传统文化是中华民族的"根"与"魂"，优秀传统文化是一个国家、一个民族传承和发展的根本，如果丢掉了，就割断了精神命脉。在新时代，我们更要传承和弘扬中华优秀传统文化与涵养社会主义核心价值观、建设中国特色社会主义精神文明有机统一、紧密结合，不断铸就中华文化新辉煌。中华文化传承与创新教育是一个艰巨的任务，不论到什么时候，我们都有文化需要传承，让大家感受到我们中华传统文化的存在，让全民一起传承创新中华传统文化！

我们学校有着团结、求新、务实的领导班子和辛勤工作的教师团队，本着为学生的终身发展着想，学校领导重视支持，教师团队相互沟通交流学习，深深明白只有爱读书的老师才能带出爱读书的学生，只有老师会读书才能教会学生读书。根据国家教育改革方向，学校首次提出传统文化创新理论，并以"传统文化与学生综合素养"为研究领域，结合学生"必备品格与关键能力"以及"传统文化与中高考教育改革"核心内容，深入研究中华优秀传统文化创新性教学实践，并培养新时期具备深厚中华优秀传统文化基础和现代教育思想、方法的学科优秀人才。现在学校大力建设书香校园，推进经典海读，传承和弘扬优秀的中华文化责无旁贷。

学校在县城中首先开设了国学技艺课程，它不重复语文课，也不是简单枯燥的思想品德说教，而是根据我校学生实际，汇编经典，充分发挥课堂教学的主渠道作用，分高、中、低年段给孩子们做国学启蒙教育，在反复诵读《弟子规》《三字经》《千字文》《论语》《道德经》等国学经典段落中塑造孩子们的人格，提升孩子们的道德素养。"学贵力行"，圣贤文化的学习，贵在把它落实在自己的日常学习生活中，这样才能得到真实的利益。所以我们通过让孩子们与圣人促膝对话能够聆听圣贤教诲，把教诲贯彻到生活中，落实到言行中，从身边的一点一滴小事做起，"多识前言往行，以自蓄其德"，真正提升彝家孩子生命的内涵。

经典浸润人生，海读传承文明。为了让彝家孩子有序地诵读经典，海量阅读，达到文化熏陶、智能锻炼与人格培养的目的，我们四处取经，结合民族地区学校实际，以"传统文化与海量阅读相结合，课内学习与课外拓展相结合，学校教育与家庭教育相结合"的三结合理念，儿童黄金记忆期不容等待，教学行为的转变来自观念的转变，真心为孩子，愿意付出，还要甘担风险。典雅的文字，妙曼的音律，经典诵读，素而有趣，我们的老师一边向大师请教，一边勇于创新。

根据我校民族地区实际情况制订学校书香校园经典诵读实施方案，每天早上全校经典诵读，各班努力做到"大经典，同并进；放声读，能成诵；重记忆，轻讲解；诵新篇，常温故"。课堂上或老师亲自指导，或小老师带读，或分组先学再诵，或利用多媒体白板跟读学吟，孩子们积极性高，一起漫游在古诗文的长河中，去感受国学经典的博大精深！

习近平总书记说，中国传统文化博大精深，学习和掌握其中的各种思想精华，对树立正确的世界观、人生观、价值观很有益处。学史可以看成败、鉴得失、知兴替，学诗可以情飞扬、志高昂、人灵秀，学伦理可以知廉耻、懂荣辱、辨是非。在教改的几年中，我校教师积极投入到改革实验中，群策群力，以生本教育实验改革为契机，以推进"大阅读"为抓手，创建"书香校园"。在经典的熏陶下，让学生学会阅读，学会学习，进而培养了学生终身阅读的习惯。坚持每天早上的经典诵读，让孩子们在经典诵读中传承文明；坚持每天中午的静心阅读，让孩子们在静心阅读中感悟人生。语文课堂以"群文阅读""海量阅读""整本书阅读"为教学内容，打破常规的语文教学模式，重组课堂教学内容，以拓宽学生阅读面，增加阅读量，用量的积累促进质的飞跃，培养学生想说、能说、会说的能力。

为弘扬祖国优秀的传统文化，与时俱进，大力推进书香文化进校园，开展国学经典诵读活动，工农兵小学领导见识卓越，重视强调诵读国学经典，传承中华文明，提升我校师生人文修养是我们义不容辞的责任与义务。教导处、教科室等各部门通力合作，国学技艺工作室组织安排落实好平时的国学经典诵读。"不积跬步，无以至千里；不积小流，无以成江河。"

晨曦，全校在语数老师共同努力指导下，师生共读中华经典，聆听古诗书韵，走进工农兵小学校园听到的琅琅读书声，是最美妙的声音。傍晚，配合行为习惯教育，集合放学排队行走路上，娃娃们都背诵起来啦！他们厚积薄发，出口成章，《江南》《春日》《凉州词》《夏日绝句》等一曲曲动人心弦的诗词，成为一道道美丽的风景线！春去秋来，岁月变更，偏远彝区有春的播种、秋的收获，有激情燃烧的火把节，有丰收团聚的彝族年，亘古不变的是源远流长的经典诗文、底蕴深厚的民族文化。

工农兵小学的彝家少年，一年四季诵读经典，传承优秀的传统文化别有一番风景。如果说经典如酒，越品越香浓，那么中华文化就是一坛香醇的陈年老酒，让人意犹未尽。如果说经典如歌，一篇一目奏出美妙乐章，那么诵读就是一曲曲动人的旋律，让人心旷神怡。彝家孩子们用流利的普通话、抑扬顿挫的语调诵读出了经典美文的风韵，表达了他们对圣人先贤的敬意，对中华优秀传统文化的敬畏。全校师生从检查评比中领略到阅读拥有的至臻至美，从而更加热爱并传承我们的经典文化。

昭觉县工农兵小学开展书香文化进校园以来，慢慢形成了自己特有的长效机制，努力营造诵读中华经典古诗文的浓厚氛围，积极推动经典诵读活动进课堂，进校园，进家庭。

学校通过组织对学生经典诵读检测评比，填写学生经典等级证书，经典海读厚积薄发，提高学生阅读古诗文经典的兴趣，增强广大学生文化素养，更让学生潜移默化地接受中国传统美德的养成教育。

（二）育金色年华

为了继承弘扬优秀的民族文化，促进校园文化发展，增强民族地区彝家孩子自尊心和自豪感，我校开展了民间文化进校园活动，请凉山州非物质文化遗产传承人每周给孩子们上两节"克智"课。学校不定期举行克智大赛，让孩子们受益匪浅。我们的彝语老师也在多元文化大撞击大时代下，积极开发彝文校本课程，定期举行彝语书法大赛，把拥有的淳朴、厚蕴的彝族母语文化发扬光大。

看，孩子们从心底里写出的母语作品，发表在《爱·牵引》校刊上，感觉它们鲜活地跳跃纸间，太美妙了！让孩子们找到中华的根、民族的魂。国学的内容很广泛，我们学校、老师根据民族区域特点，彝家儿童的生理、心理、性格特点，把国学和其他学科有机结合，只要有利于孩子们成长的，我们就去做。

学校定期推选"阅读之星"，创办校刊、特色文化墙，让阅读改变孩子们的世界。每次付出，更要让孩子们学会学习，懂得知识改变命运，学会做人的道理。我们希望通过不懈追求与守望，让校园里阳光和空气都充满和谐的味道，让每个走进工农兵小学的彝家孩子都有更好的发展。

人人是老师，处处是教室。我们学校更加强了学生的德育教育，经常利用升旗仪式、班队活动，以国学经典文化为内容举行讲故事、演讲比赛，认识国学内涵，传播优秀文化。大家积极参加省、州、县各级各类国学诵读、演讲比赛，既加强了学生学国学的兴趣，又提高了学生自身的综合素质，展现出自信向上的精神风貌，挖掘出新一代彝家孩子非凡的才华。

经典诵读活动，传承了中华文化之精神，丰富了全校师生精神文化生活，营造了博学多思的深厚校园文化氛围，为工农兵小学打造书香校园奠定了坚实基础。经典诵读比赛让学生在活动中感受中华民族深厚的文化渊源和人文精粹，同时也感受生命的厚重与永恒。让我们与好书为友，打好人生底色；与经典做伴，润泽精彩年华。

国学的内容很广泛，老师根据民族区域特点，彝家儿童的生理、心理、性格特点，把国学和其他学科有机结合，再根据不同时期不同学生的兴趣爱好，在诵读经典的同时，也做一些基本技能兴趣爱好的培训，如书法、绘画、手工、棋艺、戏曲、武术操等国粹启蒙教育。例如，我们定期举行的小型棋艺比赛，有老师精心指导培训，还有特别制作的比赛奖牌，学生获奖后觉得无比光荣和自豪，孩子们学习兴趣更浓了，切实做到国学经典知识与技艺兴趣的完美结合，让彝族聚居区儿童真正能修身养性。

（三）助山鹰翱翔

一棵树摇动另一棵树，一朵云推动另一朵云，一个灵魂唤醒另一个灵魂。全校各科老师紧密配合，与家长联系沟通，学校、老师、社会、家长一起完成好孩子们的成长教育。

1. 为了给孩子们奠定成功的基础，学校、老师、家长"三维一体"互相沟通配合，古今结合，开展各种创新活动。如开学初举行的新生"开笔礼"仪式，不定期举办的亲子家长座谈培训会，为民族地区的彝家孩子创设良好的成长环境，更好地把中华美德发扬光大，让孩子们积极健康地茁壮成长。

2. 每个节日的由来都寓意深刻，每个传统节日都给人以热爱生活、奋发向上的精神力量。我校充分挖掘节日蕴藏的宝贵道德教育资源，结合春节、清明节、端午节、国庆节、中秋节等重大节日，开展节日主题教育活动；将传承民族文化教育、感恩教育、爱国教育、尊老爱幼教育全端上了学校教育日程。学生结合节日特点，或通过制作手抄报，或参加各种竞赛，或参加社会实践等活动，不断接受传统节日、重大节日的文明礼仪教育。

3. 万事开头难，学校从不减少孩子们学习活动的资金投入。学校率先在校园内外安装电子大屏，我们的老师改革创新，每周滚动播出的校训、励志格言警句、新编《三字经》，成了教育学生、宣传学校、引领家长的窗口。校园七彩童声红领巾广播站优秀传统文化诗文播出、校刊《爱·牵引》师生文章的刊登让孩子提升了自己的道德修养。随着教育扶贫的投入，学校更是加大校园设施建设，扩建图书室，增加了书法、微机、音乐、美术、舞蹈功能室，创建了国学技艺工作室，创办道德讲堂提升了学校师生思想素质。我们在弘扬优秀传统文化中得到了启迪，也促进了学校的长足发展。

4. 时序更迭，四季循环，学校也快速地发展，教师队伍不断壮大，新形势带来了新机遇、新挑战。我们期待另一次新的超越，期望另一次新的突破，展开另一种生命的新境界。随着义务均衡教育的加强实施落实，通过几年的实践，国学基础课程教育已在我校落地生根，正彰显出它应有的魅力。孩子们的学习热情得到充分调动，课堂上大胆展示，勤于写作，脑洞大开；教师在教学过程中真正感受到了教师职业的幸福感，实现了"教书型"教师到"研究型"教师的转变，专业素养得以迅速提高；通过辐射引领，我校的国学教育工作得到了社会各界的一致认可，学生受益、教师成长、学校发展已成为不争的事实。"问渠那得清如许？为有源头活水来。"岁月的厚重永远阻挡不了学习的脚步，学校发展的关键在于有一支综合素质过硬的教师队伍。打造国学教育团队，为教师不断"充电"，让教师接受更多更好的教学理念，通过个人自主学习、校本培训以及"走出去，请进来"和网络培训等途径，多管齐下，教师受训率达到100%，有力地促进了工农兵小学教师的专业成长。

5. 在民族地区全面开展国学教育，塑造学生良好的思想品行，提高学生个人人格修养，帮助他们增强民族意识，推动中华民族传统美德代代相传。工农兵小学积极支持重视国学基础教育，为弘扬民族文化我们做好了彝汉双语基础教学，丰富彝族孩子国学教学活动。"一枝独秀不是春，百花齐放春满园。"我校自制开发的学前教育教材加入了国学经典课程，更带动了全县一村一幼诵经典学国学教育，最难得的是国学基础教程路上我们一直在前行。

路漫漫其修远兮，我校将在已取得成绩的基础上，积极稳妥地推进"国学基础教育"，竭尽所能，让彝族孩子在"自信、乐学、善思"的培养目标指引下健康成长！

三、荣誉与启示

一分耕耘一分收获，各级领导、爱心人士来学校听着各年级各班彝家孩子稚嫩且自信地背诵着优秀古诗文，热泪盈眶，赞不绝口，本校成为凉山州唯一加入中国国学共同体的学校。在今后的教育工作中，昭觉县工农兵小学将系统梳理中华优秀传统文化的基本内涵，深挖中华优秀传统文化的当代价值，探寻中华优秀传统文化融入当代思想教育的路径，为弘扬中华优秀传统文化，提升国家文化软实力做出必要的贡献。

近年来，学校获得了"全民阅读推广学校""全国青少年科普创新示范学校""全国少先队红旗大队""四川省校本研训基地校""四川省文明校园"等荣誉称号。

校园情深，平地高楼，过道宽阔。看操场周围，柳树婆娑，松杨挺拔，翠绿欲滴。天空蓝，望飞雁鸟翔，声声书念。教育的过程虽然艰辛，但充满诗意，我们会努力把教育做成诗的模样，做有温度的教育，办人民满意的学校。

家校沟通的途径及技巧

○ 曾龙先

做好家校沟通直接关系到学校教育的成败、学生的健康成长，如何做好家校沟通工作，对于班主任来说，的确是个难题。一个班级四十多个学生，八十多个家长，所谓众口难调，无论班主任怎么努力，家长总会有不满意的，久而久之，难免产生矛盾、积怨，甚至产生对立，这就会影响班级工作的正常开展和家校关系的和谐。因此，要求我们班主任去思考切实有效的教育策略，提高处理问题的层次与境界，以先进的科学思想和方法应对千变万化的矛盾。

一、家校沟通的途径

（一）运用现代信息技术进行联络

现代信息技术为家校沟通提供了更多的方便和快捷，如电子邮件、网络论坛、班级主页等。

1. 利用电话促进家校沟通。

这是最方便、最普遍的一种联络方式。如果能够善用，这一条线会成为拉近距离、凝聚力量的"感情专线"。在给家长打电话时，我会注意到以下几方面：

（1）多赞美少批评。孩子都是父母心目中的宝贝，没有一个家长喜欢听老师只诉说罪状，所以，我会多多表扬孩子的优点、成就，例如"这孩子长得很可爱""孩子挺聪明的""小家伙非常机灵，反应很快""孩子可关心集体啦"，家长在听了这些好话后，自然就会听得进去孩子的其他缺点，自然就会接受老师的一些意见和建议。

（2）注意语词和声调。通电话看不到对方表情，所有的感觉、印象都来自电话中的声音，不论家长的语气、言语如何，我都会控制自己的情绪。自始至终以亲切、自然、流畅的语调，心平气和、耐心地与家长交谈。

（3）发挥语言艺术的魅力。在家校交流中，难免会谈到孩子的缺点，一般我会避实就虚，不马上切入正题，而是待家长心情趋于平静的时候再自然引出主题。

2. 利用网络促进家校沟通。

作为家长，谁不关心自己小孩在学校的一举一动？而家长想知道小孩的"详情"，必须从老师的口中才能具体得知。给老师拨个电话吧，白天怕老师在上课不敢贸然打，晚上怕影响老师休息还是不敢"下手"，一天下来总找不到合适的时间与老师沟通交流。在这样的情况下，网络是一种很好的联系方式，建立班级 QQ 群，在 QQ 群的群空间里大家发发讨论帖，把孩子们在学校的表现写在讨论帖里，使家长能及时了解孩子们在学校的表现。家长有什么教育问题上的困扰，也及时地提出，老师和家长共同探讨交流。在群空间里家长也更能及时了解孩子在学校的各项表现。

（二）适时进行家访

家访既是教师的一种教育手段，更是教师在教育教学中的一种感情投资，它可以是连接家庭、学校之间的桥梁，缩短教师和家长的距离，拉近教师、学生、家长间的关系，促进学校与家庭共同担负起培养学生成才的责任。

二、家访及家校沟通的方式

沟通式。即学生在校内发生的事情及时和家长沟通，以共同商量教育措施。如学生犯了错误，需要和家长沟通，我先让学生本人主动和家长讲，然后再和家长见面沟通。考虑到家长得知孩子在学校里"闯祸"了，往往会忐忑不安，在刚与家长见面时，我先不渲染孩子的"错误"，而是谈一些其他的话题，家长就会减少心理顾虑。此时我再与家长共同分析并找出原因，积极寻求解决的办法。

谈心式。班主任和每位学生的家长都应是知心朋友，经常交流，征求意见。有时我与家长谈班级管理，请家长提出意见和建议；有时与家长谈学生本人的身体、智力、学习成绩、兴趣与爱好等，以便实施有的放矢的教育；有时与家长谈教育规律，共同探索科学的教育方法。在交谈中逐渐了解家长的性格特征、文化素质、教育水平与手段、家庭生活状况等，以便全面分析影响学生身心发展的因素。

相助式。即在学生本人或家庭出现什么矛盾对学生构成影响时，我会及时进行家庭走访，及时帮助解决问题。

（一）精心组织家长会

家长学校授课是家校教育过程中的必要环节，是班主任同家长沟通、凝聚教育合力的主要方式之一。学校通过家长学校授课，向家长汇报学校教育教学的工作情况及今后的工作计划，并向家长提出教育的具体要求，听取家长的意见，共同研究改进工作，从而协调学校教育与家庭教育的关系。家长通过家长学校授课，不仅能了解到自己子女的学习成绩、思想表现，还能了解子女所在班级其他学生的成绩与表现等，从而能更客观地了解自己子女的发展水平在集体中的位置。这是对学生施以教育不可或缺的信息。因此,组织好家长会是不容忽视的。家长学校授课要提前做好教案,准备好 PPT,讲话内容要提前有充分的准备。

(二)设立家长开放日

在指定的日期,组织家长到学校听课,针对老师的授课情况提出建设性的意见和建议,用以指导教学,与家长共同探讨学生发展大计。

(三)用好家校联系本

家校联系本传递的是一份责任、一份爱心、一份成功。每个孩子都希望老师看到自己的长处,看到自己的进步,更希望老师把这些进步告诉同学、家长,而作为家长,又有谁不想听老师对自己孩子真诚的赞美呢?记得有位语言学家曾经说过:"要赞美一个母亲,您只需赞美她的孩子就可以了。"所以我们要在肯定中提出要求,在要求中渗透着我们的赏识。

(四)家校协同管理

1. 建立机制健全的家长委员会,制定《家庭教育委员会章程》。家长委员会分校级、年级、班级三级,班级 6 人,年级每班 3 人,校级每班 1 人,成立家长委员会办公室,由校级家长委员中投票选举出两名家长委员会副主席,一名家长委员主席。家长委员会主席、副主席负责学校与家长工作的协调沟通。

2. 学校管理方面的工作邀请家长委员办公室参与出谋划策,如一校一品的制定,学校德育活动开展,少先队大队部各类实践活动,学校体育、艺术、书法、阅读、英语等竞赛活动的开展。其中德育活动的六岁入学礼、十岁成长礼、十二岁毕业礼都需要家长的参与,融洽了家长和学生的亲子关系,更增加了学生的集体凝聚力。少先队活动中的"小手拉大手，共创美丽家园""参观档案馆""六一联欢会""儿童节阳光义卖""敬老爱老献爱心""爱劳动勤动手社会实践"等活动都邀请家长自愿参加，活动正能量会辐射到所有参与者，为实现家校共育的和谐发展奠定了情感基础。学校还有很多活动，家长都可以成为活动的策划者、参与者，集体荣誉感极强，和学生、老师在活动中互动交流，更容易形成团结协作、和谐沟通、理解互助的氛围。

3. 家长护校队、家长讲师团的组织。小学男教师人数少，教师在学生进出校门的时间段里无法完全保护学生的生命安全。于是，家长护校队由家长委员们自愿参加报名，家长们每班轮流一天，在上下学时间段到学校门口、学校附近人行横道等地方值守，为学生生命安全保驾护航。

家长来自社会各行各业，学校缺乏适应社会的、拥有其他专业知识的老师，比如非遗文化、医疗急救、法律法规、铁路安全、劳动技能、生态环保等专业知识性强，而学生又有知识需求的内容。针对这一情况，家长委员会动员班级中有正能量、专业知识强、热心公益的家长自愿加入学校家长讲师团队，形成强大的家长专业讲师团，学校再根据学生年级年龄段需求，把家长讲师请到相应年级授课。为了保证授课质量，授课前，学校审核讲师的 PPT、教案后方能进校上课。

三、家校沟通中的技巧
（一）电话沟通的技巧

用电话沟通，多半应该是一些小事情，同时应该以积极的表扬为主，因为在电话里只能通过语气语调来判断对方的态度，所以很容易引起误会，反倒会起到副作用。打电话应该注意的问题如下：

1. 要用礼貌用语，语气要柔和。我们很多老师说话语气太生硬，这应该是职业病，总是给人很烦躁的感觉。让家长有一种接收法院传票的感觉。有人说，打电话时对方会通过语调语气看到你的脸，所以要学会微笑着打电话。

2. 要询问家长是否方便接电话。应该是"你说话方便吗？关于某某有件事我想和你谈谈"。

3. 不要长篇大论，不给家长说话的余地。尽量长话短说，如果解决不了，就约请家长见面。

4. 要注意告诉家长实情。"孩子出事了，你来学校一趟"，这一句话让家长神情恍惚，来了一看，手刮破点皮。如果真的出现大问题，也要讲实情，对结果要轻描淡写。

5. 遇到不配合的家长，要有耐心。应该说"您没时间，您什么时候有时间，那我再找时间打给您"，而不是"反正我和你说了，你自己看着办吧"。

6. 遇到比你还啰唆的家长，一定要明确打电话的目的。时刻将谈话引回到关键问题上，礼貌地制止家长谈论其他的无关问题。不能由着家长的思维，天南海北漫无边际地说。到最后撂下电话，我要说什么了，忘了没说。回过头来家长还纳闷，老师为什么给我打电话啊。这就是无效工作。

（二）家访约见的技巧

1. 要摆事实讲观点。

在跟家长谈话时，要记住一点，既要摆事实，又要讲观点。要拿出关于学生成绩和行为的具体事例，而不要直接使用形容词，给学生贴标签。比如，不说"孩子数学学习不好"，而说"上周我们学习某个知识，孩子感到有困难，没有交作业"。任何时候都不要泛泛而谈，空下结论，而要为家长提供具体事例。

2. **体现对孩子的关心。**

一定要向家长询问孩子的特长、兴趣和成就，比如，孩子在家里的日常起居，在家负责哪些家务，怎样处理家庭作业，在家里是怎么玩的，有什么令人欣喜的好事，面临哪些挑战，等等。对进一步了解孩子表示出真正的兴趣，获取有助于加深你对孩子了解的信息。

3. **把负面信息做成"夹心面包"。**

如果你要告诉家长一些负面信息，一定要把负面信息做成"夹心面包"。也就是说，一开始说一些正面、积极的信息，然后再说负面信息，最后再以正面信息来结尾。

4. **使用"积极聆听"技巧。**

一定要使用"积极聆听"技巧。积极地聆听家长的表达，对家长表达的感受要报以同理心，尽可能地感同身受。比如，"我知道，你对孩子在课堂上没有获得更多的关注感到失望""看得出你对这件事情感到很气愤"。这表示出你真的在尽力理解家长的想法，然而这并不意味着你就同意他们的观点。对于那些心中有怨气和怒火的家长，使用"积极聆听"技巧尤其有效。

通过类似这样的"积极聆听"，你便能成功地搭建起跟家长沟通的桥梁，这对于家长来说是至关重要的。

5. **不要对家长发号施令。**

为家长提供两三条可以在家实施的有助于孩子成长的具体建议。不要让他们感到这是命令，而要让他们感到这是在其他孩子身上起过作用的经验。不要对家长使用"你应该""你必须"这样的字眼，而要以邀请的口气为他们提供具体的建议。"邀请"家长参与到问题的解决中来，比"告诉"他们应该怎么做，或不应该怎么做要强得多。比如，通过我们今天的谈话，我在想，你和孩子是否能够每晚多花 10 分钟在背单词上？

6. **给家长说话时间。**

给家长充足的说话时间，认真聆听家长的话。鼓励家长提问，回答家长的问题要真诚、得体，不失机智。如果你心里紧张，你就会不停地说话，这样会占据很多时间，甚至会占据 90% 的时间。最好让你和家长的说话时间各占一半。

（三）开好家长会的细节

1. 不论在任何情况下请家长到校，都应主动给家长让座、倒水。特别是学生犯错误时要求学生家长到校时更应注意这一点。

2. 如果能自己联系上的就尽量不叫学生自己回家联系。应主动联系以表明我们做老师的诚意和态度。

3. 学生家长来校以后不应该当着学生家长的面训斥他的孩子。不管怎么样，听别人训斥自己的孩子肯定不好受。

4. 谈话尽量做到一对一。可先把家长叫出办公室，在一个单独的环境里向学生家长说明情况，形成一致意见。

传承红色基因，培育时代新人

○ 代麒麟

宜宾市南溪区前进小学按照党和国家的教育方针要求，在"弘扬国学文化精神，打造学生生命底色"的国学教育基础上，随着"红军小学"的命名，不断丰富完善，提炼出学校"德育为先，智育为本，体育为径，美育为核，劳动教育为重"的"五育融合"办学实践。其中在德育和劳动教育实践方面，我们主要做了以下一些探索。

一、德育为先——立德树人"1233 措施"

立德树人"1233 措施"，即坚定一个目标，实现两个融合，落实三个结合，突出三个重点。

（一）坚定一个目标，引领德育方向

学校德育工作坚定以习近平新时代中国特色社会主义思想为指引，坚定"不忘初心、牢记使命，红色基因、代代相传"红色教育理念，深耕红色资源，厚植红色底蕴，讲好红色故事，着力把红军小学打造成为传承红色基因的红色摇篮，把学生培养成为具有"温暖的心、聪明的脑、健康的身"的时代新人与实现中国梦和共产主义事业合格可靠的接班人。

（二）实现两个融合，形成德育特色

在德育工作中，实现了两个融合。即将"仁爱求真"办学思想与"踵武前贤，进德修业"党建品牌相融合，确定了"踵武前贤，养仁爱之心；进德修业，育求真之人"的德育工作新理念。将"红色文化传统"和"国学教育特色"相融合，提炼出以"国学传统经典文化教育"为基础的"红色革命传统文化浸润"的德育工作新特色。

（三）落实三个结合，推进德育落地

学校始终坚持以"学校教育为主导，家庭教育为主要，社会教育为主阵地"三结合的教育模式；坚持"道法课堂为主渠道，学科教学相渗透，主题活动相补充"三环节相统一的教育措施；坚持"理论与实践相结合、过程与结果相结合、评价与整改相结合"三结合的教育引领。

（四）突出三个重点，细化德育方法

在德育实践中，学校突出了三个重点：一是抓机构队伍建设；二是抓特色活动设计；三是抓榜样示范评价。

抓机构队伍建设。学校在以党建统领德育工作的前提下，健全德育工作组织机构，明确了支部书记为德育工作的责任主体，抓德育工作的方向；分管德育工作和教学工作的副校长为第一责任人，抓德育工作的具体策划；德育主任、教务主任为具体责任人，抓课程设置、课堂教学评价和德育活动及家长学校建设的组织实施；各班主任（少先队中队辅导员）和道德与法治课教师为直接责任人，抓课堂教学落实、学生德育评价和班队特色活动组织实施。

抓特色活动设计。第一，由学校支委负责德育工作的顶层设计。结合红军小学建设要求，以培养学生"温暖的心"为目标构建学校德育工作的课程体系。突出以"国学教育"为基础，"红色教育"为特色。在"国学教育"上，坚持以校本课程教材《国学启蒙》为载体的"一日三诵""周学一语"常态化浸润，净化学生心灵；国学经典诵读、国学美文赏析、国学礼仪操等定期化展示，检阅学生学习效果。在"红色教育"上，坚持每天午后15分钟"讲红色故事"、课前"唱一支红色歌曲"、每晚"读一则红色故事"等常规工作，定期举办"红色基地研学"——参观朱德旧居等，观看"红色经典电影"，举办"红色主题"的校园艺术节等形式，让学生始终铭记"我们是从哪里来的"，确保"红色基因一代一代传承下去"。

第二，以活动为载体推进德育工作。组建德育校本课程创编队伍，构建适合不同年段学生的德育系列课程标准，如"讲故事谈感受""生活基本技能"。立足"发展学生核心素养"目标，探索德育实施路径。丰富德育活动阵地，构建德育网络架构。以"德育节日"形式，确定每月德育工作主题、每周德育活动主题和工作内容；结合传统节日，以"传统节日文化"为载体推进德育活动的实施。例如，3月"学雷锋月"，4月"国学月"，5月"劳动月"，以六一儿童节庆祝活动为载体的6月"成长月"，7月"毕业感恩月"，2月和9月的"入学感恩月"等活动。以班级为单位的"队会小课堂"，以学校为单位的"校会中课堂"，以校外实践为主题的"社会大课堂"，让德育活动从校内延伸到校外。

第三，以"办一所'大学校'，构建和谐家校关系"课题研究为载体，指导推动家校合作，营造德育工作良好环境。组织家委会工作，开办家长学校，培训家长，指导家庭教育。开展学生亲子活动，融洽家校关系。探索实施"父母进课堂"，聘请家长进课堂为学生讲授父母成长的故事和生活中的安全自护、安全防控等知识。

抓榜样示范。学校探索构建了一套以过程评价为主，自评和他评相结合的评价体系。就班级而言，着力坚持抓实每月以班级为单位的"仁爱中队"评选。就学生而言，做好每两周一次的"小红星"和"前进榜样"的评选，并在一定范围内做好宣传展示，以扩大影响力。就家长而言，每学期开展"优秀家长""文明家长""书香家庭"的推荐评选活动，以学校教育影响家庭教育带动社会风气的转变，构建和谐育人氛围。

二、劳动教育为重——"五化"劳动课程，发展综合素养

"五化"劳动课程，是指具有"同步化、日常化、活动化、个性化和情趣化"特征的劳动课程。其中，同步化以多维度同步推进，日常化以常态养成习惯，活动化以活动为载体，个性化以创新促进步，情趣化以兴趣促发展。

（一）劳动课程同步化

构建三级阅读资源，把科学精神、人文精神、哲学精神融入校园和家园的建设中。即学校图书室依据不同年段学生特征分类存放书籍，方便学生借阅查找；班级建立图书角，让学生将自己的书籍放到班级图书角进行交换阅读；家庭设置图书专柜，存放学校老师推荐的规定阅读书籍，随时享用精神文化大餐。

学科教学与生活课程同步化。与语文学科同步，如五年级上册的"我爱汉字"的综合性实践活动，开展网上资料查阅，让学生走上街道调查发现乱用错别字的现象，实现语文学习生活化；五年级下册的"走进信息时代"，除了开展网上资料查阅外，组织学生通过采访调查本班学生近视成因，对小学生看电视、玩手机的利弊展开辩论。与道德与法治学科整合。在道德与法治学科中，提炼出与生活课题相融合的课，如我会管理自己的情绪，调查家乡的过去，了解我的同学等。与数学学科整合，让学生到生活中去运用数学，并将运用数学的过程记录下来。

（二）劳动课程日常化

1. 创编教材，保障实施。

生活劳动课进课表，围绕开发生活课题教材的目标，探究生活劳动课程教材体系，组建学科教师团队分年级段编写生活劳动课程的教案，最终形成适合校情的有利于学生综合素养发展的"五化"生活劳动课程教材。

2. 日常生活，渗透教育。

将劳动教育内容与孩子们的日常生活充分联系，融入学校的"一日活动"和家庭"一日活动"中。例如，让学生分组轮流协助老师进行午餐分餐工作，学生们自己拿餐盘排队打餐，分餐同学打饭、打菜分量适中。放学让学生整理书桌、打扫教室卫生，训练学生的生活自理能力。根据一学期在校的表现评选出优秀的自理小能手。将做家务劳动布置为每日的家庭作业，并且在班级里晒劳动过程中的照片，培养生活劳动技能和家庭责任感。

（三）劳动课程活动化

1. 校内实践，将劳动与生活联系。

开展常规劳动技能大赛，如插花、叠被子、做水果拼盘、缝纽扣、整理书包、包饺子等，通过"洗衣""做饭""打扫卫生""整理房间"活动，让学生具备基本生活技能，有良好的自我管理能力、责任感和良好的生活习惯，有自理、自立的能力和自信心，有较强的独立性，形成良好个性品质。充分利用家长资源，开展"爸爸妈妈进课堂"活动。如生活技能方面的课程：包饺子、做水果沙拉、叠被子、包抄手、包包子、做凉拌三丝、做蛋糕、插花、制作贺卡等；日常生活知识方面的课程：了解我们的身体、用电安全、如何防骗等。丰富学生的学习内容，提高学生的生活劳动技能，增强学生的安全意识，激发学生热爱生活的情趣；同时也拉近了师生之间的关系，增进了教师与家长之间的友谊，融洽了亲子关系。

2. **校外实践，增加学生历练机会。**

让学生了解家乡的建设和变化，热爱家乡，做家乡的小主人。"游古街，重走长征路"活动，通过背着书包走古街，体会革命时期长征的艰辛，更加激发学生的爱国热情。

开展春游"滨江景观带"暨卫生大调查活动。在感受滨江景观带春景的同时争当"环保小卫士"，维护环境卫生，这是一道自然美景和人文美景的融合，增进学生对家乡的了解，也为创建文明城市和卫生城市出一份力，还培养学生的团队合作能力。

组织以班级为单位的"踏春寻秋活动"。在活动中，精心设计亲子活动，一起烧烤，一起野炊。培养学生勤劳俭朴的生活美德。

组织学生参加跳蚤市场活动，通过义卖活动，培植学生关爱弱势群体，救助贫困人群的爱心品质，提升思想道德素养。

（四）劳动课程个性化

1. **道德形象活动。**

如校园理财节，使学生初步认识市场交易规则，体验商品交易的艰辛和收获，体会"一丝一缕当思来之不易"的深意，培养学生真诚待人、诚信为本、公平竞争、公平交易的精神和品质，懂得旧物循环利用的经济效益，培养节约意识。

活动中，孩子们充分体验做好一件事的不易，需要做很多的准备和思考。这些活动的开展，极大地丰富了学生的校园文化生活，在活动中学生得到了丰富的体验和各种能力的提升，同时在活动中树立和诠释了现代学子德雅自尊、博学多才的形象。

2. 主题特色队会。

开展不同的特色班队活动。如感恩与欣赏系列："浓浓尊师意，款款爱生情""孝父母、敬师长、爱同学""做一个懂得感恩的人""学会赞美，豁达心灵"；仪表与礼仪系列："说说我的校服""坐立走有礼仪""文明乘车，主动让座"。家国情怀系列："我画国旗、我画国徽比赛"、"爱国英雄"故事赛、"祖国在我心中"演讲比赛、童心共绘中国梦。生活小常识系列："冬季锻炼好处多""拒绝零食、健康成长""我是小小消防员"。其他系列："珍惜时间，勤奋学习""保护环境，人人有责""快乐生活、健康成长——健康知识专题讲座"等活动。

3. "亲子阅读"活动。

每年的寒暑假都为学生提供一份推荐阅读单，要求家长与孩子一起阅读，一起分享，制作读书成果汇报单。让亲子阅读为孩子与家长之间建立起一种思想沟通的桥梁；让阅读增加亲子之间的情感；举办"亲子阅读"评选活动，让阅读培养学生与家长的素质。

（五）劳动课程情趣化

1. 传统节日，渗透传统道德文化。

植树节，在校园里将植物种子分发给每个班，开展植树活动，让孩子能掌握栽培一种植物的技能，同时也培养学生的环保意识。

清明节，开展祭奠英烈、振兴中华的活动，孩子们通过折花、献花、阅读宣讲烈士事迹，祭奠革命先烈，传承革命精神。开展继承传统文化活动——画风筝、做风筝、放风筝，通过亲手制作风筝，基本掌握制作风筝这一技能，同时培养审美情趣。

劳动节，开展父母带领孩子到乡村体验农事活动，通过参与插秧、种苗和与农民伯伯交流等活动，体验幸福生活的来之不易。端午节，让学生在家里和父母一起包粽子、品粽子、画粽子，体验传统节日的风俗民情，感受家国情怀。中秋节，让学生和家长一起通过制作月饼，感受家庭团聚的温暖，了解中秋节的来历。重阳节，开展为爷爷奶奶送祝福、自制贺卡送爸妈、为爸妈洗脚等系列活动，领悟孝道，培养感恩情怀。

国庆节，开展"我画国旗、我画国徽"比赛，"爱国英雄"故事比赛，"祖国在我心中"演讲比赛，童心共绘中国梦等活动，促进学生了解祖国，培养学生爱国情怀。

2. 假日实践，体验传统美德文化。

开展"我是环保创作小达人"作品征集活动：围绕环保主题，变废为宝，创作小制作，创作小故事、小视频或微电影，创作环保主题绘画。与家长一起参与一项社区组织的活动或户外实践活动；收集优美的广告词做成精美卡片。要求学生根据各自情况在家学做家务，提高生活自理能力。摘录或编写春联，把看到的好春联摘录下来，也可以自己试编春联。筹备、制作一次家庭餐，包括：排菜单、买菜、做菜、洗碗等。可将整个过程拍摄下来，制成精美的图册，并配上简要文字说明，用笔记录做餐过程中发生的趣事以及感受。了解家庭春节开支。调查家中春节的开支情况，并将春节期间的家庭开支制作成一个统计表。要求同学们跟随父母购买衣服、年货时，依据实际情况，自编数学问题，并进行解答。

培养全面发展的人，培养学生的综合素养，生活劳动课程是最好的载体。生活技能与学科教学相融合，提升学生的学习兴趣；丰富多彩的生活实践活动，提升学生发现问题和解决问题的能力；劳动中积累新的学习方法，提高学生的学习自主能力。劳动课程与日常生活相结合，让学生学会自理生活；劳动课程与孝心教育活动相结合，培养学生感恩父母、感恩老师、感恩社会的品德；劳动课程与传统节日相结合，让学生学会如何传承中华民族的智慧；劳动课程与国学教育相结合，传播了中华传统文化，培养学生展现自我、自信、儒雅的精神气质。学生在亲身参与体验中感受生活，形成善于质疑、乐于探究、勤于动手、努力求知的积极态度和良好的综合素养，这就是当前通过"五育融合"实现"五育并举"的点滴实践。

卓尔有大为，前进扬风帆。进入新时代，宜宾市南溪区前进小学始终牢记习近平总书记"引导学生扣好人生第一粒扣子"的指示要求，坚决贯彻落实习近平总书记在学校思政课教师座谈会上的重要讲话精神，正意气风发，推陈出新，循着时代教育的方向，在"传承红色基因，培育时代新人"上追梦前进！

创新"新荷币积分"评价机制，
践行"立德树人"初心使命

○ 刘列平

高新区小学地处城乡接合位置，以前是一所纯粹的乡镇小学，随着城市化建设的进程发展，学校已被列为城市学校。学校正处于农村学校向城市学校过渡的转型期。学校教师构成主要分为三类：一类是有研究生学历通过直接招考的应届毕业生，一类是通过教育局考调进校的富有经验的优秀教师，一类是已在学校工作多年保持以往乡村教师特点的老教师。三类教师彼此的教育教学理念不同，水平差距较大，特别是有部分教师习惯于传统的教学方式，组织教学等经验极度匮乏。而我校的学生情况也非常特殊，由三类学生构成：一类是毗邻学校的商品房住户随迁子女，家长的教育意识较强，孩子普遍学习习惯较好；一类是户籍地在当地的学生，家住在乡镇街道附近，农村孩子居多，父母均为双职工，个别孩子行为习惯较差；一类是偏远村小合并后来到中心校的农村孩子，家离学校较远，多数为留守儿童，由于家中无人管教，部分学生不能更好地集中精力学习。

因此，我校教师教育教学水平高低不等，学生的学习能力、行为习惯等，也出现了严重的参差不齐的现象。为了转变学校固有的现象，提升教师育人目标，将对学生的德、智、体、美、劳育落实到细微的教学和管理中，我们急需一个新型的校园人文环境、一个新式的学生评价机制，以激发学生的学习热情，促进学生良好行为习惯的养成。

一、目的和意义
（一）落实"立德树人"的根本任务

学校的教育教学要树立正确的教育观、质量观、人才观。为了使教师关爱学生，尊重学生的人格，面向每个学生，平等、公正，因材施教，以德为先，使所有不同层次的学生都得到老师的赏识，得到不同的发展，学校在评价机制的制定上要不断完善，不断对学生进行阶段性和发展性的评价，养成学生良好的学习习惯和行为习惯，促进学生的德、智、体、美、劳全面发展。每个学生的花期不同，但努力让每一朵花儿都能精彩地绽放。

（二）融合校园文化

我校毗邻省级乡村旅游示范村咀阳村，每当夏季，千亩荷塘绿叶绵延，新荷盛放，孩子们都喜欢到荷塘边，赏荷花之美。学校借"高新区"的"新"，结合与"荷"的发祥地长江毗邻之利，以3000亩荷花的自由生长为学校文化因子，秉承"让每一朵花儿都能精彩地绽放"的育人理念，以"纯善、正直、坚强、独立"为校风，以"新荷精神，卓越目标"为校训，锻造"德艺双馨、才高能卓"的绿叶教师，培养"美德美行、特长显著"的新荷少年，着力构建一所荷香浸润、艺体特色显著的学校。

"依托新荷文化，实施新荷教育，培育新荷少年"是我校的特色育人道路，为了更好地确立我校师生努力的方向——做一个如荷花般独立、坚强、纯善、正直的人，新荷币积分制度应运而生。

（三）完善评价机制

学校实行的学生新荷币积分管理，有助于全面调动学生的积极性，激发学习热情，鼓励学生养成良好的行为习惯，动态掌握学生的学习状态及发展趋势。对行为习惯、学习能力、卫生或其他方面有明显进步的学生予以新荷币形式鼓励。此机制面向学校全体学生，侧重于对学生的鼓励，鞭策学生的进取之心，让学生更自信、更有兴趣地去追求进步和成功，帮助学生培养良好的行为习惯和积极上进的做事态度。

学校巧妙设计的新荷币积分机制，让孩子从小就明白"努力会有收获"这样一个道理，让孩子们热爱学习、热爱生活，让学习变得不枯燥，感知校园生活的快乐。

二、奖励内容

根据校情和学生的发展需求，我们以"立德树人"为根本任务，以《小学生日常行为规范》和《中小学德育工作指南》为标准，结合我校校园制度《高新区小学校学生一日行为规范》，制定了具体的新荷币积分实施内容。

（一）学习习惯

1. 按时到校，不迟到，不早退，不旷课，长期坚持者，可获得新荷币。

2. 上课发言必须用普通话，并积极回答问题积极思考的；回答问题有创新、有创意的；认真倾听别人的意见，能指出别人回答中的问题的等，可以获得新荷币。

3. 课堂作业全部正确、书写认真、及时上交，字体书写规范的；家庭作业独立完成、书写认真、全部正确等的，可以获得新荷币。

4．课文背诵，流利顺畅，无错别字、结巴现象等，根据老师的具体要求发放新荷币。

5．学习成绩，在检测考试中全部正确，成绩优异的；每次考试成绩只要有进步的，考试不作弊，可以获得新荷币。

（二）行为习惯

1．卫生方面。班级卫生扫除通过少先大队一周检查没出现任何问题的，可以获得新荷币。

2．着装方面。红领巾、校服、安全黄帽按时整洁佩戴，可以获得新荷币。

3．纪律方面。上课遵守课堂纪律，认真听讲，教师根据每个同学的表现发放新荷币。

4．各方面的活动。积极参加学校组织的活动表现突出的，可获得新荷币。

5．爱心互助方面。班级内是老师的小助手，经常帮助其他同学解决问题的可获得新荷币；在"一帮一"活动中，可获得新荷币。

6．家庭习惯。积极帮助家长干力所能及的家务，尊老爱幼的，根据家长与教师的交流、反映，可发放新荷币。

7．放学路队。放学路上按学校要求站队回家，到家离队，不打闹，遵守交通秩序的，可以发放新荷币。

（三）美好品质

1．尊敬国旗、国徽，会唱国歌，升降国旗、奏唱国歌时肃立、脱帽、行注目礼，少先队员行队礼，可获得新荷币。

2．尊敬父母，关心父母身体健康，主动为家庭做力所能及的事。听从父母和长辈的教导，外出或回到家要主动打招呼，可获得新荷币。

3．尊敬老师，见面行礼，主动问好，接受老师的教导，主动与老师交流，可获得新荷币。

4. 尊老爱幼，平等待人。同学之间友好相处，互相关心，互相帮助；不欺负弱小，不讥笑、戏弄他人，可获得新荷币。

5. 待人有礼貌，说话文明，讲普通话，会用礼貌用语。不骂人，不打架；到他人房间先敲门，经允许再进入，不随意翻动别人的物品，不打扰别人的工作、学习和休息，可获得新荷币。

6. 诚实守信，不说谎话，知错就改，不随意拿别人的东西，借东西及时归还，答应别人的事努力做到，做不到时表示歉意，可获得新荷币。

7. 虚心学习别人的长处和优点，不嫉妒别人。遇到挫折和失败不灰心，不气馁，遇到困难努力克服，可获得新荷币。

三、程序和方法

我校的新荷币积分制度是一个"积极表现—获得新荷币积分兑换奖品"的过程。

（一）班主任到德育处领取新荷币

学校共有 30 个班，每个班主任在开学初到德育处领取 800 分新荷币。新荷币的分值分别为 1 分、2 分、5 分、10 分。

（二）班主任及科任老师根据学生的各项表现，发给学生一定分值的新荷币

1. 各个班根据学校共同工作任务和班级特色活动，实行新荷币奖励细则。

类别	内容	分值
为班级做贡献	课前准备管理（1周）	2分
	安全小卫士（1周）	2分
	管理班级一体机和讲台卫生（1周）	2分
	卫生管理（1周）	2分
学习类	以前书写较差，连续五天科科作业书写有进步	2分
	以前不爱发言，现在积极发言	1分
	成绩进步3~5分	1分
	成绩进步5分以上	2分
品质类	拾金不昧	1分
	主动帮助同学	1分
	不乱扔垃圾，且见到垃圾主动拾起	1分

续表

类别	内容	分值
其他	获学校点赞卡	2分
	午间论坛，最佳发言人	1分
	以前爱追打疯玩的学生，连续五天不再追打疯玩	2分
	其他获得认可的进步	2分

2. 就学校层面而言，根据学生的总体表现，定期给予班级新荷币的奖励。

自习情况	早读认真有效	10分
	午读认真有效	10分
做操情况	大课间操动作整齐到位，锻炼身体真实有效	10分
	上、下午眼保健操认真到位，保护眼睛真实有效	10分
纪律	自觉遵守校园纪律	10分
卫生	自觉维护校园卫生	10分
学校工作	协助学校工作（如少队、食堂等）	10分
校园之星	助人为乐者、好人好事者等	10分

（三）每天由班级一名学生将各位同学获币情况进行登记

德育处制作《班级学生新荷币获得情况统计表》，每周五由班级一名固定同学对全班同学的获得新荷币情况进行登记，以此作为评选"独立之星""正直之星""纯善之星""坚强之星"的依据。

（四）学生将新荷币进行累计，再根据自身喜好到学校新荷超市换取礼品

学生获得新荷币后，可以随时到新荷超市兑换礼品。1分新荷币可兑换，5分也可兑换，20分也可兑换。礼品由小到大，小的较容易换得，按照不同新荷币分值有相应的不同礼品。

（五）每周班级公布学生的新荷币分值

每周五的班会上，由登记新荷分数的同学，向全班同学公布各个学生的获币情况，让同学们看到别人的努力、别人的进步，形成你追我赶、竞相进步的好局面。

（六）两个学月后，根据学生新荷币分值，评选学月之星

学校以两学月为一个阶段，围绕一个主题开展相关工作，即9月、10月为独立月，11月和12月为正直月，3月、4月为纯善月，5月、6月为坚强月。新荷币的积分与学月之星评价相连，以此鼓励学生争当"独立之星""正直之星""纯善之星""坚强之星"，从而实现学校培养美德美行、特长显著的新荷少年的目标。

学生们通过两个学月的积累后，都有不同程度的新荷币积分，那么，这个积分数将成为孩子们评选学月之星的一个量化凭证参考，再加上老师、同学对该生平时方方面面的综合评价，最后将评价结果填写到《学生新荷成长手册》，盖上红红的印章。

（七）奖品的挑选我们也是精心设计的，让孩子明白要去感恩、去努力、去争取

手套、袜子代表"感恩"，天冷了，孩子们通过努力给爸爸、妈妈换得一副手套或一双袜子，会让他们从小就有一份感恩的心，同时让他们知道通过自己的努力，可以给爸爸妈妈带来温暖；还有一些孩子喜欢的魔方、五子棋、跳棋、布娃娃等，爱玩儿永远是孩子的天性，这些都是男孩、女孩们最喜欢的玩具，同样可以通过努力得到。当孩子缠着大人买玩具时，家长可以说："学校为你们准备了奖品，想得到就要努力。"橡皮、铅笔、钢笔、文件夹、笔记本等文具当然也是必不可少的奖品，当爸爸妈妈问"怎么多了一支铅笔或橡皮"时，孩子可以自信地说"这是我努力得到的"，其中的自豪感不言而喻。

（八）设立专人负责轮流值守"新荷超市"，负责登记，计算新荷币兑换的奖品

孩子们可随时查看奖品的类型，通过精心的挑选，自己的计算，积累相应的新荷币。在这个过程中，生活与学习自然地发生，无缝对接，悄然过渡。

四、效果与影响

（一）学生育人过程更富内涵

在高新区小学，"新荷币积分"不仅仅是一项德育活动或奖励机制，在兑换的过程中，学生通过还原"挣钱""买卖"等环节，真实地还原生活场景，学以致用，让"学习"这一基本要素在课堂外、校园里真实地发生，加深学习的生活化，充分体现出了教育的目的。新荷币通过鼓励孩子们积极进取，起到了潜移默化的教育作用，让孩子们更加自觉养成良好的行为习惯，努力学习、关心集体、拾金不昧、助人为乐等美好品质，让学校德育的功能发挥到最大作用。

（二）学校进取氛围愈加浓厚

自从新荷币积分实施后，老师们感叹"学困生"的转化工作比过去轻松多了，因为很多孩子都在行为习惯、自我管理等方面有了明确的努力方向，也能自觉地朝着自己确立的目标努力进步；老师们也赞叹孩子们在不断改掉自己身上一些不好的习惯，表现越来越好，如作业书写越来越工整了，课堂上发言越来越积极了；老师们还惊喜地发现，以前部分对班集体不闻不问的同学，也变得热爱班集体了，当同学遇到困难时，周围的同学都会积极主动地伸出自己的手，班集体越来越温暖啦……

新荷币的兑换，让校园里掀起了前所未有的学习热潮，同学们一进校门，便时刻以更高的要求审视自己，积极进取，追求进步，发挥特长，竞相成长！积极向上的校园人文环境，有助于校风、学风、班风的建设，正能量的文化氛围和班级舆论，才能成为学生继续进步的精神力量。无疑，新荷评价机制已然成为高新区小学"尊重差异，融合发展，让每一朵花儿精彩绽放"的核心办学理念的又一项实现途径。

（三）家校共育更上一层楼

很多家长也主动向学校反馈，实施新荷币积分后，孩子回家做作业拖沓的毛病有明显改变，不仅作业完成快了，质量也提高了。家长收到孩子通过努力获得的礼品，内心是多么高兴，因为看到了孩子对自己的一份孝心、一份关爱；家长看到孩子通过努力获得自己想要的学习用具，是多么开心，因为看到孩子懂得了"通过努力可以获得"的道理；家长看到孩子变得越来越乖巧懂事，内心无限欣慰，因为孩子的进步，就是家长最大的心愿……

孩子的进步和改变，家长们看在眼里，喜在心里，也主动加强与学校的沟通和联系，积极配合学校的各项工作和事务，让家校共育达到更理想的状态，与学校拧成一股绳，以最大的合力帮助孩子成为更好的自己！

（四）社会评价声誉均获提高

新荷币试行以来，学校不断收到来自校园周围群众的反馈。打扫街道卫生的清洁工为孩子们主动捡拾垃圾点赞，公交司机对孩子们在上放学途中排队、礼让的美德美行交口称赞，学校传达室也收到指名表扬孩子拾金不昧的感谢信……

一个孩子的进步，从他自己身上最能体现；一所学校的进步，社会的口碑最能传达。孩子们的德行，向社会展示了高新区小学生的美好形象！

后 记

2019年1月27日，泸州师范附属小学校园内，李维兵校长工作室第一次会议召开，成员学校17位校长齐聚首，开启了校长工作室建设的序幕。2019年3月20日，工作室在泸州市江阳区教研培训中心正式挂牌，掀开了校长工作室建设的新篇章。三年来，我们以校长工作室建设与公益活动开展为依托，领航校长、教师快速成长，引领学校更好更快发展，推动基础教育更高质量、更加公平发展。

校长工作室开展了一系列学习培训提升与教育教学实践活动。组织成员学校校长参加教育部小学校长培训中心、北京师范大学教育培训学院、四川省教育厅等举办的校长高级培训班学习，引领工作室校长团队成长。组织开展了"办学思想研讨""校园文化建设""班主任技能大赛""课堂渗透数学文化""整本书阅读""家校共育"等大型公益教育教学活动，促进一线优秀教师快速成长。

除了开展全体成员学校共同参与的大型公益活动外，工作室5个片区的学校独立或联合本地的高品质学校，针对本地教育发展与学校实际情况，开展了更加丰富多彩的教育教学实践活动，引领本地校长、教师成长，指导本地学校加快发展，推进区域教育协调发展。

校长工作室积极响应各级党委政府和教育行政部门的号召，派出教育管理团队与名优教师团队，几次奔赴大凉山开展入校诊断、专题讲座、示范献课与课堂指导等活动，连续派出三批骨干教师队伍到凉山州会东县、盐源县、雷波县等驻校深入支教，为凉山教育攻坚做出了努力。

星光不问赶路人，时光不负有心人。冬去春来，树在长它的叶子，工作室在结它的果子。校长工作室成立三年来，成员学校校长管理素养有了大幅提升，成员学校办学业绩得到巩固提高，区域教育向更高品质发展。为总结工作室建设阶段成果，我们选取了工作室成员学校部分文稿，分"办学理念""成长故事""论文集萃"三个篇章汇编出版，相互借鉴，共同提升，为校长工作室今后的建设与活动开展提供更好的思路与方向。

在本书的编辑过程中，工作室全体成员校长讨论提出了整体思路，积极撰稿，由李维兵、朱发华两位同志对稿件进行了多次修订，泸州市实验小学城西学校李德平同志对稿件进行了二次编辑，出版社编辑进行了多次校对审核，才形成了今天的文字。在此，对付出心血和汗水的每一位同志表示衷心的感谢。我们深知，编辑出版一本具有较高水准的文集，需要不断的打磨，才能臻于完美。对于书中出现的疏漏和不足，敬请各位读者提出宝贵意见和建议。

感谢各级领导、专家学者对李维兵校长工作室的关心，感谢各成员学校在工作室建设与活动中付出的辛劳，感谢各成员校长为文稿的写作与编写做出的思考。聚是一团火，散作满天星，我们会继续努力，为教育事业做出新的成绩。

《立教留痕》编辑组
2021 年 3 月